Klaus Berger

Die Bibel und ihre philosophischen Feinde

Klaus Berger

Die Bibel und ihre philosophischen Feinde

Studium der Theologie (Bd. 1)

Patrimonium-Verlag 2015

IMPRESSUM

1. Auflage 1986
© Verlag Katholisches Bibelwerk
unter dem Titel »Exegese und Philosophie«
ISBN 3-460-04231-1

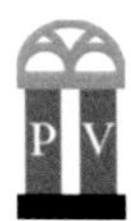

2., überarb. Auflage 2015
© Patrimonium-Verlag
In der Verlagsgruppe Mainz

Erschienen in der Edition PATRIMONIUM THEOLOGICUM

Patrimonium-Verlag
Abtei Mariawald
52396 Heimbach/Eifel
www.patrimonium-verlag.de

Gestaltung, Druck und Herstellung:
Druck & Verlagshaus Mainz GmbH
Süsterfeldstraße 83
52072 Aachen
www.verlag-mainz.de

Abbildungsnachweise:

UMSCHLAG (v. oben links im Uhrzeigersinn):
Bild 1: »*Nietzsche187a*« by F. Hartmann - Photography by F. Hartmann in Basel. Scan processed by Anton (2005). Wikimedia Commons - *http://commons.wikimedia.org*/wiki/File:Nietzsche187a.jpg#
Bild 2: *http://commons.wikimedia.org*/wiki/File:1831_Schlesinger_Philosoph_*Georg_Friedrich_Wilhelm_Hegel_anagoria*.JPG#
Bild 3: *http://2.bp.blogspot.com/*-UpP2NygVr98/UXFqx8Yf_6I/AAAAAAAAAgc/Ze9AsCRStfE/s1600/*Bultmann*.jpg
Bild 4: *http://blog.nielskoschoreck.de/*wp-content/uploads/2015/02/*Martin-Heidegger*.jpg

ISBN-10: 3-86417-037-0
ISBN-13: 978-3-86417-037-9

INHALT

VORWORT ZUR 2. AUFLAGE

Zu einer Neuherausgabe des 1986 unter dem Titel »Exegese und Philosophie« erschienenen Buches bin ich gedrängt worden, weil sich der Streit um die Rolle der Bibelexegese in Theologie und Kirche seither dramatisch verschärft hat. Einerseits hat Papst Franziskus im September 2015 in Havanna (Kuba) nachdrücklich und lebhaft davor gewarnt, Theologie mit Ideologie zu betreiben. Und mit Ideologie meinte er jede unkontrolliert eindringende systematische Fremdausrichtung, die Schrift und kirchliche Lehre verdunkeln und sichtbar machen kann. Und andererseits verharrt die mitteleuropäische Schulexegese gerade deshalb trotzig in ihren Startlöchern aus dem 19. Jahrhundert, weil ihre Folgen weltweit spürbar werden: in einem wahrhaften Chaos alternativer sogenannter »exegetischer Methoden« und in einer spürbaren Machtlosigkeit des Christentums gegenüber den Argumenten von Islam und Judentum, vor allem aber angesichts neuer Formationen atheistischer Kritiker. Wie dankbar sind alle Gegner doch der historisch-kritischen Exegese, weil sie an den Wurzeln nahezu aller Bäume des Waldes Sprengladungen angebracht hat. Aus diesem Grund ist Ideologiekritik heute brandaktuell. Zu den wesentlichen Aufgabe der Theologie gehört es wohl, Ideologien zu durchschauen und zu brandmarken.

Heidelberg, im September 2015
Klaus Berger

VORWORT ZUR 1. AUFLAGE

Dass Thema »Exegese und Philosophie« betrifft sowohl Glanz als auch Fragwürdiges in der deutschen exegetischen Tradition seit der Aufklärung. Als ich in den Jahren 1970-1974 als Neutestamentler in Leiden (Niederlande) begann, wurde mir das immer wieder deutlich. Denn meine Studenten und Kollegen stießen mich regelmäßig auf den betont systematischen Charakter »meiner« exegetischen Tradition. Die Studenten in Heidelberg brachten dann eine neue Nuance in das Thema hinein, da sie nicht aufhörten, danach zu fragen, wie denn eine Hermeneutik des Neuen Testaments im Zeitalter nach Bultmann aussehen müsse und könne. Die historischen und systematischen Reflexionen dieses Buches verstehen sich als ein erster Beitrag zur Beantwortung dieser Frage. Die Frage »Exegese und Philosophie« wurde schließlich erneut aktuell, als Peter Huschke sein Dissertationsvorhaben über »Die Freiheit von der Sorge im Neuen Testament« begann und es sich als sinnvoll erwies, den intensiven Querverbindungen zwischen Heidegger und Bultmann bezüglich dieses Themas nachzugehen.

Schließlich widmete ich dem Thema ein neutestamentliches Seminar im WS 1983/84, dessen Teilnehmern dieses Büchlein gewidmet sei. Denn sie haben die ersten, etwas unsicheren Schritte ihres Lehrers auf oftmals fachfremdem Gebiet mit Großmut ertragen und mir in vielem weitergeholfen. Ich wünsche mir, daß sich die Leser dieses Buches dem Verhalten dieser Studenten anschließen möchten.

Das Thema »Exegese und Philosophie« hat auch bedeutende ökumenische Dimensionen, die mit den Stichworten »sola scriptura« und »natürliches Denken« anzudeuten sind. Herrn Prof. Merklein und dem Verlag Katholisches Bibelwerk schulde ich daher Dank für ihre Arbeit und für die Möglichkeit zur Publikation in dieser Reihe, die, was Inhalte und Autoren betrifft, seit langem interkonfessionellen Charakter trägt.

Heidelberg, im Januar 1986
Klaus Berger

KAPITEL I

Historische Einführung

Literatur: *Anz, W.*, Idealismus und Nachidealismus, in: Theologie und Philosophie im 19. Jahrhundert (Die Kirche in ihrer Geschichte), Göttingen 1975. – *Dibelius, M.*, Geschichtliche und übergeschichtliche Religion im Urchristentum, Göttingen 1925. – *Flückinger, F.*, Die protestantische Theologie des 19. Jahrhunderts (Die Kirche in ihrer Geschichte), Göttingen 1975. – *Gerdes, H.*, Das Christusbild Sören Kierkegaards verglichen mit der Christologie Hegels und Schleiermachers, Düsseldorf 1960. – *Hartlich, Chr.* und *Sachs, W.*, Der Ursprung des Mythosbegriffes in der modernen Bibelwissenschaft, Tübingen 1952. – *Holtzmann, H.*, Ueber die sog. praktische Auslegung des Neuen Testaments, in: Protestantische Monatshefte 2 (1898) 283-291. – *Ders.*, Die philosophische Periode der Auslegung und Auslegungskunst, in: ibid., 4 (1900) 173-181. – *Kahlert, H.*, Der Held und seine Gemeinde, Frankfurt 1984. – *Leese, K.*, Philosophie und Theologie im Spätidealismus. Forschungen zur Auseinandersetzung von Christentum und idealistischer Philosophie im 19. Jahrhundert, Berlin 1929. – *Mehlhausen, J.*, Dialektik, Selbstbewußtsein und Offenbarung. Die Grundlagen der spekulativen Orthodoxie Bruno Bauers in ihrem Zusammenhang mit der Geschichte der theologischen Hegelschule dargestellt, Bonn 1965. – *Perlitt, L.*, Vatke und Wellhausen. Geschichtsphilosophische Voraussetzungen und historiographische Motive für die Darstellung der Religion und Geschichte Israels durch Wilhelm Vatke und Julius Wellhausen (BZAW 94), Berlin 1965. – *Schaeffler, R.*, Die Wechselbeziehungen zwischen Philosophie und katholischer Theologie, Darmstadt 1980. – *Schellong, D.*, Bürgertum und christliche Religion. Anpassungsprobleme der Theologie seit Schleiermacher (ThEx 187), München 1975. – *Schlatter, A.*, Die philosophische Arbeit seit Cartesius nach ihrem ethischen und religiösen Ertrag. Vorlesungen an der Universität Tübingen gehalten (BFChrTh 10,4.5), Gütersloh 1906. – *Senft, Chr.*, Wahrhaftigkeit und Wahrheit. Die Theologie des 19. Jahrhunderts zwischen Orthodoxie und Aufklärung (BHTh 22), Tübingen 1956. – *Smend, R.*, De Wette und das Verhältnis zwischen historischer Bibelkritik und philosophischem System im 19. Jahrhundert, in: ThZ 14 (1958) 107-119. – *Ders.*, Universalismus und Partikularismus in der Alttestamentlichen Theologie des 19. Jahrhunderts, in: EvTheol 22 (1962) 169-179. – *Stuhr, P. F.*, Das Verhältnis der christlichen Theologie zur Philosophie und Mythologie, Berlin 1842.

1. Notwendigkeit und Zielsetzung dieses Buches

Das Buch dokumentiert und reflektiert ein interdisziplinäres Verhältnis. Bisher wurde dieses nur zu einzelnen Entwürfen geleistet (vgl. den Aufsatz von H. Holtzmann um 1900 für hegelianische Exegese und die Diskussion um den Ansatz Bultmanns in den Bänden der Reihe *Kerygma und Mythos*).

Mit der Absicht, einen möglichst breiten Überblick zu geben, verbinden sich folgende Interessen: a) ein erkenntnistheoretisches und hermeneutisches Interesse richtet sich auf die Frage nach der schlichten Notwendigkeit philosophischer Reflexion in verschiedenen Stadien der Exegese; b) ein systematisches Interesse fragt nach der Art und Möglichkeit, wie man trotz der offenkundigen Verquickung von Exegese und Philosophie am Offenbarungsanspruch der Schrift, ja am Prinzip sola scriptura festhalten konnte und kann; c) ein ökumenisches und kirchenpolitisches Interesse fragt danach, wie sich die Kirchen der Reformation trotz anfänglicher und immer wieder aufbrechender Abneigung gegen »Philosophie« gerade im Herzstück protestantischer Theologie, bei der Auslegung der Schrift, auf Philosophie haben einlassen müssen; d) ein ethisches Interesse läßt danach fragen, was bei dem Sich-Einlassen der Exegese auf Philosophie jeweils aus dem autoritäts- und machtkritischen Potential der historisch-kritischen Methoden geworden ist; e) ein religiöses Interesse regt zu der Frage an, ob nicht im Kampf um die Begegnung zweier Disziplinen nicht nur ein großartiges Stück Dogmengeschichte entstanden ist, sondern auch wichtige spirituelle Werte verloren gegangen sind.

2. Der Aufbau des Buches

Das Zentralstück dieses Buches bilden fünf Kapitel, in denen jeweils ein Exeget mit dem oder den Philosophen konfrontiert wird, zu dem/denen er in engem Kontakt gestanden hat. Jeweils zu Anfang des Kapitels wird dargestellt, wie dieser Kontakt biographisch zu lokalisieren ist. Die Auswahl erfolgte nach den Namen, die auch in der heutigen Exegese noch eine bedeutende Rolle spielen: F. C. Baur, D. F. Strauß, F. Overbeck, W. Bousset und R. Bultmann. – Eine ganze Reihe keineswegs unwichtiger Namen konnte – vor allem wegen des begrenzten Umfangs, aber auch wegen der Gefahr der Wiederholung der Gesichtspunkte – nicht so ausführlich behandelt werden. Das wird jedoch ansatzweise in den folgenden Abschnitten dieser

Einführung nachgeholt. Es war das Bestreben, möglichst keine wichtige Position ungenannt bleiben zu lassen. Der Schlußteil des Buches versucht einen systematischen Zugang zu den skizzierten Problemen zu gewinnen, und hier sollen die oben unter 1. formulierten Fragen, so weit es geht, auch beantwortet werden. Da die wichtigeren Quellentexte – zumal bei den Autoren des 19. Jahrhunderts – oft nur schwer zugänglich sind und selbst in Heidelberg nicht selten nur per Fernleihe zu bestellen waren, werden sie auszugsweise als Belege in Anmerkungen geboten.

3. Kurzdarstellung der in diesem Buch nicht weiter behandelten Positionen in chronologischer Abfolge

a) Im Jahre 1833 beklagte G. Billroth in der Vorrede zu seinem Kommentar zum Ersten Korintherbrief (von der modernen Exegese ist dieser verdienstliche Kommentar wie so vieles andere vergessen), daß die Exegese – kaum dem Einfluß der Orthodoxie entwachsen – nun dem philosophischen und religiösen Interesse der Aufklärung untertan geworden sei.[1] Dagegen habe

---

1 »Die Exegese der neutestamentlichen Schriften hat in dem letzten halben Jahrhundert zwei Stadien durchlaufen, und in neuester Zeit ihren Lauf auf dem dritten begonnen. Nachdem ihr, besonders seit dem Anfange des achtzehnten Jahrhunderts, die starre Orthodoxie so harte Fesseln angelegt hatte, daß unter denselben jede freiere Bewegung verhindert wurde, und der großartige Geist, in welchem die Häupter der Exegese im Jahrhundert der Reformation gewirkt hatten, fast gänzlich untergegangen und vergessen war, zeigte sich in der zweiten Hälfte des genannten achtzehnten der wohltätige Einfluß der von allen Seiten immer mehr hereinbrechenden Aufklärung. Man schüttelte jene schweren Fesseln ab, man gab die Inspirationstheorie auf, man lernte die Bibel, wenn man an ihre Auslegung gehen wollte, vorerst wie jedes andere Buch ansehen und ihren Inhalt frei zu prüfen. – Allein die Aufklärung wirkte nicht bloß negativ, befreiend, sondern auch positiv, selbständig neu gestaltend. So wohlthätig die erstere Seite ihrer Wirksamkeit gewesen war, so verderblich wurde die zweite. Denn wenn die Exegese aus der einen Befangenheit so eben frei gemacht war, so wurde sie dafür sofort in eine zweite gefesselt. Dem Einflusse der Orthodoxie war sie entwachsen, aber sie wurde dem philosophischen und reli-

sich die streng-grammatisch vorgehende Richtung erhoben (der Name G. B. Winer fällt), und in deren Sinn habe der Römerbrief-Kommentator *L. J. Rückert* eine voraussetzungslose Exegese gefordert.[2] Gegen diese Position der Voraussetzungslosigkeit wendet sich nun G. Billroth vehement und wirft ihr Naivität und Blindheit vor.[3]

---

giösen Interesse der Aufklärung unterthan. So zeigte sich die größte Inconsequenz. Einerseits wollte man frei und unbefangen prüfen und alle Autorität der Bibel, wenigstens so lange man exegesierte, dahingestellt sein lassen: andererseits konnte man die letztere selbst doch für die praktischen Zwecke nicht entbehren, und mußte sich inzwischen damit begnügen, in ihr einen seinem eigenen philosophischen und religiösen Standpunkte angemessenen Sinn nachzuweisen« (*G. Billroth*, Commentar zu den Briefen des Paulus an die Corinther, Leipzig 1833, S. III—IV).

2 »Der Interpret des Paulus soll nämlich, meiner Überzeugung nach, sich seines eigenen Ichs durchaus entledigt, und dagegen, so viel nur irgend möglich, die ganze Individualität des Apostels angezogen haben. Er soll nicht mit seinem Kopfe denken, nicht mit seinem Herzen empfinden, nicht von seinem Standpunkt aus betrachten, sondern ganz auf die Stufe treten, auf welcher der Apostel stand, nichts wissen, als was dieser wußte, keine Ansicht haben, welche er nicht hatte, keine Empfindung hegen, die ihm unbekannt war ... Kurz er muß ganz Paulus zu seyn bestreben ... Der Exeget des N.T. als solcher hat wegen der Bedeutung, die das N.T. für die christliche Kirche als Quell und Norm ihrer theologischen Erkenntnis hat, gar kein System und darf keins haben, weder ein dogmatisches, noch ein Gefühlssystem, er ist, wiefern er Exeget ist, weder orthodox, noch heterodox, weder Supernaturalist, noch Rationalist, noch Pantheist, oder was es sonst für -isten geben mag; er ist weder fromm noch gottlos, weder sittlich noch unsittlich, weder zart empfindend noch gefühllos; denn er hat bloß die Pflicht zu erforschen, was sein Schriftsteller sagt, um dies als reines Ergebniß dem Philosophen, Dogmatiker, Moralisten, Asketen usw. zu übergeben. Die Nichtbefolgung dieses so augenscheinlich nöthigen Gesetzes hat von Origenes bis auf unsere Zeit ihren nachtheiligen Einfluß auf die Exegese zu äußern nicht aufgehört« (*L. J. Rückert*, Commentar über den Brief Pauli an die Römer, Leipzig 1831, S. IX-X).

3 »Allein nichtsdestoweniger ist der ganze Standpunkt, von dem aus sie gemacht werden, ein unstatthafter, weil abstracter. Es würde hier zu weit führen, diese Unstatthaftigkeit theoretisch aus dem Begriffe des Erkennens darzuthun. Es müßte vor allem darauf aufmerk-

Billroth rechnet mit drei Stadien: Orthodoxie, Aufklärung (‚»Positivismus«) und »neue Philosophie« (Hegelianismus). Obwohl der Name Hegel nicht fällt, gibt er ausdrücklich an, daß die von ihm selbst verwendeten Begriffe alle in diesem System Sinn und Platz haben und nicht von ihm selbst her willkürlich gemeint sind.[4] Er vergleicht seine Begriffe mit grammatischen Termini, die man eben erst begreife, wenn man das System der Grammatik zuvor studiert habe. Den Ansatz Billroths nenne ich mit Absicht an erster Stelle, weil er ein völlig klarer Fall grundsätzlicher und reflektierter Übernahme einer philosophischen Terminologie für Exegese ist. Das läßt sich dann auch in Einzelheiten vielfältig nachprüfen: 1 Kor 8,3 wird ausgelegt auf die Immanenz Gottes im Menschen hin, für die die Bedingung eine Aufgabe des Fürsich-

---

sam gemacht werden, daß sich der erkennende Geist zu dem Gegenstande seiner Erkenntniß nicht wie ein äußerliches verhält, sondern daß das Erkennen eben in der Aufhebung der Schranke zwischen Subject und Object besteht, – daß es also ein Widerspruch ist, zu verlangen, jemand solle einen fremden Gedanken, oder gar ein System von fremden Gedanken, einen zusammenhängenden Lehrbegriff selbst begreifen und anderen darlegen, ohne seine eignen Ansichten (um diesen Ausdruck hier zu gebrauchen) an denselben heranzubringen. Alle vermeintlich noch so reine Empirie treibt sich über sich selbst hinaus« (*G. Billroth*, Commentar zu den Briefen des Paulus an die Corinther, Leipzig 1833, S. Vf.).

4 »Nach meinem Darfürhalten kann aber die Exegese, wenn sie ihr drittes Stadium glücklich durchlaufen will, die neuere Philosophie nicht ignorieren; sie wird vielmehr mit innerer Notwendigkeit zu ihr hingeführt, und zwar dies gerade, je unbefangener zu sein sie sich vorgesetzt hat ... Uebrigens versteht es sich von selbst, daß ich für die Beurtheilung dieser Seite meines Commentars Bekanntschaft mit der genannten Philosophie in Anspruch nehme und voraussetze, schon deshalb, weil man sonst vielleicht gar wähnen könnte, die von mir gebrauchte Terminologie, z. B. in den Worten: Moment, aufheben, Identität, Unendlichkeit u.s.w. sei eine willkührliche und ins Blaue hineingehende, da doch alle diese Termini ihren bestimmten wissenschaftlichen Sinn und Platz im System haben, außerhalb dessen aber so wenig verstanden werden können, als etwa irgend ein grammatischer Terminus bevor man Grammatik studiert hat« (*G. Billroth*, a.a.O., S. X-XI).

seins und der Selbstheit sei.[5] An 1 Kor 15,27 wird trinitarische Dialektik exerziert,[6] und besonders eindrucksvoll ist die Reflexion über Auferstehung in 1 Kor 15,38: Auferstehung ist die Identität des endlichen und des unendlichen Lebens des Menschen, und daher verwendet Paulus den an sich widersprüchlichen Titel »pneumatischer Leib«.[7] Daß σῶμα/Leib vielleicht gar nicht – wie es bei σάρξ (Fleisch) der Fall ist – einen strikten Gegensatz zu Geist bilden muß, wird freilich nicht bedacht.

Billroth rechtfertigt sein Vorgehen: Alle Exegeten haben Voraussetzungen, die Philosophie kann das zeigen.[8] Die Exe-

---

5 (Zu 1 Kor 8,3:): »Wenn aber jemand Gott liebt …, dann weiß sich Gott in ihm … Damit sie dies aber werden, dazu ist die Liebe, d.h. das Aufgeben des Fürsichseins, der Selbstheit, die Bedingung … So stimmt die Paulinische Lehre mit der der neueren Philosophie und der aus ihr entstandenen speculativen Dogmatik überein (vgl. Daub, Theologumena S. 118 und 138; Marheineke, Dogmatik S. 256ff., Rosenkranz, Encyklop. S. 105)« (*G. Billroth*, a.a.O., S. 114f.).

6 (Zu 1 Kor 15,27): »Das Walten Gottes als des Geistes ist die höhere Einheit, in welcher das Walten des Vaters (Schöpfers) und des Sohnes als Momente aufgehoben und erhalten sind. Es ist nicht möglich, ohne speculativ-didaktische Auffassung einen vernünftigen Sinn in die Worte des Apostels zu bringen, d. h. sie zu begreifen: ohne dieselben … fließt alles in einen trüben, unterschiedslosen Pantheismus zusammen …« (*G. Billroth*, a.a.O., S. 221).

7 (Zu 1 Kor 15,38): »Was ist er nun aber, dieser pneumatische Leib? Schon der Ausdruck ist paradox: Geist und Leib sind dem abstracten Verstände so harte, unüberwindliche Gegensätze, daß er es aufgeben muß und auch willig aufgiebt, ihr Verhältniß zu begreifen. Wie kann Paulus diese beiden Gegensätze zu einem Begriffe verknüpfen? Wir antworten, weil sie in der Tat und wirklich schon verknüpft und geeinigt sind. Die Auferstehung ist die Identität des endlichen und unendlichen Lebens des Menschen; als solche enthält sie zwei Momente: das Werden des Unendlichen zum Endlichen, und das des Endlichen zum Unendlichen …« (*G. Billroth*, a.a.O., S. 230).

8 »Doch es bedarf gar nicht solcher theoretischen Erörterungen, wir brauchen nur auf die Erfahrung zu verweisen: es ist noch kein Exeget da gewesen, der nicht irgend ein System, sei es auch das einfachste und abstracteste, seiner Exegese, wenn er anders in derselben auf Erörterungen über die dogmatischen Ansichten seines Schriftstellers einging, zum Grunde gelegt hätte … er kann ferner doch nicht bloß die Ausdrücke, die der Schriftsteller gebraucht hat, wörtlich wiederholen, sondern muß sie in seine eigenen und

gese hat vielmehr eine wichtige Mittlerfunktion zwischen der »unmittelbaren Religion« und der Dogmatik, sie muß deshalb über Begriffe aus beiden Bereichen verfügen.[9] Die Exegese hat die Aufgabe, aus der zeitgenössischen »Accomodation« den Geist, das wahrhaft Vernünftige, herauszuholen.[10] Ausdrücklich wird betont, daß dabei keine Allegorie betrieben wird (a.a.O., S. IX), vielmehr ist das leitende Modell das von Vorstellung und Begriff: Der Inhalt ist in der Bibel in der Form der Vorstellung gegeben, die Exegese muß ihn in die Form des Begriffs umsetzen.[11] Denn es gibt nur eine einzige Wahr-

---

die seinen Lesern geläufigenumsetzen: dies setzt aber schon Ansichten, Principien voraus, die erst selbst wieder einer weiteren Begründung bedürfen, und so nothwendig auf das Gebiet der Philosophie verweisen« (*G. Billroth*, Commentar zu den Briefen des Paulus an die Corinther, Leipzig 1833, S. VI).

9 »... aber, fragen wir, in welcher Form? Mit den bloßen Anschauungen, Vorstellungen des Schriftstellers kann die wissenschaftliche Dogmatik nichts anfangen: ... Soll also die Exegese eine Brücke sein zwischen dem Boden der unmittelbaren Existenz der Religion in Anschauung und Vorstellung und dem der Dogmatik ..., so ist es nötig, daß sie der Sprache, die in beiden geredet wird, mächtig ist. Deshalb spielen in ihr das rein philologische und das dogmatische Moment in einander über« (*G. Billroth*, Commentar zu den Briefen des Paulus an die Corinther, Leipzig 1833, S. VI).

10 »Die Dogmatik will das wahrhaft Vernünftige, den Geist, der sich im Christenthum geoffenbart hat, erkennen. Da aber dieser Geist eben in der Offenbarung in eine zeitliche Erscheinung eingetreten ist, so wurde er auch von Menschen einer durch eine bestimmte Zeit bedingten Bildung erfaßt. Diese Menschen waren zunächst die Apostel und ihre Bildung die des jüdischen Glaubensbewußtseins. Wenn daher auch der in Christo Mensch gewordene λόγος das neue, das christliche Glaubensbewußtsein hervorrief, dessen Ausdruck die Wahrheit in ihrer unmittelbaren Gestalt ist, so faßten sie doch oft die christliche Wahrheit nur im jüdischen Glaubensbewußtsein auf ..., daß sowohl Christus, als die Apostel ... sich oft der jüdischen Vorstellung bewußt accomodiert haben« (*G. Billroth*, Commentar zu den Briefen des Paulus an die Corinther, Leipzig 1833, S. VII).

11 »Allein die theologische Auslegung der Bibel erkennt nicht zwei Wahrheiten neben einander an, sondern es ist ihre Aufgabe, denselben Inhalt, der in der Bibel in der Form der Vorstellung gegeben ist, in die Form des Begriffes umzusetzen« (*G. Billroth*, a.a.O., S. IX).

heit. Indem Exegese das tut, wird sie theologisch.[12] Der mögliche Vorwurf der Allegorie wird auch damit zurückgewiesen, daß gesagt wird, der Begriff bleibe nicht für sich und die Vorstellung sei nichts Niederes.[13] H. Holtzmann wird fast 70 Jahre später dem Vorgehen Billroths wie auch dem verwandter Exegeten[14] immerhin bescheinigen müssen, daß sie interessant waren, vieles Richtige gesehen haben und keineswegs überall blind gegen exegetische Zusammenhänge waren.[15] Doch Holt-

12 »Darüber Erörterungen anzustellen und in den biblischen Vorstellungen die Idee, welche in ihnen ihre unmittelbare Existenz gefunden hat, nachzuweisen, dessen kann sich die Exegese nicht überheben, wenn sie anders eine theologische sein will. Denn nur dadurch leistet sie etwas, wovon die Dogmatik unmittelbaren Nutzen ziehen kann« (Es folgt ein längeres Zitat aus Vatkes Rezension zu Pelt, Thessalonicherbriefe aus dem Jahrb. f. Wiss. Kritik 1830) (*G. Billroth*, Commentar zu den Briefen des Paulus an die Corinther, Leipzig 1833, S. VIIf.

13 »Dadurch wird aber die Vorstellung nicht als etwas niederes abgestreift, zurückgelassen, sondern nur zur immanenten Vorstellung erhoben. Der Begriff, wie er sich in der Dogmatik entwickelt, will nicht etwas für sich, neben und außerhalb der Vorstellung sein, ebensowenig als das Unendliche etwas neben und außer- halb des Endlichen ist« (*G. Billroth*, a.a.O. S. IXf.).

14 Vgl dazu etwa K(C)onrad Stephan Matthies, Erklärung der Pastoralbriefe, Greifswald 1840. – Ders., Erklärung des Briefes Pauli an die Galater, Greifswald 1833. – Ders., Erklärung des Briefes Pauli an die Epheser, Greifswald 1834. – Ders., Erklärung des Briefes Pauli an die Philipper, Greifswald 1835.

15 »Aber all' der willkürlich und pedantisch eingetragene Schulquark kann die Thatsache nicht verdecken, daß es spekulative Elemente im paulinischen Lehrbegriff gibt, welchen dieser Exeget gerechter geworden ist, als es vor ihm die rationalistische und nach ihm eine gelehrte Vorsicht und mehr noch kirchlich-dogmatisch bedingter Reserve beflissene Exegese vermocht hat, welche ebenso sehr darauf ausgeht, die spekulativen Zusammenhänge in den Dunst allgemeiner religiöser Empfindungen, Anschauungen oder auch Bekenntnisse aufzulösen, wie sie andrerseits die mehr mythologisch oder rein phantasiemäßig bedingten Züge der religiösen Weltanschauung möglichst zu glätten und auszutilgen strebt. Man belächelt vornehm die naive Begriffsseligkeit des Hegelianers, welcher bei der Exegese von 1 Kor 15 die Auferstehung für die Identität des Endlichen und des Unendlichen erklärt (S. 230). Aber das hinderte denselben doch keinen Augenblick an der richtigen Erfassung der realistischen Parusie- und Auferstehungsgedanken des Apos-

zmann selbst optiert nicht für ein perfektes System, sondern für ein offenes, etwa im Sinne Lessings.[16] – Billroth hatte als unmittelbare »philosophische« Vorstufe in der Geschichte der Exegese die *Aufklärung* erwähnt und sie keineswegs als eindeutig positiv dargestellt. – Ich nenne im folgenden stichwortartig einige wichtige Aspekte des Verhältnisses von Exegese und Philosophie, die aus dieser Zeit herrühren und die für die folgende Diskussion von Belang waren:

b) Bei *G. E. Lessing* wird einerseits das Thema des Verhältnisses von Vernunft und Offenbarung mehrfach und ausführlich behandelt,[17] zum anderen steht Lessing aber auch in einer spiritualistischen Tradition der Auslegung des Johannesevangeliums, denn er sieht mit der Zeit der Aufklärung jetzt die Zeit des Parakleten gekommen.[18] In seiner Schrift »Über den Beweis des Geistes und der Kraft. 1. Schreiben« von 1778 fallen die berühmten und vieldiskutierten Sätze über den garstigen Graben, der sich zwischen historischer Gewißheit und Vernunftgewißheit auftut und den niemand überspringen kann.[19]

---

tels (S. 211 f.) und an der genauen Unterscheidung von modernen Unsterblichkeitsideen« (H. Holtzmann, 1900, S. 229f.).

16 »Aber neben einer Wahrheit, die sich im System fertig darbietet, gibt es auch eine stets werdende Wahrheit im Sinne Lessings; es gibt eine in steter Läuterung und Bereicherung begriffene Weltanschauung, deren relative Wahrheit die Voraussetzung für alle unsere Beurteilung früherer Geistesprodukte bildet. Dies die Form, in welcher die allgemeine erkenntnistheoretische Zwangslage sich auf dem speciellen Gebiet ankündigt, das uns hier beschäftigt. Die Voraussetzungslosigkeit, für die man sich im Namen der Wissenschaft begeistert, kann eben niemals zur Standpunktlosigkeit herabgemindert werden« (H. Holtzmann, Die philosophische Periode der Auslegung und Auslegungskunst, in: Protest. Monatshefte 4 [1900] 173-181, 180).

17 Vgl. dazu jetzt: *W. Gericke*, Sechs theologische Schritten Gotthold Ephraim Lessings (Quellen, NF 3), Berlin 1985, 1. Teil: »Lessings theologische Gesamtauffassung« (S. 9-62).

18 Vgl. *W. Gericke*, ibid., 18 ff.

19 »Aber nun mit jener historischen Wahrheit in eine ganz andre Klasse von Wahrheiten herüber springen, und von mir verlangen, daß ich alle meine metaphysischen und moralischen Begriffe darnach

Damit ist das Thema genannt, das bis hin zu R. Bultmann die Diskussion wie kein anderes bestimmt. Immer wieder wird man versuchen, die religiöse Gewißheit allein auf der Innerlichkeit zu begründen und von den historischen Ereignissen unabhängig zu machen. Dieses ist eine eindeutig aufklärerische Linie, die bis in die Gegenwart reicht.

c) Von überragender Bedeutung für die spätere Diskussion sind aber vor allem die Schriften *I. Kants*, besonders auch die Schrift über »Die Religion innerhalb der Grenzen der bloßen Vernunft« von 1793 (A). Kant gibt in dieser Schrift exegetische Anweisungen: Die moralische Besserung als eigentlicher Zweck aller Vernunftreligion ist auch das Prinzip aller Schriftauslegung.[20] Moralität der Menschen hervorzubringen ist da-

umbilden soll; mir zumuten, weil ich der Auferstehung Christi kein glaubwürdiges Zeugnis entgegen setzen kann, alle meine Grundideen von dem Wesen der Gottheit darnach abzuändern: wenn das nicht eine μετάβασις εἰς ἄλλο γένος, ist; so weiß ich nicht, was Aristoteles sonst unter dieser Benennung verstanden. Man sagt freilich: aber eben der Christus, von dem du historisch mußt gelten lassen, daß er Tote erweckt, daß er selbst vom Tod erstanden, hat es selbst gesagt, daß Gott einen Sohn gleichen Wesens habe, und daß Er dieser Sohn sei. Das wäre ganz gut! Wenn nur nicht, daß dieser Christus gesagt, gleichfalls nicht mehr als historisch gewiß wäre. Wollte man mich noch weiter verfolgen und sagen, ›O doch! das ist mehr als historisch gewiß; denn inspirierte Geschichtsschreiber versichern es, die nicht irren können‹: So ist auch das, leider, nur historisch gewiß; daß diese Geschichtsschreiber inspiriert waren und nicht irren konnten. Das, das ist der garstige breite Graben, über den ich nicht springen kann, so oft und ernstlich ich auch den Sprung versucht habe. Kann mir jemand hinüber helfen, der tu' es; ich bitte ihn, ich beschwöre ihn. Er verdient einen Gotteslohn an mir« (*G. E. Lessing*, Über den Beweis des Geistes und der Kraft [1. Schreiben], ed. W. Gericke, Berlin 1985, S. 117).

20 »Wenn also gleich eine Schrift als göttliche Offenbarung angenommen worden,so wird doch das oberste Kriterium derselben als einer solchen, sein, ›alle Schrift von Gott eingegeben, ist nützlich zur Lehre, zur Strafe, zur Besserung u.s.w.‹ und da das letztere, nämlich die moralische Besserung des Menschen, den eigentlichen Zweck aller Vernunftreligion ausmacht, so wird diese auch das oberste Princip aller Schriftauslegung enthalten. Diese Religion ist ›der Geist Gottes, der uns in alle Wahrheit leitet‹ ... Alles Forschen und

bei zugleich auch der einzige zureichende Beglaubigungsgrund der Schrift. Dieses nennt Kant die »authentische« Auslegung der Schrift. Es konnte nicht ausbleiben, daß spätere Exegeten Kant mit dieser Auslegung in das Gefilde der praktischen Theologie verwiesen.[21] – Aber auch Kant selbst kennt neben der praktischen Auslegung die »doctrinale«, die »mit historischen Kenntnissen und Kritik« die Schrift auslegt »aus dem Zustande der Sitten und der Meinungen der damaligen Zeit« und der es besonders um die jüdischen Bestandteile des Evangeliums gehen müsse. In der Bergpredigt fällt für Kant der authentische mit dem doctrinalen Sinn zusammen, beim Paulinismus und den Wundererzählungen gehen beide auseinander.[22] Wir halten fest: Bei Kant ist der Gegensatz zwischen theoretischer (wissenschaftlicher) und praktischer (moralischer, erbaulicher) Exegese scharf ausgeprägt und kaum vermittelt. – Für das Prinzip rationalistischer, philosophisch begründeter Exegese lassen sich eine Reihe von Vorläufern Kants nennen.[23]

Auslegen der Schrift muß von dem Princip ausgehen, diesen Geist darin zu suchen, und ›man kann das ewige Leben darin nur finden, sofern sie von diesem Princip zeuget‹« (*I. Kant,* Die Religion innerhalb der Grenzen der bloßen Vernunft, ed. K. Kehrbach, S. 118).

21 »Er ist aber in seinem guten Recht, sobald er sich darüber klar ist, daß der ganze Begriff des Reiches Gottes für uns Heutige seinen Wert nicht sowohl dem apokalyptischen Zeitkostüm, darin er im Neuen Testament auftritt, als vielmehr dem darunter verborgenen, keimkräftigen Gedanken eines letzten Zieles der menschheitlichen Entwicklung, eines letzten Zweckes des dieselbe leitenden Gottes verdankt. Die Ideen, welche Kant und Ritschl im Reich Gottes ausgedrückt fanden, beanspruchen somit für die wissenschaftliche Auslegung eine nur sehr bedingte, für die praktische dagegen allgemeine Geltung« (*H. Holtzmann,* Ueber die sog. praktische Auslegung des Neuen Testaments, in: Protest. Monatshefte 2 [1898] 283-291, S. 290).

22 Vgl. *H. Holtzmann,* Die philosophische Periode der Auslegung und Auslegungskunst, in: Protest. Monatshefte 4 (1900) 173-181, 176.

23 Vgl. außer Descartes und Spinoza: *Ludwig Meyer,* Philosophia sacrae scripturae interpres (1666, neuherausg. v. Semler 1776); *Ludwig Wolzogen,* De scripturarum interprete contra exercitatorem paradoxum (1668; Gegenschrift zu Meyer, dennoch des Socinianismus verdächtigt). – *Balthasar Bekker,* De betoverde weereld, Leeuwarden 1691 (»Bezauberte Welt«). – Ferner: *Hermann Alexander Roell* (gest. 1718).

– Dem Einfluß Kants werden wir in dieser Arbeit auf Schritt und Tritt begegnen. Durch den Marburger Neukantianismus wurde diese Philosophie bis in die Gegenwart hinein virulent.

d) *G. W. F. Hegel* (1770-1831) hat für die protestantische Theologie eine Bedeutung, die mit der des Thomas v. Aquin für die katholische Theologie vergleichbar ist. Unter einem Teilaspekt ist W. Kern kürzlich dieser Bedeutung nachgegangen.[24] Als Exegeten unter seinem Einfluß werden in diesem Buch F. C. Baur und D. F. Strauß behandelt (Kap. II und III). Zu nennen sind aber auch der Göttinger Georg Christian Rudolf Matthäi (1831: »Neue Auslegung der Bibel zur Erforschung und Darstellung ihres Glaubens«; 1835: »Übersicht der Fehler der neutestamentlichen Exegese«; 1837: »Auslegung des Evangeliums Johannis zur Reform und Auslegung desselben«; 1853: »Auslegung des Vaterunsers nach dem höchsten Grundsatze der Auslegung des Neuen Testaments«) und Leonhard Usteri (1799-1833, ab 1823 in Zürich und Bern), dessen »Entwickelung des paulinischen Lehrbegriffs« 1832 schon in 4. Auflage erschien. – Der Bedeutung der Geschichtsphilosophie Hegels für die alttestamentliche Exegese bei W. Vatke und J. Wellhausen ist L. Perlitt (1965) nachgegangen.

e) *J. G. Fichte* (1762-1814) wird in seiner Bedeutung für die neutestamentliche Exegese zumeist unterschätzt. Eine bedeutende Rolle spielt hier (wie ähnlich auch bei Lessing, Hegel und Goethe) das JohannesEv in idealistischer Interpretation.[25] Diese Rezeption der johanneischen Theologie geht in ihren Grundzügen bereits auf Joachim v. Fiore zurück, der das »dritte Reich« (nach dem Reich des Vaters und des Sohnes) als das Reich der Freiheit des Geistes erwartet und damit eine Auslegung der Parakletvorstellung des JohEv liefert. Für Joachim sind die Spiritualen die Träger dieses Reiches. Lessing griff den

24 *W. Kern*, Eine Wirklinie Hegels in deutscher Theologie: Christusereignis und Gesamtmenschheit, in: ZKTh 93 (1971) 1-28.

25 Vgl. dazu besonders: *H. Timm*, Fallhöhe des Geistes, 1979 und: *ders.*, Geist der Liebe, 1975.

Gedanken auf: In seiner »Erziehung des Menschengeschlechtes« (§ 86-90) läßt er das johanneische Zeitalter mit der deutschen Klassik beginnen[26] – sie ist die Zeit des neuen, ewigen, geistigen Evangeliums.
Durch eine Reihe von Elementen ist diese Auslegung des JohEv und ihre Wirkungsgeschichte, die bis zur Perversion des Begriffes »Drittes Reich« führte, im JohEv selbst vorbereitet: Das Gesetz ist eine vergangene Epoche (Joh 1,17), der »Geist weht, wo er will« (Joh 3,8), auf die Zeit Jesu folgt die des Parakleten, der in vieler Hinsicht die Zeit Jesu überbietet und erst in »alle Wahrheit einführt« (Joh 14-16). Allein die Liebe gilt als Gebot und ist hier so deutlich wie nirgends sonst Kanon im Kanon. Schließlich kennt das JohEv keine kirchliche Hierarchie, und das Judentum wird zusammen mit der Welt schroff beurteilt (Dualismus). Alle diese Elemente werden in der idealistischen Auslegung, die bei Fichte ihren Höhepunkt erlangt, auf die nicht mehr kirchliche und nicht mehr sakramentale Gemeinde der Philosophen bezogen, für die auch die christologischen Dogmen obsolet geworden waren (Joh 16,26 f. nach dieser Auslegung). Hegel hat im Sinne von Joh 15,15 den Vatergott gegen den Herrgott ausgespielt. Auch in seiner Schrift »Der Geist des Christentums und sein Schicksal« (1798. 1800) spielt das JohEv eine große Rolle, da der Prolog auf das Verhältnis des Allgemeinen und des Besonderen hin ausgelegt wird.

Bei Fichte spricht man seit der »Wissenschaftslehre« von 1804 von einer »johanneischen Periode« in seinem Denken. Am stärksten sind die johanneischen Züge ausgeprägt in seiner »Anweisung zum seligen Leben« sowie in der 7. und 13. Vorlesung der »Grundzüge des gegenwärtigen Zeitalters«. Durchgehende Tendenzen sind in diesen Schriften: a) Johannes wird gegen Paulus gestellt als die Urgestalt des Christentums. Paulus steht für die beiden Konfessionen als der »Verderber« des Christentums, Johannes dagegen vertritt das

26 Über die Quellen Lessings: *D. Mahling,* Die johanneische Kirche, das ewige Evangelium und das dritte Reich, in: NkZ 26 (1915) 571-632.

Evangelium der menschenfreundlichen Gottesliebe. Paulus steht für das Räsonnement, Johannes für den »inneren, praktisch zu entwickelnden Wahrheitssinn der Menschen«. b) Aus dem Prolog des JohEv wird die absolute Einheit des menschlichen Daseins mit dem göttlichen gefolgert, denn der Logos steht für das Bewußtsein überhaupt. c) Das JohEv betont nicht den Verstand, sondern den inneren, praktisch zu entwickelnden Wahrheitssinn des Menschen (Joh 7,17). – Für die spätere Exegese des JohEv wurden aus der »Anweisung zum seligen Leben« besonders folgende Züge wichtig: I. Angesichts des johanneischen Christus wird mehrfach betont, daß nicht das Historische und nicht der historische Glaube selig mache, nur das »Metaphysische«. II. Joh 5 wird auf präsentische Eschatologie gedeutet. III. Jedes Eingreifen Gottes durch äußere Wunder wird abgelehnt. – Alle diese Züge treten in veränderter Gestalt als wichtige Stützpfeiler der Exegese Bultmanns in seinem Kommentar zum JohEv wieder auf. Daß Bultmann im übrigen in seinem Johannes-Kommentar so häufig auf Hölderlin-Zitate zurückgreift, ist ein weiterer Hinweis auf die nachhaltige Bedeutung dieser Epoche für die spätere Exegese.

Selbst der Kantianer J. F. Fries, der uns später als Inspirator W. Boussets wiederbegegnen wird, gibt seiner 1814 erschienenen Schrift »Julius und Evagoras oder: Die neue Republik« ein doppeltes johanneisches Motto: »Niemand hat größere Liebe denn die, daß er sein Leben lasset für seine Freunde« auf der Titelseite und »Den Frieden lasse ich euch, meinen Frieden gebe ich euch. Nicht gebe ich wie die Welt gibt. Euer Herz erschrecke nicht und fürchte sich nicht« auf der Rückseite des Titelblattes.

Unabhängig von seiner sonstigen Paulusdeutung nimmt Fichte den Ausdruck *Buchstabe – Geist* idealistisch auf in seiner Schrift »Über Geist und Buchstabe in der Philosophie« (1794) und in der 7. Vorlesung der »Grundzüge des gegenwärtigen Zeitalters«.

In jüngster Zeit hat vor allem *E. Bloch* (Atheismus im Christentum, Frankfurt 1968, S. 212-218) anhand von Joh 17 die philosophische Tradition der Johannesdeutung wiederaufgenommen (gegen jede »Herrengott-Idee«).

f) Auch in der linkshegelianischen Richtung behält die idealistische Auslegung des JohEv Bedeutung. Für *L. Feuerbach* (1804-1872) ist das Wesen des Christentums vor allem durch 1 Joh 5,16 erfaßt: Der Satz »Gott ist die Liebe« bedeutet für ihn, daß Gott von der Liebe nicht verschieden ist, so daß man den Satz auch umdrehen kann: »Allein die Liebe ist Gott«. Als Göttliches ist Liebe der Inbegriff des Menschlichen. Auch Joh 1,14 spielt für Feuerbach eine große Rolle: Der Satz, daß Gott Mensch wurde, bedeutet eigentlich: Der Mensch ist der wahre Gott.

Karl Marx schreibt im Anklang an Rom 8,22.26: »Die Religion ist der Seufzer der bedrängten Kreatur, das Gemüt einer herzlosen Welt, wie sie der Geist geistloser Zustände ist.«[27] Der sich aus dem Kontext ergebende Sinn: Statt in dieses Seufzen einzustimmen, soll der Mensch selbst Abhilfe schaffen. Exegetisch gesehen ist freilich zu fragen, ob nach Paulus durch die Gabe des Pneuma nicht die Zukunft bereits manifest (auch im Handeln der Christen) begonnen hat.

F. Engels hat 1883 in einem feuilletonistischen Artikel die ApkJoh als älteste und wichtigste Schrift des Neuen Testaments bezeichnet, da sie den revolutionären, antirömischen Charakter des Urchristentums am klarsten zum Ausdruck brächte (K. Rudolph, in: D. Hellholm (Hrsg.), Apocalypticism..., Tübingen 1983. 784). – Umfänglichere Behandlung hätte der für die Synoptikerfrage wichtige *Bruno Bauer* (1809-1882) verdient, dessen Weg vom »orthodoxen« Hegelianismus zu atheistischer Religionskritik von *J. Mehlhausen* (1965) dargestellt worden ist.

g) Von dem großen Judaisten *Franz Delitzsch* (1813—1890)[28] liegen uns recht unterschiedliche Stellungnahmen zur »Philosophie« vor. In seiner Schrift »Wissenschaft, Kunst, Judenthum

27 *K. Marx,* Aus den Deutsch-Französischen Jahrbüchern (1843/44), C: Zur Kritik der Hegelschen Rechtsphilosophie, in: Frühschriften, Stuttgart 1953, 207-224. 208. – Vgl. dazu auch: *Rich, A.,* Die kryptoreligiösen Motive in den Frühschriften von Karl Marx, in: ThZ 7 (1951) 192-209.

28 Vgl. dazu: *S. Wagner,* Franz Delitzsch, Leben und Werk (BEvTh 80), München 1978.

...« von 1838 äußert er sich negativ über jede Verbindung von Philosophie und Theologie überhaupt.[29] Die Schrift wurde freilich für Kreise aus der Erweckungsbewegung verfaßt und richtet sich vor allem gegen Rationalismus und Materialismus.[30] Andererseits kann man jedoch bei Delitzsch so etwas wie »metaphysischen Idealismus« nachweisen, was sich anhand der Verwendung der Begriffe »Idee«, »Ideal«, »idealistisch« zeigen läßt.[31] Vor allem aber aus einem Brief an J. Ch. K. v. Hofmann vom 26. 3. 1859 wird ersichtlich, daß sich Delitzsch Hegel und Schelling verpflichtet weiß. Das »innerste Bewußtsein des denkenden Subjekts« bringt er mit Gal 2,20 zusammen, von dieser Innerlichkeit des Subjekts müsse Wissenschaft ausgehen. Von Schelling übernimmt Delitzsch vor allem den Begriff des Organischen (Natur als Gesamtorganismus). Descartes, Hegel und Schelling verdanke er »Erkenntniß des Organischen mit den im Begriffe liegenden Beziehungen der Einheit, Mannigfaltigkeit, des Lebens, des Zweckes und der Entwickelung«[32]. In einem ergänzenden Brief vom Samstag vor Lätare 1859 weist Delitzsch aber auch auf Gefahren im absoluten Idealismus.[33] Aus alledem wird deutlich, daß Delitzsch der Philosophie Berechtigung einräumt, wenn es um die Definition der Aufgabe und Eigenart von Wissenschaft und Denken geht. Eine Verbindung mit theologischem oder gar spezifisch exegetischem Denken ist nur indirekt erweisbar.

---

29 (Über das Geschick der Theologie:) »... greulich verkehrt ...wie Wachs oder Thon in beliebige Fratzenbilder geknetet, je nachdem der Pseudotheolog zu der Schule dieses oder jenes philosophischen Sektenstifters, Kant, Fichte, Schelling, Hegel oder Anderer gehörte ... Man legte selbst die Bibel aus, als wäre sie eben das Werk eines Philosophen, durch dessen Brille man sie beaugenscheinte. Der Geist Gottes wurde für nichts erklärt, und die Philosophie wurde zum Geiste Gottes gemacht« (*F. Delitzsch*, Wissenschaft, Kunst, Judenthum. Schilderungen und Kritiken, 1838, S. 15-19).

30 *S. Wagner*, a.a.O., S. 433.

31 *S. Wagner*, a.a.O., S. 381-388.

32 *S. Wagner*, a.a.O., S. 435.

33 *S. Wagner*, a.a.O., S. 436.

h) *Adolf Schlatter* (1852-1930) publizierte im Jahre 1906 an der Universität Tübingen gehaltene Vorlesungen unter dem Titel »Die philosophische Arbeit seit Cartesius nach ihrem ethischen und religiösen Ertrag«. Die Schrift gibt reichlich Gelegenheit, Schlatters Auseinandersetzung mit der philosophischen Tradition zu erfahren, und seine eigene Bewertung philosophischen Denkens wird insbesondere aus dem Schlußabschnitt deutlich. An die Stelle des methodischen Zweifels bei Descartes setzt er »Bejahung« und »Glaube« als Vorverständnis.[34] Bedeutsam ist, was Schlatter über die Beschäftigung des Philosophen mit dem menschlichen Leben sagt: Was die Philosophen tun, ist Verständigung des menschlichen Lebens mit sich selbst, und dem habe der Theologe ernste kritische Aufmerksamkeit zu widmen.[35] Diese Position ist dem späteren Vorgehen Bultmanns außerordentlich ähnlich. Denn auch nach Bultmann geht es der Philosophie um das menschliche »Dasein« (vgl. unten S. 141). Auch darin besteht trotz unterschiedlicher Terminologie Übereinstimmung, daß der Philosoph »wertvollen Stoff für unser Erkennen« liefere.[36] Positiv

34 »Unsere Naturforschung wird es ablehnen, daß sie bloß deshalb arbeite, weil sie an der Natur zweifle. Unsere Historik hat ihr Motiv nicht einzig darin, daß die geschichtliche Überlieferung immer in gewissem Maß zweifelhaft ist. Hier wie dort liegen der Arbeit geschlossene Bejahungen, Glaube, zugrund, und dies gibt ihr die Stetigkeit und Willenskraft. Wir treten in die Arbeit um des Objektes willen, weil es uns in seiner Unerschöpflichkeit entgegentritt und in unser Denken Inhalt, in unser Handeln Kraft und in unser Wollen Ziele legt« (*A. Schlatter*, Die philosophische Arbeit seit Cartesius, Gütersloh 1906, S. 22).

35 »Der Theologe ist der philosophischen Bewegung stets ernste kritische Aufmerksamkeit schuldig, da die Probleme, welche diese bearbeitet, nie willkürlich gebildet werden, sondern aus dem Tatbestand des menschlichen Lebens entstehen. Es wäre freilich anders, wenn die Philosophen mit Recht von Weltanschauung sprächen als von dem, was ihre Arbeit erstrebe und leiste. Das aber ist eine Illusion; in Wahrheit handelt es sich immer um die Verständigung des Menschen über sich selbst« (*A. Schlatter*, Die philosophische Arbeit seit Cartesius, Gütersloh 1906, S. 253 f.).

36 »Von demjenigen Menschen und seiner Bezogenheit auf Gott redet der Theologe, um dessen Deutung sich der philosophische Ge-

trägt die Philosophie daher zum Anliegen der Dogmenbildung bei,[37] und die Philosophie ist nötig, denn ohne Denken gibt es kein Erkennen.[38]Lebendiges Dogma gibt es aber nur, wenn alle am Erkennen teilhaben (vgl. Anm. 37). – Die Bedeutung der Philosophie liegt nach Schlatter mithin in zwei Elementen: Sie informiert über das Selbstverständnis des Menschen, und sie liefert ihren Beitrag zur Formulierung kirchlicher Lehre.

i) Im Zusammenhang mit W. Bousset und R. Bultmann begegnet immer wieder der Name des Marburger Religionsphilosophen Rudolf *Otto* (1869-1937), der in seinem Buch »Reich Gottes und Menschensohn. Ein religionsgeschichtlicher Versuch«, München 1934 auch neutestamentlich tätig war. Für Bousset wurde R. Otto als Mitbegründer des Neufriesianismus wichtig (vgl. auch die zu Kap. V angegebene Literatur über R. Otto). R. Otto ist darin Kantianer, daß für ihn das wirklich Religiöse historischer Kritik unzugänglich bleibt (vgl. dazu auch

---

dankengang müht in allen seinen auseinander klaffenden Gestaltungen. Nicht dadurch, daß wir den Philosophen nachahmen, sondern dadurch, daß wir ihn ernsthaft beobachten, ohne die Fabrikation von Systemen, werden wir dem Philosophen nützlich sein, wie auch er, was er an Beobachtung besitzt, uns als wertvollen Stoff für unser Erkennen darbietet« (*A. Schlatter*, a.a.O., S. 254).

37 »Durch den Ertrag der philosophischen Arbeit ist uns daher ein ernstes Bemühen um Dogmenbildung aufgegeben … Einverständnis zu schaffen, Dogma zu bilden, das ist jetzt unsere Pflicht, lebendes Dogma, nicht papiernes, begründetes, nicht bloß legales. Dieses gewinnen wir nur durch die Teilnahme aller am Erkennen, dadurch, daß jeder von uns die Denkarbeit ernsthaft besorgt, die uns durch unsere Berufung zu Gott erteilt ist. Dogma entsteht nicht aus Tyrannis; diese schafft nur tötende Gesetze; sondern daraus, daß wir alle darüber uns ein klares Bewußtsein verschaffen, was in unser Leben von Gott als die für diese formativen Kräfte hineingelegt werden« (A. Schlatter, Die philosophische Arbeit seit Cartesius, Gütersloh 1906, S. 254).

38 (über die Kirche) »Um zu lehren, muß sie denken; denn ohne Denken gibt es kein Erkennen, und die Notwendigkeit, daß wir denken müssen, steht durch den Verlauf und Ausgang unsrer philosophischen Geschichte fest« (*A. Schlatter*, a.a.O., 254).

H. Kahlert, 1984, S. 84). So ist für ihn Auferstehung Jesu ein rein geistiger Vorgang in den Seelen der Jünger.

In seiner Arbeit über *E. Lohmeyer* (s. Anm. 40) gibt *E. Esking* in dem Kapitel »Die exegetische Neuorientierung im Lichte der religionsphilosophischen Entwicklung« (VII, S. 109-119) einen ersten instruktiven Überblick über die fundamentale Bedeutung des Marburger Neukantianismus (Cohen, Windelband, W. Herrmann) für exegetische Fragestellungen vor allem in den beiden ersten Jahrzehnten dieses Jahrhunderts. Immanuel Kant beginnt in dieser Zeit seinen eigentlichen Siegeslauf in der Exegese (W. Bousset, Moderne positive Theologie, 1907, S. 4), und das Motiv der Hinwendung der Exegese zur Philosophie in dieser Zeit erblickt E. Esking wohl zu recht in dem Anspruch auf Wissenschaftlichkeit (S. 107).

j) *Albert Schweitzer* (1875-1965)[39] ist wie R. Otto Philosoph und Exeget in einer Person. Seine philosophischen Ansätze (Wille zum Leben, Ehrfurcht vor dem Leben, Bedeutung der Arbeit der Menschen und der menschlichen Natur) hängen mit dem Vitalismus (H. Bergson), sicher aber auch mit A. Schopenhauer und F. Nietzsche zusammen. Über seine eigene Philosophie sagt A. Schweitzer (Selbstdarstellung, Bern/Leipzig 1919, S. 38f):

> »Wenn meine Philosophie der Ehrfurcht vor dem Leben als eine Synthese von Schopenhauer und Nietzsche bezeichnet worden ist, habe ich gegen diese Charakterisierung nichts einzuwenden. Mit Schopenhauer hat sie gemein, daß sie auf jede Erklärung der Welt verzichtet und den Menschen einem rätselhaften, leidvollen Geschehen unterworfen sein läßt. Mit Nietzsche geht sie in der Welt-und Lebensbejahung und in der Erkenntnis, daß Ethik irgendwie mit Welt- und Lebensbejahung zusammenhängen müsse ...«

Bei Schopenhauer bewegt Schweitzer das Mitleid mit der Kreatur, während die Lebensverneinung ihn abstößt. Bei Nietzsche zieht ihn die Lebensbejahung an, die Fundierung im Willen zur Macht stößt ihn ab. An Nietzsche schätzt er, daß er die Krise bezüglich der Geltung der überlieferten Idee des Guten offenbar

39 Vgl. dazu: *E. Grässer*, Albert Schweitzer als Theologe, 1979.

gemacht hat. Wo liegt die Verbindung zum Neutestamentler? Durch Jesu desillusionierenden Tod (negativ) und durch paulinische Mystik (positiv) wurde die Möglichkeit einer wirklichen Ethik begründet: Es bleibt die Religion der Liebe, und Jesus bleibt Autorität des Willens zum Leben (für andere). Die Lebensphilosophie hat daher eine Bedeutung für das, was »übrigbleibt« nach Vollzug der Exegese.

k) *E. Lohmeyer* (1890-1946) steht insbesondere in seinem Buch »Kyrios Jesus« (Heidelberg 1928) deutlich unter dem Einfluß idealistischer Philosophie (Neukantianismus der Prägung Windelbands und Rickerts, vermittelt durch R. Hönigswald 1875-1947). Für die Beurteilung und Wirkung Lohmeyers hat sich dieses eher negativ ausgewirkt.[40] 1) Wiederum systematischer Philosoph und Exeget in einer Person ist *Paul Ricoeur*.[41] Die wichtigsten Beiträge zu der hier interessierenden Fragestellung lieferte er in seinem Aufsatz zur Hermeneutik R. Bultmanns,[42] als Beitrag zur modernen Diskussion um Metaphern[43] und auch als strukturalistische Musterexegese.[44] Unübersehbar ist die

40 Vgl. dazu: *E. Esking*, Glaube und Geschichte in der theologischen Exegese Ernst Lohmeyers. Zugleich ein Beitrag zur Geschichte der neutestamentlichen Interpretation, Kopenhagen, Lund 1951, bes. S. 104ff., 137ff., 233ff.

41 Vgl. dazu: *P. Gisel*, Paul Ricoeur. Eine Einführung in sein Denken, in: P. Ricoeur, E. Jüngel (Hrsg.), Metapher. Zur Hermeneutik religiöser Sprache (Sonderheft EvTh), München 1974, 5-23.

42 *P. Ricoeur*, Die Hermeneutik R. Bultmanns (Vorwort zur franz. Übersetzung von R. Bultmanns Buch »Jesus« (1926) und »Jesus und die Mythologie«), in: EvTh 33 (1973) 457-476.

43 Vgl. *P. Ricoeur*, Stellung und Funktion der Metapher in der biblischen Sprache, in: P. Ricoeur, E. Jüngel (Hrsg.), Metapher. Zur Hermeneutik religiöser Sprache (Sonderheft EvTh), München 1974, S. 45-70). Vgl. ferner seinen dort abgedruckten Aufsatz »Philosophische und theologische Hermeneutik« (S. 24-45). Hier ist kurz darauf hinzuweisen, daß die Diskussion über Gleichnisse seit A. Jülicher in der Auseinandersetzung mit Philosophie (Aristoteles) geführt worden ist.

44 *P. Ricoeur*, Über die Exegese von Gen 1,1-2.4a, in: X. Léon-Dufour (Hrsg.), Exegese im Methodenkonflikt, München 1973, S. 47-67.

Bedeutung P. Ricoeurs für einige Richtungen der Exegese und Hermeneutik der Befreiungstheologie.

m) Zumindest teilweise läßt sich ein Wiederaufleben hegelianischer Gedanken konstatieren für die unter dem Motto »Offenbarung als Geschichte« seit 1961 um *W. Pannenberg* in Erscheinung getretenen Exegeten (für das Neue Testament: *U. Wilckens*). Konkrete Auswirkungen – etwa des Ansatzes von der »Selbstoffenbarung Gottes« – sind in der Exegese vor allem in den Frühschriften dieser Gruppe nachweisbar.[45]
n) Schließlich sucht *P. Stuhlmacher* in seinem – primär forschungsgeschichtlich angelegten – Buch »Vom Verstehen des Neuen Testaments« (Göttingen 1979) Anschluß an die Philosophie H. G. Gadamers zu gewinnen.[46] Die konkreten Auswirkungen dieses Ansatzes in der Exegese harren noch der Feststellung.

In den philologischen Nachbardisziplinen der Exegese wächst die Einsicht in philosophiegeschichtliche Bedingtheit verwendeter Interpretationsmodelle.[47]

---

45 Vgl. dazu: *W. Pannenberg* (Hrsg.), Offenbarung als Geschichte (Beiheft 1 zu KuD), 1961, 21963. – Zum Offenbarungsverständnis dieser Gruppe jetzt: *F. Konrad*, Das Offenbarungsverständnis in der evangelischen Theologie, München 1971, S. 280ff. (zu Hegel S. 282; zu den exegetischen Auswirkungen S. 283 f.).

46 Vgl. dazu jetzt auch: *P. Stuhlmacher*, Exegese und Erfahrung, in: Verifikationen (FS G. Ebeling), Tübingen 1982, S. 67-89, bes. S. 73 Anm. 21.

47 Vgl. z. B. P. McGinty, Interpretation and Dionysos. Method in the Study of a God (Religion and Reason 16), Den Haag, Paris, New York 1978 (zu Nietzsche, W. F. Otto, E. Rohde und Nilsson).

KAPITEL II

Ferdinand Christian Baur, F. W. J. v. Schelling und G. W. F. Hegel

LITERATUR: *Barnikol, E.,* Das dogmengeschichtliche Erbe Hegels bei und seit Strauß und Baur im 19. Jahrhundert, in: ThLZ 85 (1960) 847-850. – *Ders.,* Das ideengeschichtliche Erbe Hegels bei und seit Strauß und Baur im 19. Jahrhundert, in: WZ(H).GS 10 (1961) 281-328. – Ders., Der Briefwechsel zwischen Strauß und Bauer. Ein quellenmäßiger Beitrag zur Strauß-Baur-Forschung, in: ZKG 83 (1962) 74—125. – *Ders.,* Ferdinand Christian Baur als rationalistisch-kirchlicher Theologe (Hrsg. G. Wallis u.a.), Berlin 1970. – *Bauer, K.,* Ferdinand Christian Baur als Kirchenhistoriker, in: BWKG NF 25 (1921) 1-38; 26 (1922) 1-60. – *Berger, S.,* F. C. Baur: Les Origines de l'Ecole de Tubingue et ses Principes 1826-1844, Straßburg 1867. – *Fraedrich, G.,* F. C. Baur, der Begründer der Tübinger Schule als Theologe, Schriftsteller und Charakter, Gotha 1909. – *Friedrich, P.,* Ferdinand Christian Baur als Symboliker, Göttingen 1975. – *Geiger,* **W.,** Spekulation und Kritik. Die Geschichtstheologie F. C. Baurs, München 1964. – *Graf, F. W.,* Kritik und Pseudo-Spekulation. D. F. Strauß als Dogmatiker, München 1982. – *Ders.,* Ferdinand Christian Baur (1792-1860), in: ed. H. Fries, G. Kretschmar: Klassiker der Theologie II, München 1983, 89-99. – *Harris, H.,* The Tübingen School, Oxford 1975. – *Heinrici, P.,* Hegel und die Theologie (Literaturbericht 1960-1966) in: Gregorianum 48 (1967) 706-746. – *Hester, C,* Gedanken zu Ferdinand Christian Baurs Entwicklung als Historiker anhand zweier unbekannter Briefe, in: ZKG 84 (1973) 249-269. – *Hilgenfeld, A.,* Ferdinand Christian Baur nach seiner wissenschaftlichen Entwickelung und Bedeutung, ein akademischer Vortrag zu Jena am 21. Juni 1892, in: ZWTh 36 (1893) 222-244. – *Hodgson, P. C.,* The Formation of Historical Theology. A Study of F. C Baur, New York 1966. – *Kern, W.,* Eine Wirklinie Hegels in deutscher Theologie: Christusereignis und Gesamtmenschheit, in: ZKTh 93 (1971) 1-28. – *Ders.,* Hegel theologisch gesehen und anders, in StZ 97 (1972) 125-133. – *Lang, W.,* Baur und Strauß, in: *ders.,* Von und aus Schwaben. Geschichte, Biographie, Litteratur, 3. Heft, Stuttgart 1886, 1-31. – *Ders.,* Ferdinand Christian Baur und David Friedrich Strauß, in: PrJ 160 (1915) 474-504; 161 (1915) 123-144. – *Liebing, H.,* Historisch-kritische Theologie: Zum 100. Todestag Ferdinand Christian Baurs am 2. Dezember 1960, in: ZThK 57 (1960) 302-317. – *Lohmeyer, E,* Hegel und seine theologische Bedeutung, in: ThBl 10 (1931) 337-342. – *Lütgert, W.,* Die Religion des deutschen Idealismus und ihr Ende, I—III, Gütersloh 1923. – *Rapp, Ad.,* Baur und Strauß in ihrer Stellung zueinander und zum Christentum, in: BWKG 52 (1952) 95-149; 53 (1953) 157; 54 (1954) 182-185. – *Sandberger, J. T.,* David Friedrich Strauß als theologischer Hegelianer, Göttingen 1972. – *Saß, H.-M.,* Untersuchungen zur Religionsphilosophie in der Hegelschule 1830-1850, Diss. Münster 1963. – *Schlawe, F.,* Die Berliner Jahrbücher für wissenschaftliche Kritik. Ein Beitrag zur Geschichte des Hegelianismus, in: ZRGG 11 (1959) 240-258.343-356. – *Schmid, H.,* Baur und die Tübinger Schule, in: RE 20 (1866) 762-794. – *Schneider, E.,* Ferdinand Christian Baur und seine Bedeutung für die Theologie, München 1909. – *Scholder, K..,* Baur, Ferdinand Christian (1792-1860), in: TRE V (1980) 352-359. – *Schuffels, K.,* Ferdinand Christian Baur im Spiegel von fünf bisher unbekannten Briefen, in: BWKG 68/69 (1968/69) 385-408. – *Senft, Chr.,* Wahrhaftigkeit und Wahrheit. Die Theologie des 19. Jahrhunderts zwischen Orthodoxie und Aufklärung, Tübingen 1956. – *Troeltsch, E.*, Adolf v. Harnack und Ferdinand Christian Baur, in: FS Harnack (70. Geburtstag), 1921, 282-291, bes. 282 f.286-291. – *Zeller, E.*, Ferdinand Christian Baur, in: Vorträge und Abhandlungen geschichtlichen Inhalts (I), Leipzig 1865, 354-434.

1. Biographisches

Ein Einfluß Hegels auf F. C. Baur (1792-1860) ist nicht vor der Abfassung der Arbeiten »Der Gegensatz des Katholicismus und Protestantismus ... (1833, bzw. 1834) und »Die christliche Gnosis ... (1835) festzustellen. Zwar stehen Baurs Schüler seit dem Wintersemester 1828/29 unter dem Einfluß Hegels und diskutieren lebhaft seine Philosophie (vgl. Tafel II auf S. 51), doch auf die Publikationen des Lehrers hatte dieses keinen Einfluß. Erst ab 1832 war die Lektüre der Religionsphilosophie Hegels möglich.

Über die biographische Entwicklung des Verhältnisses Baurs zu Hegel bemerkt Wilhelm Lang (1915, S. 477): »Im Bekenntnis zu Hegel aber war Strauß dem Meister (sc. F. C. Baur) mit raschen Schritten vorangeeilt. Er hatte schon als fertiger Hegelianer Ende 1831 seine Berliner Reise angetreten und begann im folgenden Semester in Tübingen philosophische Vorlesungen ganz im Sinne Hegels zu halten. Von dieser wissenschaftlichen Bewegung, die damals unter der jüngeren Generation um sich griff, scheint Baur keine Notiz genommen zu haben. Bei ihm ging alles langsamer, und in den Arbeiten, in denen er eben steckte, ließ er sich durch nichts stören. Zu Hegel kam er erst, als er im Lauf seiner Untersuchungen über die gnostischen Systeme gleichsam von selbst auf ihn stieß, zu einer Zeit, als die Stiftler bereits seit zwei Jahren mit Enthusiasmus der Verkündigung Hegel'scher Lehren durch ihren Repetenten folgten. Eben waren Hegels Vorlesungen über Religionsphilosophie veröffentlicht worden. Für Baur war es eine Entdeckung, als er im Winter 1834 auf 1835 sich ernstlich an das Studium Hegels machte.«

Erhalten ist ein Brief Baurs aus dieser Zeit an seinen älteren Bruder Fritz Baur (Pfarrer in Horrheim) vom 15. 2. 1835.

Hier berichtet Baur über den Druck des Gnosis-Buches. Bei seiner Abfassung habe er sich zuletzt auch mit Hegel befaßt:

> »Seine Religionsphilosophie hat mich in diesem Winter besonders beschäftigt und vielfach angezogen. Ich stoße wahrscheinlich dadurch auch an, daß ich die Atrocitäten, die man ihm gewöhnlich aufbürdet, nicht in ihr finden kann« (nach W. Lang, 1915, S. 477).

Am 21. 5. 1835 schreibt Baur wiederum an seinen Bruder Fritz Baur:

> »Ich bin begierig, was Du über meine Geschichte der Religionsphilosophie urteilst, und überhaupt begierig, wie es aufgenommen wird. Wahrscheinlich werde ich dadurch, daß ich mich nicht entschieden gegen den Hegelianismus erklärte, vielmehr mich im ganzen zu ihm hinneigte und ihm eine befriedigende Seite abzugewinnen suchte, bei manchen anstoßen, doch hoffe ich, wird der Zusammenhang, in welchen ich den Hegelianismus hineinstellte, und die Nothwendigkeit, in ihm eine durch das ihm Vorangegangene bedingte Entwicklungsform anzuerkennen, ihn selbst auch in einem andern Licht erscheinen lassen. In jedem Fall habe ich in dem ganzen Buche nichts gegeben, als was sich mir als Resultat meiner Untersuchung aufdrang« (nach W. Lang, 1915, S. 478).

Aus dem Zeugnis vom Februar 1835 geht hervor, daß man spätestens von diesem Winter an mit intensiver Kenntnis Hegels bei F. C. Baur rechnen muß.

Ein erstes sicheres Zeugnis der Vertrautheit mit Hegel liefert indes bereits Baurs Schrift »Der Gegensatz des Katholicismus und Protestantismus nach den Principien und Hauptdogmen der beiden Lehrbegriffe« (Tübingen) aus dem Jahre 1834 (der sog. »Anti-Möhler«, 1833 zuerst als Zeitschriftenaufsatz publiziert).

In einer Stellungnahme zu einem Aufsatz des Bamberger (kath.) Professors A. Gengler aus der Tüb. Theol. Quartalschrift von 1832, S. 203-253 (erwähnt auf S. 413) führt Baur auf S. 421-423 in einer Anmerkung aus:

> »Es ist im Allgemeinen die Hegelsche Methode, die der Verf. der Abhandlung zur Lösung seiner Aufgabe anwendet. Es möchte aber kaum einer andern Philosophie mehr zuwider seyn, als der Hegelschen, als das

an sich Seyende zu nehmen, was doch nur Moment der Entwicklung des Begriffs seyn kann, wie offenbar der Verf. das Verhältniß des Katholicismus zum Christenthum nimmt, wenn er davon ausgeht, der Katholicismus, wie er in seiner historischen Erscheinung gegeben ist, sey schlechthin die Wahrheit, die substanzielle Wahrheit. Das Resultat der Entwicklung muß ferner allerdings mit dem Princip identisch seyn, aber die nothwendige Vermittlung des Resultats und Princips sind alle jenen Momente, durch welche der Begriff, in dem Prozeß seiner Entwicklung sich selbst negirend, hindurchgehen muß, um zur Negation der Negation zu gelangen. Ist der Begriff nur in seinem Resultate realisirt, so müssen auch alle Momente, durch die er sich bewegen muß, ihre immanente Wahrheit haben ... denn wo auf der einen Seite die absolute Wahrheit, auf der andern die absolute Negation der Wahrheit ist, gibt es entweder keine Vermittlung, keine Wahrheit und Wirklichkeit der Geschichte, oder das Vermittelnde, das, was jene beiden entgegengesetzten Principien zu einer Geschichte zusammentreten läßt, ist nur der Schein...«

Der Text läßt deutlich erkennen, daß F. C. Baur Hegel nicht nur kennt, sondern ihn sich soweit angeeignet hat, daß er es versteht, damit zu argumentieren, und seinem Gegner einen Verstoß gegen die eigenen Hegel'schen Prinzipien nachweisen kann. Der terminus post quem einer fundierten Hegelkenntnis bei Baur ist daher das Jahr 1832, der terminus ante quem das Jahr 1833, da hier die erste Fassung des »Anti-Möhler« entstand.

Und andererseits folgt bei Baur auf mehr als ein Jahrzehnt intensiver Beschäftigung mit Hegel eine Phase, in der dessen Bedeutung für F. C. Baur nachläßt: In der »Kirchengeschichte des 19. Jahrhunderts« widmet Baur Hegel nur rund acht Seiten, weit weniger als er Kant, Fichte oder Schelling zugesteht. Diese abnehmende Orientierung an Hegel[48] dürfte wohl auch auf die Auseinandersetzungen um das Buch von D. F. Strauß und die Christologie zurückzuführen sein. Der Schwiegersohn E. Zeller hat daher mit seiner Bemerkung recht, daß aufs Ganze gesehen der Einfluß Hegels auf Baur nicht überschätzt werden darf; zugleich weist Zeller auf den entscheidenden Konvergenzpunkt zwischen Baur und Hegel: Geschichte als dialektischer Gesamtprozeß.[49]

48 Vgl. dazu: *P. C. Hodgson*, S. 38 Anm. 3.

49 (Zu Baurs Schrift »Über den Gegensatz des Katholicismus und des Protestantismus«) »In dieser Schrift tritt nun neben dem

Im Jahre 1831 veröffentlichte F. C. Baur seinen epochemachenden Artikel über »Die Christuspartei in der korinthischen Gemeinde, der Gegensatz des petrinischen und paulinischen Christentums in der ältesten Kirche, der Apostel Petrus in Rom«. Das frühe Christentum wird nicht mehr, wie bisher, als monolithische Einheit dargestellt, sondern als lebendiger Prozeß aus dem Gegeneinander gegensätzlicher Parteien. Diese Parteien sind Judenchristen und Heidenchristen. Mit dieser Opposition kann Baur nicht nur die Parteien in Korinth erklären, sondern auch die ganze weitere Geschichte des Urchristentums, in der immer wieder neue Ausgleiche und Vermittlungen gesucht wurden, etwa im Jakobusbrief. – Da das hier zugrundeliegende Modell dialektischer Art ist (These – Antithese – Vermittlung), hat man schon immer gefragt, wie es zu dieser hegelianischen Denkweise vor jeder nachweisbaren Berührung mit Hegel gekommen sei. Wir greifen die Frage auf, da sich hieran ein wichtiger Aspekt des Verhältnisses Exegese/Philosophie exemplarisch klären läßt.

---

schleiermacherschen zuerst auch der Einfluß des hegelschen Systems bei Baur hervor. Er war diesem System zunächst durch Hegels Vorlesungen über die Religionsphilosophie, dann auch durch andere von seinen Schriften näher gekommen, und er hatte sich aus demselben so viel angeeignet, daß ihn ferner stehende nicht selten geradezu der hegelschen Schule zuzählten. Es machte sich dieß bei ihm um so leichter, da ihm aus der hegelschen Lehre nur die folgerichtige Fortbildung der Gedanken entgegentrat, die er schon früher, aus Schellings Schriften, in sich aufgenommen hatte. Was ihn darin anzog, war vor allem die großartige, mit seinen eigenen Bestrebungen durchaus übereinstimmende Auffassung der Geschichte, die Idee einer innerlich nothwendigen, mit immanenter Dialektik sich vollziehenden, alle Momente, welche im Wesen des Geistes liegen, nach einem festen Gesetz zur Erscheinung bringenden Entwicklung der Menschheit. So unstreitig aber die hegelsche Philosophie nach dieser Seite hin auf seine eigene Geschichtsbehandlung eingewirkt hat, so ist doch, wie ich schon oben angedeutet habe, dieser Einfluß lange nicht so hoch anzuschlagen, als der des schleiermacherschen Systems« (*E. Zeller* [1865] 364).

Philosophische Einflüsse auf F. C. Baur, dargestellt anhand der verschiedenen biographischen Phasen:

Zeit-abschnitt	Philosoph	an Baur vermittelt durch	Literarischer Niederschlag bei F. C. Baur
1809-1811	Fichte und Kant	Kant auch durch Bengel	1811: »Über die erste Aufgabe der Philosophie und ihre Lösung durch Kants Vernunftkritik und Fichtes Wissenschaftslehre«
ab 1812	Schelling	K. A. Eschenmayer in Tübingen	1818 Kaiser-Rezension 1823/24 Brief an s. Schüler L. A. Bauer (Hester 268) 1824/25 »Symbolik und Mythologie«, Vorrede 1834 »Der Gegensatz des Katholicismus und Protestantismus«
1823-1827	Schleiermacher (B. hat Schlm. »mit den Augen Sendlings gelesen«)		1823/24 Brief an s. Schüler L. A. Bauer (Hester 268) 1824/25 »Symbolik und Mythologie« 1827 Osterprogramm (krit. gg. Schleiermacher) 1833/34 »Anti-Möhler«
1831			»Die Christuspartei in der korinthischen Gemeinde«
	(1832 Publikation der Religionsphilosophie Hegels)	(Rezeption durch Schüler Baurs)	
Winter 1834/1835 bis ca. 1845	Hegel	D. F. Strauß publiziert das »Leben Jesu«	»Der Gegensatz des Katholicismus und Protestantismus (1833/34); »Die christliche Religionsphilosophie in ihrer geschichtlichen Entwicklung oder die christliche Gnosis« (1835) Beteiligung Baurs an der Diskussion über D. F. Strauß
ab 1845	deutliches Nach-lassen des Einflusses Hegels		»Kirchengeschichte des 19. Jh.« (posthum publ. 1862)

War Baur selbständig und unvermittelt, allein aufgrund historischer Arbeit zu diesem Konzept gelangt, wie immer wieder angenommen wird?[50] Nachdem F. C. Baur schon 1824 erklärt hatte: »... den bekannten Vorwurf der Vermengung der Philosophie mit der Geschichte fürchte ich dabei nicht: ohne Philosophie bleibt mir die Geschichte ewig todt und stumm«[51], ist diese Annahme a priori unwahrscheinlich. Es ist auch nicht vorstellbar, wie rein exegetische Beobachtungen am 1. Korintherbrief zu diesem dialektischen Schema führen sollen, in dem auch der Begriff der »Vermittlung« nicht fehlt. Daher ist unumwunden zu fragen, welchem philosophischen Konzept Baur hier folgte. Es ergibt sich:

1. Das dialektische Gegenüber der beiden Konfessionen in Baurs Symbolikvorlesung von 1828/29 ist das Modell für die These Baurs über die Parteien in Korinth von 1831 gewesen. Diese bislang unbeachtete Beziehung entspricht zunächst der generellen und wichtigen Feststellung von F. W. Graf (1983), der im Gefolge von K. G. Steck (1978) die Deutung des Verhältnisses zwischen Protestantismus und Katholizismus für das aktuelle Herzstück der Arbeit F. C. Baurs überhaupt ansieht. – Nach Baurs Symbolikvorlesung sind die Konfessionen »zwar jedesmal durch einen charakteristischen Zug voneinander unterschieden, aber auch wieder in ein solches Verhältnis zueinander gesetzt, daß der eine den anderen voraussetzt, ihn ergänzt, und alle zusammen das Ganze, das sie repräsentieren sollen, in einer geschlossenen Einheit darstellen«[52]. Das zugrundeliegende Modell ist mithin: Die Gegensätze der Konfessionen sind nicht absolut, sondern diese sind Teil einer höheren Einheit,

---

50 Vgl. dazu *P. C. Hodgson*, S. 3f. und *W. G. Kümmel*, Das Neue Testament. Geschichte der Erforschung seiner Probleme, Freiburg/München 1953, S. 161 (»auf rein exegetischem Wege«).

51 Symbolik und Mythologie oder die Naturreligion des Altertums, Zwei Teile in drei Bänden, Stuttgart 1824/25, I S. XI (vgl. zum Kontext unter Anm. 12).

52 *F. C. Baur*, Symbolikvorlesung I, S. 6 (zitiert nach P. Friedrich, 1975, S. 123).

die Gegensätze sind sich gegenseitig bedingende Momente eines Ganzen. Ähnlich sieht F. C. Baur auch schon in seinem Erstlingswerk »Symbolik und Mythologie« (1824/25) (vgl. Anm. 4) die Gegensätze zwischen den verschiedenen Religionen und dem religiösen Bewußtsein. – P. Friedrich widmet der »Struktur von Baurs Gegensatzlehre« in seiner Symbolikvorlesung einen längeren Abschnitt,[53] stellt fest, daß sie dialektisch strukturiert ist und auf dem Boden von Schleiermachers Individualitätskonzeption beruht (Einheit und Verschiedenheit) und betont die Analogien zwischen Baurs Erstlingswerk und seiner Symbolikvorlesung. In beiden ist das dialektische Denken zugleich auch auf historische Prozesse mit bestimmten Wendepunkten (Jesus Christus als »Mitte der Zeiten« und die Reformation) angewandt. – Fazit: Was uns in Baurs Aufsatz von 1831 entgegentritt, ist eine von Baur vorher bereits häufiger verwendete Denkform. Doch fragen wir weiter nach deren Ursprung.

2. Der Schwiegersohn E. Zeller macht (vgl. Anm. 2) auf den besonderen Einfluß Schellings aufmerksam, und dieses entspricht auch Baurs Selbstzeugnissen. So bekennt er in dem Brief an seinen Schüler L. A. Bauer vom 2. 11. 1822, Schellings »System des transzendentalen Idealismus« sei »eine Schrift, die mir vorzüglich gefallen hat«[54]. Er nennt sie dort auch eine »lebendige und phantasiereiche Philosophie«. Schelling aber hat ein dialektisches Geschichtsverständnis, das sich wie folgt kennzeichnen läßt: »Nach Schelling ist die Intelligenz ein unendliches Bestreben, sich zu organisieren, und entsprechend ein Fortgang von Thesis zur Antithesis und von da zur Synthesis, ein Fortgang, der in dem Mechanismus des Geistes ursprünglich gegründet ist. Die Konzeption einer dialektischen Entwicklung des Geistes liegt dem Werk zugrunde.«[55] Es ist die Dialektik von Freiheit und Not-

53 *P. Friedrich* (1975) 111-113.

54 Vgl. *C. Hester* (1973) 265.

55 Vgl. so: *C. Hester* (1973) 255. – Von Schellings Werken sind zu diesem Punkt besonders zu nennen: »Die Weltalter« (1813), »Über die Gottheiten von Samothrake« (1815), »Vorlesungen über die Methode des akademischen Studiums« (7.-10. Vorlesg.; 1803); vgl.

wendigkeit, von Ideal und Wirklichkeit. »Auch die menschliche Geschichte wird nur als ein Teil der kontinuierlichen dialektischen Bewegung des Zu-sich-Kommens des Geistes verstanden.«[56] C. Hester urteilt zweifellos zutreffend, wenn er sagt: F. C. Baur verdankt Schelling vor allem den »charakteristischen Hang zum Architektonischen«[57]. Nach Baurs eigenen Angaben habe Schelling – ähnlich wie die alte Gnosis – das Dialektisch-Prozeßhafte von der Spekulation her auf geschichtliche Prozesse übertragen,[58] und bereits in seinem Erstlingswerk gilt die Weltgeschichte als dialektische Entwicklung eines Bewußtseins.[59] – Das aber bedeutet:

---

dazu auch: W. Geiger (1964) 38f. – Zur katholischen Rezeption der Geschichtstheologie Schellings durch die katholische Tübinger Schule (bes. durch J. S. Drey) vgl. *J. R. Geiselmann,* Die katholische Tübinger Schule. Ihre theologische Eigenart, Freiburg – Basel – Wien 1964, S. 285-302.

56 *C. Hester,* a.a.O., 259f.

57 *C. Hester,* a.a.O., 261.

58 »Was uns aber die Verwandtschaft der Schellingschen Lehre mit der alten Gnosis von einer andern merkwürdigen Seite zeigt, und zugleich auch dazu dient, das Verhältnis Böhmes zu derselben in ein helleres Licht zu setzen, da Schelling nur ergänzt, was Böhme noch unvollendet gelassen hat, ist die Anwendung, welche Schelling von seinen speculativen Ideen auf die Religionsgeschichte gemacht hat. Dasselbe Verhältniß, in welchem die beiden Principien, speculativ betrachtet, zu einander stehen, stellt sich auch in der Geschichte dar« (*F. C. Baur,* Die christliche Gnosis, Tübingen 1835, S. 619).

59 »Ist die Weltgeschichte überhaupt, in ihrem weitesten und würdigsten Sinne, eine Offenbarung der Gottheit, der lebendigste Ausdruck der göttlichen Ideen und Zwecke, so kann sie, da überall, wo geistiges Leben ist, auch Bewußtseyn ist, als Einheit desselben, nur als die Entwiklung eines Bewußtseyns angesehen werden, welche zwar nur auf eine der Entwiklung des individuellen Bewußtseyns analoge Weise zu denken ist, aber mit dem beschränkten Maßstabe desselben nicht gemessen werden darf. Wie das Bewußtseyn der Individuen in dem Bewußtseyn der Völker ruht, welchen sie angehören, in einer Einheit, die doch gewiß nicht blos eine Abstraction des Begriffs ist, sondern eine lebendige, so wird auch das Bewußtseyn der Völker von dem höheren Gesammt-Bewußtseyn der Menschheit getragen, dessen lebendige Einheit das Bild und der Spiegel des göttlichen Geistes selbst ist, und nur auf diesem Wege läßt sich der innere Zusammenhang ahnen, welcher auf dieselbe Weise, wie allen wech-

F. C. Baur verdankt den strukturellen Grundansatz und das Modell für seine historisch-exegetischen Hypothesen der spekulativen Geschichtsphilosophie Schellings. Das Prinzip der dialektischen Entwicklung der Religionsgeschichte hat Baur auf immer kleinere Verhältnisse übertragen: Was in Symbolik und Mythologie von 1824/25 noch für alle Religionen gilt, wird in der Symbolikvorlesung von 1828/29 auf die beiden großen Konfessionen übertragen und in dem Aufsatz von 1831 schließlich auf die kleinen Verhältnisse innergemeinschaftlicher Gruppen in Korinth und in anderen christlichen Gemeinden der Frühzeit. Der Aufsatz von 1831 steht daher gewissermaßen am Ende einer Entwicklung bei Baur selbst (später wird er von diesem Schema freilich noch reichlich Gebrauch machen); nicht aber ist der Aufsatz von 1831 eine »Antizipation« von Baurs hegelianischer Periode. Ohne Frage hat Baur seinen strukturellen Aufsatz zwischen 1818 und 1831 in Details verändert, doch das Grundmuster bleibt erhalten.[60]

3. In frühen Briefen von 1823 und 1824 wendet F. C. Baur das von Schelling her gewonnene Geschichtsverständnis an auf das Selbstverständnis der Dogmatik Schleiermachers.[61]

---

selnden Erscheinungen des individuellen Bewußtseyns eine Identität zugrunde liegt, alle welthistorischen Erscheinungen des Menschenlebens und des Menschengeistes zu einer Einheit verbindet« (Symbolik und Mythologie I, 1824, S. Vf.). Ähnliche Gedanken über die Entsprechung des individuellen und des allgemeinen Bewußtseins finden sich bereits in der Kaiser-Rezension von 1818.

60 Was sich verändert, ist der Wirklichkeitscharakter der »Synthese«. Ist diese anfänglich in erster Linie als Bewußtsein gegeben, welches die Einheit in der Verschiedenheit bedeutet, so kann Baur später sehr viel konkreter die frühkatholische Kirche als Gestalt der Synthese angeben.

61 »... machen Sie z. B. nicht sogleich den Anfang mit der Schleiermach(erischen) Dogmatik, die ohne genaue Kenntnis der Systeme, deren Antithese und Synthese sie seyn will, unmöglich in ihrem tiefen Sinn vollkommen gewürdigt und verstanden werden kann« (Brief *Baurs* an seinen Schüler L. A. Bauer von ca. 1823/24 nach C. Hester [1973] S. 268). Vgl. ähnlich den Brief Baurs vom 26. 7. 1823 an L. A. Bauer über die »Glaubenslehre« Schleiermachers (sie überwinde den Gegensatz zwischen Natürlichem und Übernatür-

Folgerungen: 1. Das Schema dialektischer Geschichtsbetrachtung hat F. C. Baur nicht aufgrund »reiner« historischer Arbeit gewonnen. Es entstammt im Prinzip der Philosophie Schellings und wurde von F. C. Baur im Laufe der Zeit immer stärker mit konkreter historischer »Kleinarbeit« verbunden. Es geht also nicht um einen Weg von der Exegese zur Philosophie, sondern eher umgekehrt wird ein Systemprogramm in exegetische Münze umgesetzt, und zwar sukzessive und in Anwendung auf immer stärker eingegrenzte Gebiete. – 2. Die Schellingsche Philosophie ist in diesem Punkt zweifellos der Gegensatzlehre Schleiermachers (Baur bekannt etwa ab 1823) und dem System Hegels verwandt oder zumindest analog. Das bedeutet: An den drei »Großen« werden hier nur allgemeinere Denktraditionen dieser Zeit sichtbar, die heute als gemeinsame abgebrochen sind und die man nicht vorschnell, wo man sie entdeckt, auf den Einfluß nur eines einzelnen Philosophen auf den Exegeten erklären sollte. Der Exeget Baur teilt in hohem Maße, dabei bewußt und in führender Rolle, die philosophischen Gedanken seiner Zeit. – 3. Die immer wieder geäußerten Konvergenztheorien, wonach die Begegnung Baurs mit Schriften Hegels für ihn eine Art »Erfüllung« des längst Geahnten war, sind daher zu modifizieren.[62] Baur verdankt Hegel einige neue Begriffe und die damit gegebenen Ausweitungen und Abrundungen seines Entwurfs. Diesen selbst aber verdankte er maßgeblich Hegels »Vorgängern«.

lichem, sei die Antithese zum System Storrs und die Synthese zwischen Rationalismus und Supranaturalismus) (vgl. dazu *C. Hester*, a.a.O., S. 257).

62 Vgl. dazu *E. Zeller* in Anm. 2 (»folgerichtige Fortbildung«) und H. Liebing (1960) S. 311 (»seine Problemstellung und seine bisherigen Lösungsversuche konvergieren seit geraumer Zeit genau auf die Stelle hin, die nun Hegels Religionsphilosophie einnahm«). – *G. Fraedrich* (1909) 99: »Es ist durchaus in der Sache begründet gewesen, daß Baur in dieser Hegelschen Religionsphilosophie das ausgesprochen fand, was er so lange immer noch vergebens suchte, daß er in ihr seinen Ruhepunkt gefunden hat.« – *P. Friedrich* (1975) 123: »Zugleich aber erscheint es nur allzu verständlich, daß Baur dann in der Hegelschen Philosophie ein willkommenes Instrument zur Profilierung dessen entdeckte, was er bereits selbständig erarbeitet hatte.«

2. Zur Bedeutung Kants für F. C. Baur

Mit der Wiederentdeckung des frühen F. C. Baur mußte auch sein Verhältnis zu Kant wieder sichtbar werden.[63] In Baurs Schrift über »Symbolik und Mythologie« weisen darauf: 1. die zentrale Verknüpfung von Christentum und (autonomem Selbst-)bewußtsein des Menschen (unmittelbares Gefühl und Selbstbewußtsein), dieses in Differenz zu den anderen Religionen, 2. die Betonung der freien Willenskraft und Selbsttätigkeit des Menschen. Die Parallelität zu Schleiermacher, die P. Friedrich anhand des »Lehrbuchs der christlichen Dogmengeschichte« (1847) für Baurs Einschätzung Kants ermittelt hat, gilt auch für seine Vorlesungen über neutestamentliche Theologie.[64] Daneben gibt es später auch Kritik an Kant.[65] – Kant war an Baur durch die ältere Tübinger Schule vermittelt worden.[66]

3. Die Bedeutung der Philosophie für den Exegeten Baur

Die Entscheidung über den Wert der Philosophie für sein theologisches Tun ist bei F. C. Baur nicht erst bei der Begegnung mit Hegels Gedanken gefallen, sondern schon vorher,

63 Vgl. dazu: *P. Friedrich* (1975) 45f.

64 *F. C. Baur*, Vorlesungen über neutestamentliche Theologie, 1864, 61 f.: »Es ist dies ein formeller/Grundsatz des Handelns, welcher in der Hauptsache zusammenfällt mit dem Kantschen Imperativ: Handle so, daß die Maxime deines Handelns das allgemeine Gesetz des Handelns sein kann. Es spricht sich also auch darin die Eigenthümlichkeit des christlichen Princips aus, sich über das Äußere, Zufällige, Particuläre zum Allgemeinen, Unbedingten, an sich Seiende zu erheben und den sittlichen Werth des Menschen nur in das zu setzen, was seinen absoluten Werth und Inhalt in sich selbst hat.«

65 Vorlesungen über die christliche Dogmengeschichte III, 1867, 336f.: »Eine Philosophie, welche alles für Heteronomie erklärte, was nicht Autonomie der praktischen Vernunft war, konnte sich zu allem Positiven der Religion nur in ein rein negatives Verhältnis setzen … Alle/ Realität des religiösen Glaubens wurde nur in die Selbstgewißheit des sittlichen Bewußtseins gestellt, und selbst die Existenz Gottes sollte nur ein Postulat der praktischen Vernunft sein

66 Vgl. dazu: *P. Friedrich* (1975) S. 45 Anm. 84.

als er noch vor allem unter Schellings Einfluß stand. Bereits in »Symbolik und Mythologie« (1824) ist der Standpunkt Baurs in dieser Hinsicht voll entfaltet, und er ändert sich auch später nicht mehr:

> »Ich sehe hier nur zwei Wege, entweder den der Trennung und Vereinzelung, welcher, consequent fortgesetzt, nothwendig zuletzt auf Atomistik, Fatalismus, Atheismus führen muß, oder denjenigen, auf welchem auf diesem Gebiete in dem Grade ein reineres und höheres Bewußtseyn des Göttlichen aufgeht, in welchem das geistige Leben der Völker in seinem großartigen Zusammenhang als Ein großes Ganzes erkannt wird. Mittelwege zwischen beiden gibt es eigentlich nicht, und halbe Maßregeln sind, wenn irgendwo, so doch gewiß in derjenigen Wissenschaft am wenigsten zuläßig, die sich das Absolute zur Aufgabe setzt. Den bekannten Vorwurf der Vermengung der Philosophie mit der Geschichte fürchte ich dabei nicht: ohne Philosophie bleibt mir die Geschichte ewig todt und stumm« (Symbolik und Mythologie I, S. XI).

Ähnlich äußert sich Baur dann in einem wichtigen Passus von 1843:

> »Was ist denn nun aber, muß ich nach allem diesem fragen, mein angeblicher Hegelianismus, durch dessen Anschuldigung Herr Prof. Rettberg meine historischen Untersuchungen für bloße Misgriffe und Gewaltschritte erklärt, und alle Resultate derselben über den Haufen werfen zu können meint? Ist es nicht das offenbarste Unrecht, das er an mir begangen hat, und habe ich nicht das volle Recht, zu sagen, was er Hegelianismus nennt, ist nichts anders als das gerade Gegentheil von allem demjenigen, was er in der Beurtheilung meiner Schrift an den Tag gelegt hat, die wissenschaftliche Betrachtung der Sache, gegenüber einem durchaus unwissenschaftlichen, von völligem Mangel an philosophischem Denken zeugenden Verfahren? Nenne man die speculative Methode Hegelianismus, oder wie man sonst will, das eigentliche Wesen der Speculation ist und bleibt die denkende Betrachtung des Objects, mit welchem man es zu thun hat, die Stellung des Bewußtseyns zu demselben, in welcher es als das erscheint, was es wirklich ist, das Bestreben, sich in den objectiven Gang der Sache selbst hineinzustellen, um demselben in allen seinen Momenten, in welchen er sich selbst fortbewegt, zu folgen. (...) Die einzige Voraussetzung, die dabei gemacht wird, ist, daß die Geschichte nicht blos ein zufälliges Aggregat, sondern ein zusammenhängendes Ganzes ist. (...) Ohne Speculation ist jede historische Forschung, mit welchem Namen sie auch prangen mag, ein bloßes Verweilen auf der

Oberfläche und Aussenseite der Sache, und je wichtiger und umfassender der Gegenstand ist, mit welchem sie sich beschäftigt, je unmittelbarer er dem Element des Denkens angehört, desto mehr kommt es darauf an, nicht blos, was der Einzelne gedacht und gethan, in sich zu reproduciren, sondern die ewigen Gedanken des ewigen Geistes, dessen Werk die Geschichte ist, in sich nachzudenken« (Die christliche Lehre von der Dreieinigkeit und Menschwerdung Gottes in ihrer geschichtlichen Entwicklung, Tübingen 1843 I, S. XVIII-XIX).

Aus beiden Texten geht gleichmäßig hervor:

1. Orientierung an der Philosophie ist für Baur das Mittel, um den historischen Positivismus zu vermeiden. Denn die Alternative ist: Ein Text wird nicht denkend betrachtet, d.h. nicht verarbeitet. Die einzelnen Daten bleiben dann unverbunden nebeneinander (Atomistik), die Einzelgeschehnisse bleiben unaufgeklärt sinnlos (Fatalismus), eine Gotteserfahrung ist an ihrem vornehmlichsten Ort, nämlich in der Erfahrung der Lenkung der Geschichte, nicht möglich (Atheismus).
2. Positiv gesehen geht es in beiden Texten um den Zusammenhang in der Geschichte und die Möglichkeit, das eine große Ganze zu sehen. Geschichte ist nicht ein zufälliges Aggregat, sondern in ihr wirkt der Geist (Gottes). Positivismus wird vermieden anhand einer Relation Einheit/ Vielheit. Die Einheit wird nicht an Einzelereignissen greifbar, sondern nur durch den Gang der Geschichte im Ganzen.
3. Die Funktion des Historikers dabei ist nicht nur die Reproduktion des Tuns des Einzelnen – hier wird man an die Hermeneutik Schleiermachers erinnert –, sondern vor allem das »Nachdenken der ewigen Gedanken des ewigen Geistes«, gleichfalls eine Reproduktion also, nur eine, die den Geschichtsverlauf im Ganzen betrifft und die über die Zeitlichkeit des individuellen Ablaufs erhaben ist (daher: »ewig«).
4. Das eigentliche Ärgernis – auch für heutige Leser – besteht wohl darin, daß Baur eine Alternative in Form eines Mittelweges nicht zuläßt. Es bleibt nur ein Entweder-Oder zwischen Geschichtsphilosophie à la Schelling und Hegel einerseits und sinnlosem Positivismus andererseits. – Diese Art Philosophie, bzw. »Spekulation« bringt später dann

Strauß und Baur gemeinsam den Vorwurf des Pantheismus ein, und Baur muß dazu erklären, daß er nicht Anhänger »irgend eines philosophischen Systems« sei.[67] Schon in dem oben zitierten Text von 1843 hatte Baur zur Disposition gestellt, ob man seine Spekulation Hegelianismus oder anders nennen wolle – notwendig sei nur die philosophische Spekulation überhaupt. Man muß es daher Baur abnehmen, daß es ihm nicht um Hegelianismus als ein bestimmtes philosophisches System geht – zu intensiv hatte er zuvor Schleiermacher und Schelling kennengelernt. Es

67 »Ich scheue mich nicht, hier auch Hegel zu nennen. Ich bin kein Anhänger irgend eines philosophischen Systems, weil ich wohl weiß, wie trüglich es ist, sich von Menschenauktorität abhängig zu machen, aber gleichwohl habe ich die Überzeugung, daß sich auch von Hegel gar manches für die Theologie lernen läßt, und glaube, daß auch Manche von denen, welche so schnell bereit sind, über ihn abzusprechen, anders urtheilen würden, wenn sie sich entschließen könnten, seine Schriften zuvor näher kennen zu lernen. Bekannt ist, mit welcher Heftigkeit die evangelische Kirchenzeitung besonders seit dem Tode des Philosophen dessen Philosophie zum stehenden Gegenstand ihrer Angriffe macht. Scheut sie sich doch sogar nicht in ihrem Vorwort (S. 36) geradezu zu sagen: »in dem Strauß'schen Leben Jesu feiere die (Hegel'sche) Philosophie einen Triumph, ähnlich dem Satans, als er in Judas gefahren. Sie könne doch ganze Leute machen, während andere nur halbe. Darin sey sie dem Christenthum gleich, dadurch sein einziger würdiger Gegner, der zuletzt allein mit ihm auf dem Kampfplatz bleiben werde, bis der Herr ihn umbringe mit dem Geiste seines Mundes und seiner ein Ende mache, durch die Erscheinung seiner Zukunft. Wenn je eine Philosophie gewußt habe, was sie wollte, so sey es diese. Spielen sey nicht ihre Sache, es würde ihr vor dem göttlichen Gerichte erträglicher ergehen, wenn es wäre« (S. 36-40) … Es gibt also ein immanentes Verhältnis Gottes zur Welt, das mit Unrecht als pantheistisch verschrien wird, und es ist nicht alles schlechthin pantheistisch, was als pantheistisch verschrien wird … Aber wie? Wenn auch der von der evangelischen Kirchenzeitung verschrieene Hegel'sche Pantheismus sich auf den Begriff eines immanenten Verhältnisses zur Welt zurückführen ließe?« (Abgenöthigte Erklärung gegen einen Artikel der evangelischen Kirchenzeitung, herausgegeben von D. E. W. Hengstenberg, Prof. der Theol. an der Universität zu Berlin. Mai 1836, in: Tübinger Zeitschr. f. Theol. 9 [1836] 179-232, S. 225 Anm. [S. 225-230]).

geht allein um das geschichtsphilosophische Denken, die Methode der Verarbeitung von Geschichte als einer Ganzheit. An Hegel konnte man das freilich am besten lernen. Bedenkt man, daß es nur darum geht, so haben Baurs Gegner ihm in der Tat Unrecht getan; das gilt auch dann, wenn die Differenzen zwischen Baur und Hegel, die Hodgson annimmt, so nicht bestehen.[68] Die Frage Baurs ist vielmehr: Wie ist – unter der Voraussetzung des Antisupranaturalismus – theologische Geschichtsbetrachtung möglich?

4. Übereinstimmung und Differenzen mit Hegel

Daß die Terminologie der Philosophie Hegels nicht nur äußerlich verwendet wird, zeigt beispielsweise der Satz, mit dem Baur das Kapitel III 6 seines Paulusbuches einleitet: »Das Verhältniß des Christentums zum Heidentum und Judentum kann nur als das der absoluten Religion zu den ihr vorangehenden untergeordneten Formen der Religion bestimmt werden. Es ist der Fortschritt … zum wahrhaft geistigen, mit seinem bestimmten Inhalt erfüllten, mit sich einigen Bewußtseyn … durch nichts getrübte Identität des Selbstbewußtseyns mit sich.«[69] Geschichte des Christentums ist die Geschichte des zu sich selbst findenden Geistes. Wenn man bedenkt, daß es sich dabei um eine Darstellung paulinischer Theologie handelt, so ist doch wohl (das Kapitel hat die Überschrift: »Das Christentum als neues Prinzip der weltgeschichtlichen Entwicklung«) die Überfremdung der

68 Vgl. *P. C. Hodgson*, a.a.O., S. 3f. – Sicher ironisch gemeint ist dagegen *Baurs* Satz aus den »Vorlesungen über die christliche Dogmengeschichte III (Leipzig 1867), 349: »Hatte sich die Theologie darin gefallen, von Schleiermacher die Gestalt des modernen Zeitbewußtseins anzunehmen und in ihrem neuen Gewand den Beifall des großen Publikums zu gewinnen, so war es nur die wohlverdiente Strafe für ihr Buhlen mit dem modernen Zeitgeist und der Philosophie, daß sie sich entschließen mußte, auch den weitern Gang mit Hegel zu machen, und wie zur Buße für ein begangenes Vergehen ihr Kreuz auf sich zu nehmen, und zur Schädelstätte des absoluten Geistes hinanzusteigen.«

69 *F. C. Baur*, Paulus, der Apostel Jesu Christi, Stuttgart 1845, S. 597.

paulinischen Gedanken hier sehr weitgehend. Indes ist Spekulation dieser Art für F. C. Baur gerade das Signum von Freiheit (des Geistes) (gegenüber dem Buchstaben). Die Frage, ob derartige »philosophische Applikation« Wissenschaft sei oder nicht, ist demgegenüber für Baur völlig zweitrangig.

Das oben genannte Problem des Verhältnisses zwischen Geschichtswissenschaft und Theologie löst Baur, indem er eine bestimmte Beziehung zwischen Gott und Geschichte annimmt. Hierin besteht zu Hegel die nächste Verwandtschaft: Durch Selbstmitteilung entfaltet sich Gott selbst historisch. Das geschieht, indem er durch »sein Gegenteil« hindurchgeht.

In F. C. Baurs Äußerungen über die Gnosis wird die typisch hegelianische Ausdrucksweise zuerst greifbar.[70] Nach dem oben genannten Text von 1843 hat in diesem Prozeß der Historiker eine besondere Funktion: Er denkt die ewigen Gedanken des Weltgeistes nach. In ihm kommt der Geist, der die Geschichte lenkt, zur Stufe reflektierender Bewußtheit, wirkt nicht nur, sondern erfaßt sich selbst. So kann Baur als Historiker sich zugleich als Theologen betrachten, denn dieser Geist ist nichts anderes als Gottes Geist, an dem er teilhat. »Selbstmitteilung« Gottes ist das entscheidende Stichwort: Gott geht wirklich in die Geschichte ein, lenkt sie von innen heraus durch den Geist. So werden Einheit und Sinn der Geschichte zugleich mit dem Problem von Gottes Führung in diesem Prozeß erklärt. – Man hat zu Recht bemerkt, daß die Verknüpfung dieser Spekulation mit konkreter historischer Arbeit, die Baur im Gegensatz zu Hegel leistet, eigentlich eine Schöpfungslehre notwendig gemacht hätte, die sich freilich weder bei Hegel noch bei ihm findet.[71] Bei dem eng mit dieser Spekulati-

70 (Zur Gnosis:) »Es ist der merkwürdige Versuch, Natur und Geschichte, den ganzen Weltlauf mit allem, was er in sich begreift, als die Reihe der Momente, in welchen der absolute Geist sich selbst objectivirt und mit sich selbst vermittelt, aufzufassen, um so merkwürdiger, da die Gnosis in diesem Sinne in der ganzen Geschichte der philosophischen und theologischen Speculation nichts Verwandteres und Analogeres hat, als die neueste Religionsphilosophie« (Die christliche Gnosis, Tübingen 1835, 24).

71 Vgl. dazu: *P. C. Hodgson*, 140.

on verbundenen hegelschen Konzept der Versöhnung erfaßt F. C. Baur mit Recht, daß es sich bei der Bestimmung des Verhältnisses zwischen dem absoluten und dem endlichen, subjektiven Geist eigentlich auch um ein erkenntnistheoretisches Problem handelt, das so gelöst wird: Es geht um die Frage der Wahrheit und der Objektivität von Erkenntnis.[72] – Des weiteren kennzeichnet insbesondere der Begriff »Aufhebung« den Einfluß hegelschen Denkens auf F. C. Baur[73] (angewandt auf das Problem der Einheit der Verschiedenen, auch: der Einheit von Mensch und Gott).

Anhand von zwei aufeinanderfolgenden Seiten seiner Schrift über »Versöhnung« von 1838 läßt F. C. Baur erkennen, wie sehr er geneigt ist, den biblischen Versöhnungsbegriff mit dem hegelschen zu identifizieren.[74]

Die entscheidende Differenz zwischen Baur und Hegel liegt in der Christologie. Das ist von vornherein zu erwarten.

---

72 »Ihre objektive Wahrheit hat die Versöhnung nur darin, daß sie als ein immanenter Proceß des sich mit sich vermittelnden göttlichen Wesens selbst gedacht wird. Das endliche subjektive Bewußtseyn kann sich daher nur dadurch versöhnt wissen, daß die Versöhnung ein ewiger im Wesen Gottes selbst vollzogener Akt ist, das Endliche an sich mit dem Absoluten versöhnt ist, in der Einheit des Endlichen und Unendlichen, ohne welche das Unendliche nicht das wahrhaft Unendliche wäre. Es ist dieß der höchste metaphysische Standpunkt, auf welchen man sich stellen kann, aber auch stellen muß, wenn die Realität der Versöhnung zuletzt nicht blos der Subjektivität des Bewußtseyns anheimfallen soll ...« (Die christliche Lehre von der Versöhnung in ihrer geschichtlichen Entwicklung, Tübingen 1838, 713) (zu Hegel).

73 »Wie das Christenthum vom Heidenthum und Judenthum sich dadurch unterscheidet, daß in ihm allein das Verhältnis des Menschen zu Gott, seiner doppelten Seite nach, zu dem Gegensaz der Sünde und Gnade wird, in dessen Vermittlung das Wesen der Erlösung besteht, so hat auch nur im Christenthum der Begriff der Versöhnung seine wahrhaft reelle Bedeutung« (S. 2). »... immer aber ist das Höchste, worin sich der Mensch versöhnt, und über das Endliche zum Absoluten erhoben weiß, nur die Einheit mit der Natur und dem allgemeinen substanziellen Seyn und Leben« (S. 3) (Die christliche Lehre von der Versöhnung in ihrer geschichtlichen Entwicklung, Tübingen 1838).

74 Vgl. dazu: *P. C. Hodgson*, 139.

Denn hier ist das Ärgernis der Kontingenz für das philosophische Denken am meisten gegeben. F. C. Baur insistiert auf dem historisch Einmaligen mit seinen Details und weigert sich, Form und Inhalt zu trennen.[75] Unter »Form« versteht er das historisch Gegebene. Nur der historische Jesus kann der Gottmensch gewesen sei, kein anderer (also nicht die »Menschheit« oder dergleichen). Dieses Festhalten Baurs am historischen Ärgernis und an der historischen Einmaligkeit Jesu ist einerseits vom Ansatz I. Kants her zu beurteilen (vgl. dazu oben S. 18) und andererseits von der späteren Konzeption der kontrafaktischen Bedeutsamkeit des historischen Jesus in der dialektischen Theologie. Gerade im Hinblick auf die Diskussion seit K. Barth (bzw. seit M. Kähler) ist es ein Verdienst F. C. Baurs, das Modell der zwei Phasen (historischer Jesus/Lehre der Kirche) nicht zugelassen zu haben. Nur so ist in der Tat die Beliebigkeit späterer Ausdeutung verhindert. – Die Frage danach, wie das konkret vorstellbar sei, beantwortet Baur freilich wieder im Rückgriff auf sein geschichtstheologisches Konzept: In Christus wurde die an sich seiende Wahrheit konkret, zum selbstbewußten Wissen. Das begründet die Legitimität und Objektivität des Glaubens.[76] Man beachte die

75 »Damit es also nicht zu dieser Absorption komme, darf im Glauben selbst kein Unterschied zwischen Inhalt und Form angenommen werden, Form und Inhalt sind unzertrennlich verbunden, die Wahrheit des Inhalts kann schlechthin in keiner andern Form existieren, als in der ursprünglichen, d.h. der äußeren historisch gegebenen, mit welcher der Glaube unmittelbar auch seinen Inhalt erhalten hat, jede Erhebung über diese Form sezt sogleich auch den Zwiespalt zwischen Form und Inhalt, es stellt sich der urbildliche Christus über den historischen, und der einmal begonnene Zwiespalt durchläuft seinen Proceß, bis endlich in der nakten Idee der reine Inhalt auch die reine Form ist« (*F. C. Baur,* Die christliche Gnosis, 1835, 720).

76 »Die Hegelsche Religionsphilosophie betrachtet Christus als Gottmenschen nur in seiner Beziehung zum Glauben, ohne sich darüber bestimmter auszusprechen, welchen objectiven Anknüpfungspunkt der Glaube in der wirklichen Erscheinung Christi zu seiner Voraussetzung hatte. Wie hätte aber der Glaube an ihn, als den Gottmenschen, entstehen können, ohne daß er auf irgend eine Weise auch objectiv das war, wofür ihn der Glaube nahm?

wichtige Rolle des Selbstbewußtseins Jesu: Sie hat bereits als Fragestellung einen eindeutigen Ursprung philosophischer Art in der Auseinandersetzung innerhalb der Hegel-Schule. – Von der »tödlichen Stelle des Systems« (Hegels) kann Baur hier deshalb sprechen, da die Äußerungen des historischen Jesus in gar keiner Weise denen der Philosophie entsprechen und mithin der historische Jesus für das System Hegels völlig belanglos wird. Vielmehr ist nach »dem System« Hegels der Gottmensch überhaupt keine an Jesus greifbare Realität (eben auch nicht in seinem Selbstbewußtsein). Das Gott-und-Menschsein Jesu ist bei Hegel eine bloße Vorstellung, die die Menschheit nur am Ende über sich selbst entwarf.[77] Baur er-

---

Die nothwendige Voraussetzung ist in diesem Falle, daß die an sich seyende Wahrheit, die Einheit der göttlichen und menschlichen Natur, in Christus zuerst zur concreten Wahrheit, zum selbstbewußten Wissen wurde und von ihm als Wahrheit ausgesprochen und gelehrt wurde. Hierin besteht daher auch der eigenthümliche Vorzug Christi. Schließt sich nun aber hier unmittelbar die Frage an: wie denn Christus die Wahrheit gewußt habe? ob in der allein adäquaten Form des immanenten Begriffs, oder in der unwahren Form der Vorstellung? so sieht man sich allerdings bei der unläugbaren Thatsache, daß die Lehren und Aussprüche Christi in den neutestamentlichen Urkunden in einer von dem Standpunct des speculativen Wissens wesentlich verschiedenen Form vor uns liegen, genöthigt, die erstere Annahme zu verneinen, und die letztere zu bejahen, und hiermit auch die Folgerung zuzugeben, daß diese Religions-Philosophie in Ansehung der Form des Wissens wenigstens, obgleich nur in dieser einen Hinsicht, den gottwissenden Philosophen über den historischen Christus stelle, nur ist auf der anderen Seite nicht einzusehen, warum auf diesem Puncte erst die verwundbarste, wahrhaft tödliche Stelle des Systems sich aufdecken soll« (*F. C. Baur*, Die christliche Gnosis, 1835, S. 717f.).

77 »Hier ist nun der Punkt, von welchem der große Riß ausgeht, welchen die Hegelsche Philosophie in das System der alten Dogmatik gebracht hat. Noch Schleiermacher hat das orthodoxe Dogma von der Person Christi wenigstens scheinbar aufrecht zu erhalten gesucht, er wollte es nur, so künstlich es auch geschah, modernisieren, und in die Einheit des Urbildlichen und Geschichtlichen umsetzen … Bei Hegel aber verschwindet jeder Zweifel. nach der ganzen Konsequenz des Systems kann es nicht anders sein, als daß dieser Christus als Gottmensch eine bloße Vorstellung ist, welcher es an der objectiven Realität dessen, was er dem Namen nach sein

kennt hier Analogien zwischen Hegelianismus und Gnosis, und hier wird im Sinne des oben Gesagten noch einmal der konkrete Anlaß für das Gnosis-Buch Baurs erkennbar:

> »Es ist daher mit Einem Worte die/selbe Trennung des historischen und ideellen Christus, die sich der Gnosis als das nothwendige Resultat ihrer speculativen Auffassung des Christenthums ergab, die in der Hegel´schen Religions-Philosophie in ihrer ganzen Weite hervortritt.«[78]

Dazu ist freilich zu sagen, daß die Analogie im Punkte des Doketismus wohl zutrifft, nicht aber bezüglich der gnostischen Lehre von der Verbindung des historischen Jesus mit dem himmlischen Christus (etwa bei der Taufe etc.). Und andererseits lenkt die Gnosis den Blick weit weniger auf die »Weltgeschichte«, als Hegel es tut.

Gegen Hegel ist Jesus nach Baur »objektiv« Gottmensch. Doch er ist es nicht in der Weise, daß man die Erzählungen der Evangelien über Jesu Wunderwirken für bare Münze nehmen dürfte; diese Weise von »Objektivität« ist für Baur inakzeptabel. Hierin stimmt er D. F. Strauß zu und sieht ihn in diesem Punkt im Prinzip durch Hegels Philosophie angeregt, nicht allerdings in der Ausführung.[79] Das Problem der Gottmensch-

---

soll, fehlt. Man stellt es sich nur vor, daß er der Gottmensch ist ... Seine / objective an sich seiende Wahrheit hat das Christentum nur in der Idee, die durch dasselbe zum Bewußtsein der Menschheit geworden ist, nur der Process dieser Idee, wie er zum Wesen Gottes gehört, ist die an sich göttliche Geschichte ...« (F. C. Baur, *Vorlesungen über die christliche Dogmengeschichte III, Leipzig 1867, 354).*

78 *F. C. Baur*, Die christliche Gnosis, 1835, 710f.

79 Zur Schrift von Strauß) »Man hat viel darüber gestritten, ob sie als ein Erzeugnis der Hegelschen Philosophie anzusehen sei und nur auf dem Standpunkt derselben möglich war. Sie kann darin wenigstens ihren Zusammenhang mit der Hegelschen Philosophie nicht verläugnen, daß eine kritische Untersuchung dieser Art nur von einem freien, wie Strauß selbst sagt, voraussetzungslosen Standpunkt aus unternommen werden konnte, von einem solchen, wie er überhaupt nur durch Philosophie zu gewinnen ist. Das kritische Geschäft selbst aber, das in der Strauß'schen Schrift vollzogen wird, hat, wie sich von selbst versteht, mit der Hegelschen Philosophie nichts zu tun. Nur in dem Resultat trifft es

heit Jesu habe Strauß von Hegel übernommen, und in negativer Hinsicht bestätige er die Thesen Hegels.[80] Steht Baur zu seinem Schüler D. F. Strauß hier positiv, so schlägt die Abneigung gegen die Christologie Hegels voll durch in seinem Urteil über Feuerbach. Die Lehre Feuerbachs von der Projektion ist für Baur nichts anderes als die Entfaltung des hegelschen Subjektivitätsprinzips.[81]

---

mit derselben zusammen, darin nämlich, daß die objective Göttlichkeit, welche die alte Dogmatik in der Person Jesu voraussetzte, auch aus historischen Gründen, eine ganz unhaltbare Vorstellung ist, weil so vieles, was man nach der gewöhnlichen Ansicht als unmittelbare historische Wahrheit nehmen zu müssen glaubt, auf mythischen Ursprung zurückzuführen ist« (F. C. Baur, Vorlesungen über die christliche Dogmengeschichte III, Leipzig 1867, S. 356).

80 »Strauß hat diese Seite der Hegelschen Christologie besonders hervorgehoben und ausgeführt, es liegt aber alles dies schon in dem einfachen Hegelschen Satz, daß der endliche Geist der Mensch ist, und der Mensch an sich Geist ist. Als die Hauptsache muß bei der Hegelschen Philosophie immer diess angesehen werden, wie es Hegel zu einem Moment des ganzen Processes, in welchem das Bewußtsein seinen Verlauf nimmt, gemacht hat, daß Gott als einzelner Mensch gewußt wird …« (*F. C. Baur*, ibid., S. 536).

81 »Ist irgend einer Theorie der Vorwurf der Einseitigkeit zu machen, so ist es diese Feuerbach'sche. Alles, was bei Hegel eine doppelte Seite hat, eine objektive und eine subjektive, hat bei Feuerbach nur die eine, die subjective, die nun bei ihm das Ganze ist. Alles in der Religion ist daher nur subjectiv, es gibt in ihr nichts Objectives. Darin steht Feuerbach ganz auf dem Standpunkt der Hegelschen Philosophie, daß er das Wesen der Religion als einen Process des Selbstbewußtseins zu begreifen sucht, aber dieser Process ist bei Hegel nur die subjective Seite des zum unendlichen Bewußtsein sich bestimmenden absoluten Geistes … Kann man nach Hegel sagen, daß Gott alles und der Mensch nichts ist, sofern nach Hegel der Mensch die Wahrheit seines Wesens nur in Gott hat, so ist dagegen nach Feuerbach der Mensch alles und Gott nichts. Die Theologie löst sich in Anthropologie auf, aber auch alles Allgemeine und Objective in die Subjectivität des Einzelnen … Es gilt so überhaupt nur / das Princip des Egoismus, und die Feuerbach'sche Lehre macht von der Hegelschen Philosophie, aus welcher sie selbst hervorgegangen ist, in der richtigen Consequenz des Satzes, daß der Mensch nicht über sich selbst hinausgehen könne, daß alle Wahrheit und Realität nur in dem liege, dessen er sich unmittelbar bewußt ist, den Übergang zu den communistischen und anderen practischen Tendenzen, deren

Andererseits wird Hegels Entwurf auch in Schutz genommen: Man kann von ihm nicht erwarten, gelöst zu haben, was auch die Dogmenentwicklung nicht zu erklären vermochte.[82]

5. Abschliessende Würdigung

Baur ist entscheidend durch Kant, Schelling und Hegel beeinflußt. Der Ansatz Schellings war die Basis für seine Hegelrezeption. Seit der Beeinflussung durch Schelling und von seiner ersten Publikation an praktiziert Baur das, was ich »philosophische Applikation« nennen möchte: Die Verarbeitung des historischen Materials geschieht nach Maßgabe philosophischer Prämissen und mit philosophischer Begrifflichkeit. Gewiß – Baur wendet sich gegen den Vorwurf der Vermengung mit Philosophie und erklärt, er sei kein Anhänger Hegels. Das trifft zu, da er »das System« nicht nur nicht übernimmt, sondern auch heftig kritisiert. Er ist andererseits auch so wenig Systematiker, daß die Punkte, in denen er von Hegel abweicht, zum Teil wenigstens systematisch nicht gedeckt sind (Bedeutung der konkreten Geschichte). Die Hauptdifferenzen zu Hegel bleiben dessen christologischer Doketismus und Baurs abweichende Einstellung und Verfahrensweise gegenüber historischer Positivität. Man wird nicht fehlgehen, wenn man Baurs Einstellung zur Verbindung von Exegese (Historie) und Philosophie in ei-

Princip der subjectivste, alles Allgemeine und Objective läugnende Egoismus ist ...« (*F. C. Baur,* Kirchengeschichte des 19. Jahrhunderts. Geschichte der christlichen Kirche V, Tübingen 1862, S. 393 f.).

82 »Auch die Hegelsche Philosophie hat keine Kategorie für den Gottmenschen als Individuum, keinen Beweis für den Saz der kirchlichen Lehre, daß das absolute Wesen Gottes mit einem einzelnen Individuum auf eine für alle anderen Individuen ausschließende Weise zur concreten Einheit des Wesens zusammengehen kann. Warum soll also dieser Philosophie zum besondern Vorwurf gemacht werden, daß sie ein Problem nicht löst, das in allen bisher gemachten Versuchen weder die kirchliche noch die speculative Theologie zu lösen vermochte ...« (Die christliche Lehre von der Dreieinigkeit und Menschwerdung Gottes in ihrer geschichtlichen Entwicklung, Tübingen 1843, III 962f.).

ner grundsätzlichen Rezeption der Philosophie Kants erblickt, auch wenn dann die inhaltliche Füllung von Schelling und Hegel stammt. Für diese grundsätzliche Rezeption Kants spricht eine eindrucksvolle Stelle aus Baurs Lehrbuch der christlichen Dogmengeschichte:

> »Nur der roheste Empirismus kann meinen, daß man den Dingen sich schlechthin hingeben, die Objekte der geschichtlichen Betrachtung nur gerade so nehmen könne, wie sie vor uns liegen. Seitdem es auch eine Kritik des Erkennens, eine kritische Erkenntnistheorie gibt (eine solche gibt es bekanntlich in jedem Falle, wenigstens seit Kant), muß auch jeder, der nicht ohne alle philosophische Bildung zur Geschichte herankommt, wissen, daß man zwischen den Dingen, wie sie an sich sind, und wie sie uns erscheinen, zu unterscheiden hat, und daß sie zu Erscheinungen für uns eben dadurch werden, daß wir nur durch das Medium unseres Bewußtseins zu ihnen gelangen können. Hierin liegt der große Unterschied zwischen der rein empirischen und der kritischen Betrachtungsweise.«[83]

Baur hat diesen grundsätzlich kritischen und reflektierten Zugang zur Methode gemacht, indem er das, was die Geschichte davon befreite, »ewig todt und stumm« zu bleiben, als Sinnfindung bewußt und konsequent von außerhalb her bezog. Gedanken aus Schelling und Hegel sind es, die bei ihm materialiter das Bewußtsein füllen, die Perspektive ausmachen, aus der heraus er Geschichte beurteilt.

Gewiß – der Schematismus, den Baur anwendet, kann auf die Nerven gehen und ist oft nicht wenig gewaltsam.[84] Dennoch gilt der Satz H. Liebings: »Hätte die Theologie früher und besser auf ihn gehört, dann wäre es ihr nicht so leicht gefallen, die historische Kritik zu einer formalen Technik zu domestizieren. Es ist wohl zu verstehen, daß ihr der Schrecken

---

83 *F. C. Baur,* Lehrbuch der christlichen Dogmengeschichte, I 1847, IX f.

84 Vgl. dazu *G. Fraedrich* (1909) S. 125 (über den dialekt. Schematismus in den gnostischen Systemen) »Aber für niemanden ist mit diesen Gründen Baurs Dreiteilung der gnostischen Systeme als zutreffend erwiesen, sondern nur, daß er infolge seiner Neigung zu Zahlenschematismus vom dreiteiligen Hegelschen Begriffsschematismus sich hat betören lassen.«

des Hegelianismus in den Gliedern steckte; aber Harmlosigkeit ist keine Alternative dazu.«[85]

Die grundsätzliche Frage ist indes, ob der Ausweg aus der Harmlosigkeit in einer philosophischen Applikation bestehen kann, wie sie dann analog auch R. Bultmann praktizierte. Bei F. C. Baur hat sie den Sinn, Kirchengeschichtsschreibung als theologisches Fach zu retten und dieses vor aller Augen sichtbar zu machen. Die entscheidende Frage ist, ob das nötig war und ist und ob Applikation, wenn sie denn vollzogen wird, eben eine philosophische sein sollte.

Spätestens seit Hegel ist jeder neutestamentlichen Hermeneutik die Frage zu stellen, ob und wie Verstehen einer Konzeption des »Ganzen« der Universalgeschichte bedürfe. Und man kann, wie es *H. G. Gadamer* (Wahrheit und Methode, [4]1975, bes. S. 231 ff) getan hat, die Philosophiegeschichte seitdem unter dieser Fragestellung begreifen. Auch das hermeneutische Konzept *W. Pannenbergs* gehört in diese Problematik hinein. F. C. Baur hat die Frage zum Grundkonzept seines Ansatzes werden lassen. Bedarf neutestamentliche Exegese eines derartigen, wie auch immer gefaßten, universalgeschichtlichen Horizontes? Ist darin der feste hermeneutische Bezugsrahmen gegeben? Oder ist nicht vielmehr gerade für protestantische Theologie der Verzicht auf solchen festen Rahmen und damit eine konsequente und ehrliche Hinwendung zum Historismus möglich und nötig?

Oder anders gefragt: Ist zur Überwindung des Positivismus wirklich ein universaler Entwurf möglich und nötig? Ist das Problem der Vereinzelung nur mit dem Konzept einer *horizontalen* universalgeschichtlichen Gesamtheit zu lösen? Oder löst man die Vereinzelung nicht eher und ehrlicher *vertikal*, in der Erfassung und Durchdringung der Tiefe der Situation? Dann wird für die Frage der Wahrheit (auch beim Verstehen von Texten, das dann eher das Wagnis zu produktivem Mißverstehen einschließt) weniger die Einheit einer Kultur, sondern mehr das konkrete (Über-)lebenkönnen wichtig.

85 *H. Liebing*, a.a.O., 317.

KAPITEL III

David Friedrich Strauss und Georg Wilhelm Friedrich Hegel

LITERATUR: *Allwohn, Ad.*, Der Mythos bei Schelling (Kant-Studien 61), Charlottenburg 1927. – *Backhaus, G.*, Kerygma und Mythos bei D. F. Strauß und R. Bultmann (Theol. Forschung 12), Hamburg-Bergstedt 1956. – *Barnikol, E.*, Das dogmengeschichtliche Erbe Hegels bei und seit Strauß und Baur im 19. Jahrhundert, in: ThLZ 85 (1960) 847-850. – *Ders.*, Das ideengeschichtliche Erbe Hegels bei und seit Strauß und Baur im 19. Jahrhundert, in: WZ(H).GS 10 (1961) 281-328. – *Gebhardt, J.*, Politik und Eschatologie. Studien zur Geschichte der Hegelschen Schule 1830-1840, München 1963. – *Graf, F. W.*, Kritik und Pseudo-Spekulation. David Friedrich Strauß als Dogmatiker im Kontext der positionellen Theologie seiner Zeit, München 1982. – *Günther, E.*, Bemerkungen zur Christologie von D.F. Strauß, in: ZThK 18 (1908) 202-211. – *Harris, H.*,y The Tübingen School, Oxford *1975.* – *Hartlich, Chr., Sachs W.*, Der Ursprung des Mythosbegriffes in der modernen Bibelwissenschaft, Tübingen 1952. – *Kühler, O.*, Sinn, Bedeutung und Auslegung der heiligen Schrift in Hegels Philosophie. Mit Beiträgen zur Bibliographie über die Stellung Hegels (und der Hegelianer zur Theologie, insbesondere) zur heiligen Schrift (Stud. u. Bibliogr. 8), Leipzig 1934. – *Moe, O.*, Bultmann og Strauss. Noen Bemerkninger til sporsmälet om kristendommens »avmytologisering«, in: Tidsskrift for Teologi og Kirke 22 (1951) 123-127. – *Müller, E.*, David Friedrich Strauß (1808-1874). Seine Doktorarbeit, in: Schwäbische Profile, Stuttgart 1950, 104-136. – *Müller, G.*, Identität und Immanenz. Zur Genese der Theologie von D. F. Strauß. Eine theologie- und philosophiegeschichtliche Studie. Mit einem bibliographischen Anhang zur Apokatastasisfrage, Zürich 1968. – *Ders.*, F. C. Baur und D. F. Strauß in Blaubeuren (1821-1825), in: FS E. Benz, Leiden 1967, 217-230. – *Hodgson, P. C,* The Formation of Historical Theology. A Study of F. C. Baur, New York 1966. – *Hartlich, Chr.* und *Sachs, W.*, Der Ursprung des Mythosbegriffes in der modernen Bibelwissenschaft, Tübingen 1952. – *Sandberger, J. F.*, Spekulative Philosophie und historisch-kritische Bibelauslegung. Zu einigen neueren Arbeiten über G. W. Fr. Hegel, B. Bauer, W. Vatke, D. Fr. Strauß und F. Chr. Baur, in: VF 1/1971, 89-115. – *Ders.*, David Friedrich Strauß als theologischer Hegelianer. Mit unveröffentlichten Briefen, Göttingen 1972. – *Weiße, Chr. H.*, Über den Begriff des Mythus und seine Anwendung auf die neutestamentliche Geschichte, in: ZPSTh 4 (1839) 74-102.211-254. – *Wolf, E.*, Die Verlegenheit der Theologie. David Friedrich Strauß und die Bibelkritik, in: FS F. Delekat, 1957, 219-239.

Philosophische Einflüsse auf D. F. Strauß, dargestellt anhand der verschiedenen biographischen Phasen:

Zeitabschnitt	vermittelnder Lehrer	Philosophen
Besuch der Schule in Blaubeuren 1821-1825	F. C. Baur (seit 1818 Prof.), dieser publiziert 1824-1825 »Symbolik und Mythologie«; von daher: Mythosbegriff. Baur vermittelt wohl auch Schelling und Schleiermacher	Schelling Schleiermacher
1. Phase des Studiums in Tübingen 1825-1827	ab 1826 ist F. C. Baur als Prof. in Tübingen	Schelling von da aus stößt D. F. Strauß auf Jakob Böhme und Justinus Kerner. Sicher vorauszusetzen: I. Kant (Herder?, Lessing?, de Wette?)
2. Phase des Studiums in Tübingen (eig. Theologiestudium) 1827-1830	F. C. Baur, F. H. Kern Kritik Baurs an Schleiermacher ab 1827	Schleiermacher (bis 1828)
WS 1828/29	M. Schneckenburger liest über Hegel (vermittelt durch Marheineke in Berlin)	Hegel
WS 1829/30	Zusammen mit Märklin und Binder liest S. Hegels Phänomenologie	Hegel
WS 1830/31	Lektüre von Hegels Logik und Enzyklopädie (Briefwechsel mit Märklin)	Hegel, G. A. Gabler
1831 Dissertation und Promotion (26. 10. 1831)	Bis hierher Einfluß von F. C. Baur, bes. seines Werkes über Symbolik. Die Diss. deutet Baur hegelsch um (Religion und Eschatologie als Versöhnung von Gott und Mensch)	Hegel

Zeitabschnitt	vermittelnder Lehrer	Philosophen
1831/32 Studium in Berlin		S. hört nur den Anfang der Vorlesung Hegels. Tod Hegels
1832 Tübingen	Strauß liest Logik und Metaphysik	Hegel
1834-1835 Erstellung des Lebens Jesu		Mythosbegriff der »mythischen Schule« (seit Eichhorn; Gabler)
1837-1838		Spinoza

1. Biographisches

Die beigefügte Übersicht zeigt, daß D. F. Strauß (1808-1874) durch seinen Lehrer in Blaubeuren und Tübingen, F. C. Baur (vgl. dazu: Kapitel II), vor allem mit Schelling vertraut gemacht wurde, durch seinen Tübinger Lehrer M. Schneckenburger und durch das Studium mit Freunden ab WS 1828/29 mit Hegel.

Strauß selbst sagt dazu: »Mit der Hegel'schen Philosophie stand meine Kritik des Lebens Jesu von ihrem Ursprung an in innerem Verhältnis. Schon in meinen Universitätsjahren erschien mir und meinen Freunden als der für die Theologie wichtigste Punkt dieses Systems die Unterscheidung zwischen Vorstellung und Begriff in der Religion, welche bei verschiedener Form doch denselben Inhalt haben können. In dieser Unterscheidung fanden wir die Achtung vor den biblischen Urkunden und den kirchlichen Dogmen mit der Freiheit des Denkens denselben gegenüber auf eine Weise, wie sonst nirgends, in Einklang gebracht (Fortsetzung unten, vgl. Anm. 22; Streitschriften III 57f.). Bevor Strauß im WS 1831/32 nach Berlin ging, um bei Hegel zu hören, war er also bereits Hegelianer. In der Dissertation von 1831 kommt das deutlich zum Ausdruck: Das religiöse Bewußtsein, das eine Apokatastasis denke (d.h. den Verzicht auf ein ewiges Gericht), äußere so eine Aporie und einen Mangel an Vermittlungsfähigkeit. Das bedeutet: Das Problem der Apokatastasis wird ganz von der Versöhnungslehre Hegels her gedacht. – Von Hegels Vorlesungen hört er nur die ersten Stunden; erhalten ist eine von Hegel geschriebene Zulassungskarte zur Vorlesung für Strauß.[86]

2. Hegelianismus und das »Leben Jesu«

Im Jahre 1835 erschien der erste, 1836 der zweite Band von Strauß' »Das Leben Jesu, kritisch bearbeitet«. Damit legt Strauß eine »mythische« Erklärung der Evangelien vor: Historische Kritik soll erweisen, was Mythen sind (durch Unstimmigkeiten, Widersprüche gegen einen denkbaren Ereignisablauf und Abweichungen vom Grundsatz der »wesentlichen Gleichartigkeit allen Geschehens«), und religionsgeschichtliche Rekonstruktion weist auf, wie diese Mythen entstanden sind. Dafür rechnet Strauß mit »sagenbildender Volkserzählung« und »mythenbildender religiöser Einbildungskraft«. Ein Großteil des Corpus der Evangelien fällt damit als unhistorisch dahin. E. Hirsch äußert zu diesem Buch: »Gerade wenn man sieht, daß Strauß nichts Willkürliches getan hat, daß alle seine Fragen unentrinnlich und ein gut Teil seiner Zerstörungen unwiderruflich sind: mit dem Leben Jesu von Strauß 1835 ging ein großer Schicksalstag über dem evangelischen Christentum, ja, überhaupt über dem Christentum auf. Aus der Macht der Wahrheit selber reckte sich ein Fragezeichen auf wider unsre Religion, mit dem Theologie und Kirche bis heut noch nicht in der rechten Weise fertig geworden sind.«[87]

Über die Beziehung dieses Ansatzes zur Philosophie Hegels urteilt D. F. Strauß selbst: »Aus dem Hegel'schen Satze, daß Religion und Philosophie den gleichen Inhalt, nur jene in der Form der Vorstellung, diese in der Form des Begriffs, haben, war meine ganze Kritik des Lebens Jesu hervorgewachsen.«[88] Diese Unterscheidung von Vorstellung und Begriff war für

86 Vgl. den Nachweis bei *J. F. Sandberger* (1972) S. 58 Anm. 2.

87 Vgl. dazu *E. Hirsch*, Geschichte der neuern evangelischen Theologie V 502.

88 *D. F. Strauß*, Gesammelte Schriften, Bonn 1876-1877, Bd.V, S. 177.

Strauß der wichtigste Gedanke aus der Religionsphilosophie Hegels, und J. F. Sandberger hat gezeigt, daß die genannte Differenz schon im Briefwechsel mit Märklin und in der Doktorarbeit wichtig war.[89] – Die religiöse Vorstellung ist noch nicht begrifflich, sondern mythisch, und das »Volk« hat den Glauben nur in diesem Sinne als Vorstellung. Von der Einkleidung in diese mythische Form oder Schale ist dagegen der Inhalt ablösbar, und er ist begrifflich formulierbar. Dieser Schritt bedeutet zugleich eine Befreiung von religiösen Vorstellungen.[90] Immer wieder schildert D. F. Strauß die Lösung vom starren Glauben an den Buchstaben als einen Akt der Befreiung, als Befreiungsprozeß des Geistes.

Wenn der Historiker daher eine neutestamentliche Erzählung (z. B. einen Wunderbericht oder eine johanneische Rede) als »mythisch« erweist, so bedeutet das: 1. Die Autorität des so Berichteten, des Buchstabens, wird zerstört, das Berichtete ist für Strauß nicht mehr »wahr«, sondern nur noch platte, sinnliche Vorstellung. 2. Diese Destruktion bedeutet am Ende, daß die Geschehnisse selbst irrelevant für das Christentum geworden sind. Strauß' Destruktion steht – und das wurde im Zuge der Wirkungsgeschichte seines Werkes oft übersehen – im Dienste einer »höheren« Position: Aus der zerstörten Schale wird der Kern gewonnen, die Historie wurde vernichtet, damit die »Idee« auferstehen konnte, und das heißt: begriffliches Denken, philosophische Spekulation. Daher entfallen nach der Leistung der Destruktion auch alle weiteren historischen Fragen.

D. F. Strauß äußert sich selbst zu diesem Programm wie folgt:

> »Die ganze Kontroverse, ob der biblische Ausleger außer seinem grammatisch-historischen Apparat auch noch einem religiösen Interesse Einfluß gestatten dürfe oder nicht, beruht auf den logischen Kategorien von Identität und Unterschied, Inhalt und Form in Bezug auf die Religion. Allerdings in Betreff des Inhaltes findet zwischen dem neutestamentlichen Schriftsteller und seinem christlichen Ausleger eine Identität statt, inwiefern das reine Sublimat religiöser Ideen, aus jenen

89 Vgl. *J. F. Sandberger* (1972) S. 54.
90 Vgl. *J. F. Sandberger* (1972) S. 156 und Anm. 15.

Schriften herauspräpariert, kein anderes ist, als was auch die Philosophie unserer Tage noch als das Wahre erkennt, und in der Anerkennung dieser Identität besteht, richtig aufgefaßt, das religiöse Interesse des Exegeten; aber in Hinsicht der Form, in welcher der neutestamentliche Schriftsteller und in welcher der jetzige Theolog jenen Inhalt hat, findet die totalste Differenz statt, da die ganze Weltanschauung unsrer Zeit eine andere ist als die der Juden zu Jesu und der Apostel Zeiten ist, und in dieser Beziehung darf der Exeget nicht erschrecken, aus den biblischen Büchern Vorstellungen herauszubringen, welche, in dieser Form, die jetzige Bildung sich nicht aneignen kann. Da nun die Exegese zunächst nur die Vorstellungen der Schriftsteller in ihrer ursprünglicheren Form vor uns auszubreiten hat, deren einfachen Gehalt aber herauszuziehen und als auch uns angehörigen zu erweisen, das Geschäft der Dogmatik ist ...: so fällt die ganze Thätigkeit der Exegese in das Gebiet des Unterschieds zwischen den Ansichten des Autors und des Auslegers herein, und es bleibt dabei, daß der gegen diese Differenz gleichgültigste Ausleger der beste ist.«[91]

Das »reine Sublimat religiöser Ideen« und das eigentlich Religiöse an einem Text identifiziert Strauß ganz schlicht mit hegelscher Philosophie. Davon unterscheidet er die zeitgebundene Form, die als fremd und nicht mehr anzueignen gilt. Das Wort »gleichgültig« wird man am besten mit »rücksichtslos« wiedergeben: Derjenige Exeget ist der beste, der kompromißlos die Differenz zwischen Text und religiös-philosophischem Gehalt herausstellt. – Die methodische Fragwürdigkeit jeglicher Unterscheidung zwischen Form und Inhalt wird bereits hier deutlich erkennbar. Zudem bedeutet dieser Entwurf aber auch in mehrfacher Hinsicht eine deutliche Differenz zu Hegel:

1. Im Unterschied zu Hegel verbindet D. F. Strauß mit der Unterscheidung zwischen »Vorstellung« und »Begriff« konkret historische Forschung religionsgeschichtlicher Prägung; diese Feststellung gilt, auch wenn diese Forschung nur bis zu einem bestimmten Punkt hin (Destruktion) betrieben wird. Sie gilt auch, wenn Strauß über sich selbst sagt, er sei »kein Historiker, es ist bei mir al-

91 Rez. *W. Böhmer* (»Theologische Auslegung ...«) in: D. F. Strauß, Charakteristiken und Kritiken, Leipzig 1839, S. 296 f.

les vom dogmatischen (resp. antidogmatischen) Interesse ausgegangen«.[92]

2. Strauß selbst will durch seine historische Arbeit den rechtshegelianischen »Schein der Versöhnung« zwischen Kirchenglauben und hegelianischer Philosophie beseitigen: »Das ›Leben Jesu‹ wendet sich gegen einen Hegelianismus, der die Spekulation ideologisiert und zur unkritischen Affirmation des gegebenen Kirchenglaubens herabsetzt. Die Frage nach dem Übergang der Kritik in die Spekulation, wie sie sich mit dem ›Leben Jesu‹ verbindet, hängt also von vornherein eng zusammen mit dem ›Standpunkt‹, den Strauß innerhalb der Hegel-Schule selbst einzunehmen sucht.«[93] – Für Strauß selbst ist dabei der Kirchenglaube eng mit dem Problem der Historizität verbunden: »... aus der Wahrheit der Ideen folgerte man die Wirk/lichkeit der Geschichte. Gegen diese Position der Hegel'schen Schule war der ganze kritische Theil meines Lebens Jesu geschrieben.«[94]
3. Strauß sieht das Verhältnis zwischen Idee und Vorstellung nicht dialektisch, wie Hegel, sondern dualistisch, und er leistet sich damit eine folgenschwere Vereinfachung. Denn eine Vermittlung zwischen beiden Größen – etwa durch das Gefühl – ist bei Strauß nicht vorgesehen. Für Strauß ist dabei die »gläubige Gewißheit« identisch mit dem, was Hegel als »sinnliche Gewißheit« bezeichnete, und als ihre Objekte sieht er an: religiöse Tradition, Dogma, heilige Geschichte. Während nun aber bei Hegel eine Aufhebung der sinnlichen Gewißheit in das Denken hinein möglich war, da auch schon im Vorstellen Denken enthalten war,[95] gibt es bei Strauß keinen Übergang von Religion zum Denken; es handelt sich vielmehr um zwei verschiedene Bildungsstufen, oder: Die religiöse Unmittelbarkeit ist das »idio-

92 *D. F. Strauß,* Brief an Märklin vom 22. 7. 1846 = *E. Zeller,* Ausgewählte Briefe von D. F. Strauß, 1895, Nr. 171, S. 183.

93 Vgl. dazu: *F. W. Graf,* S. 228.

94 *D. F. Strauß,* Die Halben und die Ganzen. Eine Streitschrift gegen die HH.DD. Schenkel und Hengstenberg (1865), auch in: KS 215-294, S. 243.

95 Vgl. *J. F Sandberger* (1972) S. 157.

tische Bewußtsein«, das der modernen Weltanschauung gegenübersteht. Religion und christliche Philosophie sind zum reinen Gegensatz geworden.[96]

3. Die Bedeutung der Philosophie für den Neutestamentler Strauss

In seinem Brief an den Studienfreund T. J. C. L. Georgii schreibt Strauß am 1. 1. 1831:

> »Du bist wie ich mit der Theologie nicht zufrieden, wenn du nicht philosophischen Gehalt in ihr findest; Du bist ferner mit mir überzeugt, daß Hegels Philosophie sich besonders eigne, die Theologie daraus zu begreifen; endlich teilst du wohl mit mir die Überzeugung, daß diese Anwendung in Marheinekes Dogmatik nur sehr unvollkommen gegeben sei, daß also jeder sie für sich selbst noch zu machen habe. Sie wäre aber nach dem Geiste und der Methode dieser Philosophie so zu machen, daß bei jeder Lehre der christlichen Dogmatik zuerst die neutestamentliche Vorstellung verständig in Begriffe gefaßt, hieraus zweitens auf negativ vernünftige Weise in diesen Verstandesbegriffen und somit auch in den ihnen zugrunde liegenden Vorstellungen die Widersprüche nachgewiesen und jene Begriffe vernichtet werden, – endlich aber drittens durch das positiv vernünftige Verfahren aus jener Negation wiederhergestellt würden. Die einzelnen Teile dieses Verfahrens dürfen wir nicht erst machen, sondern haben sie historisch vor uns, z. B. in der Lehre von Gott sind die Vorstellungen der Bibel ... Du nun, mein Bester, repetierst gegenwärtig die Dogmengeschichte, da hast du den erforderlichen Stoff, und in Deiner Kenntnis der Hegelschen Philosophie hast du die Form ...«[97]

Das bedeutet: Theologische Arbeit auf dem Boden der Schrift ist nicht möglich ohne hegelsche Philosophie, und sie steht

---

96 Vgl. *J. F. Sandherger* (1972) S. 54f. –Vgl. dazu auch *F. W. Graf* S. 451: »Denn wo einmal die Differenz von Religion und Philosophie zur Differenz zwischen einem Bewußtsein und platter Dinglichkeit und dem reinen Denken überdehnt ist, kann die Aufhebung des religiösen Bewußtseins als seine Überführung in seine abstrakte Antithese nur als ein Vorgang expliziert werden, der sein inneres Telos aus dem bloßen Gegensatz zur Religion bezieht.«

97 Zitiert nach *F. W. Graf* S. 57.

im Rahmen eines Gesamtkonzeptes, das D. F. Strauß bereits hier entfaltet und das er konsequent durchhält.[98] Das Gesamtschema (Abstraktion – Kritik – Spekulation) verdankt er den »drei Formen des Logischen« nach der 2. Auflage von Hegels Enzyklopädie.[99] Entscheidend ist der Vorgang der Abstraktion, über den Strauß in der Vorrede zum Leben Jesu urteilt: »... die innere Befreiung des Gemüths und Denkens von gewissen religiösen und dogmatischen Voraussetzungen, und diese ist dem Verfasser durch philosophische Studien frühe zuteil geworden«[100]. Die »neueste Philosophie«, die Strauß mittels Abstraktion hinter dem Neuen Testament sucht und die er dann mit Hilfe der »Spekulation« entfaltet, ist als Hegels Philosophie zugleich der Maßstab für wahre christliche Philosophie, bzw. »Religion«. Wir haben damit hier gewissermaßen den Extremfall des Verhältnisses von Exegese und Philosophie vor uns, in dem ein kompakt vorhandenes philosophisches System den Maßstab für die exegetische Arbeit bildet. Konkret wird das einmal negativ in der Entlarvung mythischer Aussagen, dann aber auch positiv in der Christologie: Die Idee des Gottmenschen ist in der Gattung des Menschengeschlechts verwirklicht, in den christologischen Vorstellungen geht es in Wirklichkeit um das menschliche Gefühl der Wahlverwandtschaft zum Göttlichen.[101]

4. Historizität und Wahrheit

Durch den philosophischen Zugriff der Exegese wird die Historizität neutestamentlicher Berichte sowohl destruiert als auch für dogmatisch belanglos erklärt. Eben diese Verschränkung der Aspekte wird – anders begründet – auch bei R. Bultmann wiederbegegnen. Die philosophische Spekulation befreite zu

98 Vgl. dazu: *F. W. Graf* S. 57ff.
99 So *F W. Graf* S. 62 f.
100 *D. F. Strauß*, Das Leben Jesu, kritisch bearbeitet, I Tübingen 1835, S.VI.
101 Vgl. dazu: *G. Backhaus*, S. 35.

radikaler historischer Kritik, und umgekehrt gilt auch: Die Kritik wurde durch die Spekulation radikalisiert; denn von der Historizität hing nun nichts mehr ab, im Gegenteil. – Hier sind folgende Aspekte zu beachten:

a) Unhistorisch sind Berichte, wenn sie mit den bekannten und sonst geltenden Gesetzen des Naturgeschehens unvereinbar sind, die Kausalität durchbrechen oder, kurz gesagt, »unnatürliche Dinge«[102] sind. Drei Arten von Gesetzen nennt Strauß: Kausalität, Sukzession und Psychologie.[103]
b) Strauß urteilt: »Das Religiöse ist der Natur der Sache nach ganz untrennbar vom Historischen.«[104] Damit meint Strauß die religiösen Vorstellungen, den »idiotischen« Volksglauben. Historische Kritik erweist diesen als reine Phantasie ohne wirklichen Gehalt; ihr Tenor ist: »So, wie es im Neuen Testament steht, ist es nicht gewesen.«[105] So entsteht die Gleichung legendär – mythisch – unhistorisch.
c) *Die Wahrheit des Christentums aber ist,* so Strauß, *von der erwiesenen Unwahrheit der Erzählungen unabhängig.* Die Wahrheit der Ideen (eigentlich geht es nur um eine einzige Idee: die Vergottung des Menschengeschlechtes) ist von der destruierten Glaubwürdigkeit der Geschichte unabhängig. Angesichts des neuzeitlichen wissenschaftlichen Denkens wird so gerade und allein die mythische Auffassung die »Retterin der Schrift«;[106] diese Betrachtungsweise, der hermeneutische Schlüssel, den Strauß liefert, ist für

---

102 *D. F. Strauß,* Das Leben Jesu für das deutsche Volk bearbeitet, Leipzig 1864, S. 191.

103 Vgl. dazu: *D. F. Strauß,* Das Leben Jesu, kritisch bearbeitet, I Tübingen 1835, S. 100ff. – Kausalität: Die absolute Kausalität (Gott) greift nicht direkt ein; nichts geschieht ohne bedingte Ursachen. – Sukzession: Es gibt nur allmähliches Wachstum und Abnehmen. – Psychologie: Es gibt kein Empfinden, Denken und Handeln gegen die menschliche oder sonstige Weise des Subjektes.

104 *D. F. Strauß,* Das Leben Jesu für das deutsche Volk bearbeitet, Leipzig 1864, S. 32.

105 Vgl. dazu *G. Backhaus,* S. 36.

106 Vgl. dazu: *G. Backhaus,* S. 34 mit Bezug auf *D. F. Strauß,* Das Leben Jesu, kritisch bearbeitet, I Tübingen 1835, S. 54 ff.

ihn der letzte noch verbleibende Weg, die Autorität des Christentums irgendwie zu retten.

d) Damit hatte sich Strauß von Hegel entfernt: »Die wichtigste Frage dabei wurde nun bald die, in welchem Verhältnis zum Begriff die geschichtlichen Bestandteile der Bibel, namentlich die Evangelien, stehen: ob der historische Charakter zum Inhalt mitgehöre, welcher, für Vorstellung und Begriff derselbe, auch von dem letzteren Anerkennung fordere; oder ob er zur bloßen Form zu schlagen, mithin das begreifende Denken an ihn nicht gebunden sei. Suchten wir hierüber in den Schriften Hegels und seiner vornehmsten Schüler Belehrung: so fanden wir gerade diesen Punkt, über welchen wir vor allen anderen Licht wünschten, am meisten im Dunkel gelassen.«[107] Für Hegel ist das Christentum gerade dadurch vor allen anderen Religionen ausgezeichnet, daß die Historie eng zum Glauben dazu gehört – das übernimmt auch Strauß, aber in negativer Beurteilung. Für die wahre christliche Religion trennt er beides. F. C. Baur urteilt über diesen Punkt des Verhältnisses zwischen Strauß und Hegel:

»Die neutestamentliche Kritik war durch alle die Echtheit, Entstehung und Beschaffenheit der kanonischen Schriften betreffenden Untersuchungen auf einen Punkt angekommen, auf welchem die Glaubwürdigkeit und geschichtliche Wahrheit der evangelischen Geschichte überhaupt sehr in Frage gestellt war. Da die evangelische Geschichte wesentlich die Lebensgeschichte Jesu ist, so … war es, ohne in diese Frage näher einzugehen, unmöglich, auf dem einmal betretenen Wege weiter fortzuschreiten, und das Strauss'sche Leben Jesu, das zuerst im Jahre 1835 erschien, war, so betrachtet, durch die Notwendigkeit der Sache selbst hervorgerufen. Man sieht es gewöhnlich als ein Erzeugnis der Hegelschen Philosophie an, und allerdings hatte Strauß selbst schon in der Vorrede zur ersten Auflage bekannt, die innere Befreiung des Gemütes und Denkens von gewissen religiösen und dogmatischen Voraussetzungen, ohne welches Grunderfordernis mit aller Gelehrsamkeit auf kritischem Gebiete nichts auszurichten sei, sei ihm durch philosophische Studien früh zuteil geworden. Allein den kritischen Geist, aus welchem das Werk hervorging, hatte Strauß nicht aus der Hegelschen Schule, die schon lange existierte, ohne ein kritisches Element dieser Art aus sich zu entwickeln« (Kirchengeschichte des 19. Jahrhunderts, 1862, S. 359).

107 *D. F. Strauß*, Streitschriften III, Tübingen 1838, S. 57.

Auch nach Baurs Erkenntnis ist daher das kritische Element in den Ansätzen von Strauß nicht dem Einfluß Hegels zu verdanken.

Strauß führt seine Auseinandersetzung mit Hegel im dritten Heft der »Streitschriften« von 1837 (»Das allgemeine Verhältnis der Hegelschen Philosophie zur theologischen Kritik«) und in einem neuen Kapitel in der zweiten Auflage des Lebens Jesu von 1837 (»Die Kriterien des Mythischen in der evangelischen Erzählung«, S. 103-111). In den »Streitschriften« (III, S. 62) erblickt Strauß in Hegels Stellungnahme gegen die historische Kritik nur eine restaurative Tendenz. – Wie kommt es zu dieser Verschiedenheit?

Die Voraussetzungen liegen zunächst bei Hegel selbst:

I. Nach Hegels Religionsphilosophie stehen sich gegenüber der spekulative Begriff und die ewigen Wahrheiten auf der einen Seite und der ganze Umfang des Geschichtlichen, das Zufällige, das »unendlichen Einwänden unterworfen ist«, auf der anderen Seite.

II. Damit aber gehört die Frage nach der Tatsächlichkeit historischer Ereignisse für Hegel auf die Seite des Gleichgültigen. Unwahrheit gibt es für Hegel nur bezüglich der Frage, ob die ewige Idee sich in einer Sache realisiert hat oder nicht (z. B. die Idee der Gottmenschheit). Für Hegel ist damit nur das »Ob«, bzw. das »Daß« von Interesse, nicht einzelne Ereignisse.

III. Aufgrund der vorrangigen Orientierung Hegels an der Realisierung der Idee bleibt der Bereich unscharf und zweideutig, in dem es darum geht, ob etwas tatsächlich oder nur vorgestellt geschichtlich ist (ob Jesus objektiv die Realisierung der Gottmenschheit war, oder ob die Gemeinde sich dieses nur vorgestellt hat). Ursache für diese Unbestimmtheit ist, daß für Hegel das Faktische überhaupt nicht in die Form des Begriffs zu erheben ist. Gewiß – die Idee realisiert sich im Geschichtsverlauf, aber doch in einem als gesichert angesehenen, und in einem Geschichtsablauf im Ganzen.

Strauß dagegen setzt umgekehrt an: Ihm ist die historische Richtigkeit problematisch geworden. Er fragt: Was vom Historischen gehört zum Inhalt? Muß es notwendig geschehen sein oder darf es bloß vorgestellt sein? Kann Philosophie die Fakten als notwendig deduzieren? Die Antwort ist: Die Philosophie kann das nicht leisten. Nur die historisch-kritische Methode ist dazu imstande. Gegenüber Hegel unterscheidet Strauß die »Wirklichkeit überhaupt« und »das Einzelne« (z. B. Idee der Schönheit) von »bestimmter Wirklichkeit« und dem »einen Einzelnen«: »Die Idee der Schönheit, der Tugend, muß Realität haben: Kann ich aber jemals hieraus allein ableiten, daß folglich der oder jener bestimmte Mensch schön, tugendhaft sein müsse? ... Es liegt nämlich meines Erachtens hier die Verwechslung von Wirklichkeit überhaupt und dieser bestimmten Wirklichkeit zum Grunde« (Streitschriften III, 69). Und: »Im Wesen der Idee liegt es, daß sie in den Einzelnen erscheint, daß sie die menschlichen Individuen zu Trägern ihres absoluten Inhaltes macht, sofern eben die Individualität, die Subjektivität, nach Hegels Ausdruck, die letzte Zuspitzung des Geistes ist. Daß nun aber irgend ein einzelnes Individuum ausschließlich die volle Verwirklichung der Idee sein müsse, liegt in dem Wesen der Idee auf keine Weise« (a.a.O., 125). Die Christologie wird für den Neutestamentler hier zum Feld des Erweises: Ist die Idee der Einheit von Gott und Mensch exklusiv im Individuum Jesus durchgeführt oder nicht? Strauß urteilt ganz richtig: »Vom Standpunkte der Hegelschen Religionsphilosophie kann also nicht entschieden werden, ob dasjenige, was die Evangelien berichten, wirklich geschehen sei oder nicht ... (H. setze die Berichte der Evangelien) ... zu etwas Gleichgültigem herunter, welches so geschehen sein könne, aber eben so gut auch nicht, und worüber die Entscheidung der historischen Kritik anheimzugeben sei« (a.a.O., 68).

Bemerkenswert ist schließlich, daß das Konzept von Hegels Idee der Gottmenschheit vor allem in der systematischen »Schlußabhandlung« in Strauß' Werk eine

Rolle spielt. Bei der kritischen Destruktion der evangelischen Geschichten dagegen geht es gar nicht um Ideen im Sinne Hegels, sondern um »Zeitideen« (Hartlich/Sachs, S. 138 f.).

Hier, in der praktischen Arbeit an den evangelischen Geschichten, rezipiert Strauß einen Mythosbegriff, der, wie Hartlich und Sachs gezeigt haben, der Schule Eichhorns, G. L. Bauers und insbesondere W. M. L. de Wettes entstammt.

> Trotz aller dieser Differenzen bleibt Strauß mit Hegel aber einig in folgenden Punkten: I. Allein die Form des Begriffs ist der Wahrheit der Religion allein angemessen. II. Es ist Aufgabe der Philosophie, die Inhalte zum Begriff zu bringen. Daher versteht sich Strauß weiterhin als Philosoph. III. Die Geschichte ist das Medium der Verwirklichung der Idee.

e) Bei der Bestimmung des Verhältnisses von Historizität und Wahrheit orientiert sich Strauß – ähnlich, wie es später R. Bultmann tun wird – am naturwissenschaftlichen Wissenschaftsbegriff. Was mit diesem unvereinbar ist, muß historisch destruiert werden.

Hingegen ist eine Idee wie die Inkorporation Gottes in der Menschheit naturwissenschaftlich weder zu beweisen noch zu widerlegen. Philosophische Spekulation kann daher als Wissenschaft eigener Art auftreten, da sie gegen das Postulat der einen und einzigen Wahrheit nicht verstößt. Die gegen Hegel vorgenommene Trennung von Wahrheit und Geschichte entspricht der dualistischen Beurteilung von Vorstellung und Begriff, die ja gleichfalls Hegels Intention nicht entsprach. Für die Folgezeit der liberalen Exegese wird man diese Trennung als ebenso folgenschwer wie verhängnisvoll bezeichnen müssen, und sie wiederholt sich – mutatis mutandis – auch im Ansatz R. Bultmanns.

Jedenfalls ist festzuhalten, daß die Trennung von Historizität und Wahrheit einen der markantesten Punkte in der Diskussion Exegese/Philosophie darstellt.

5. Aufklärerischer Rationalismus bei D. F. Strauss

Die spezifischen Abweichungen des D. F. Strauß von Hegels Position sind historisch wohl am besten zu erklären, wenn man hier mit einem deutlich ausgeprägten Element aufklärerischer Philosophie rechnet:

a) Dazu gehört das Pathos, mit dem restlose Erforschbarkeit mit wissenschaftlichen Mitteln im Gefolge mit vernichtender Entlarvung unklarer bloßer Vorstellungen verfochten wird.
b) Dazu gehört besonders die These von der Nicht-Relevanz der Geschichte vor der Vernunftwahrheit.
c) Dazu gehören – im Gegensatz zur Dialektik Hegels – alle dualen Oppositionen (Kern/Schale, Form/Inhalt, Ideen/Erscheinungen, Volksreligion/Philosophie der Gebildeten).
d) Geschichtsforschung hat auch in der Aufklärung die Funktion, das Dunkel der Unvernunft vom Licht der Vernunft zu scheiden. Sie erstellt die »Geschichte des Irrtums bis dato«.

Biographisch kann dieser Einfluß durch die Anfänge des Studiums in Tübingen vermittelt worden sein; jedenfalls hat Strauß dort sicher Kant gelesen.

Was hier, philosophisch gesehen, deutlich als ein Zurückfallen hinter Hegels Position erscheint, stellt sich biographisch so dar, daß sich die von F. C. Baur kommenden Impulse zu historisch-konkreter Arbeit leicht mit dem allgemein verbreiteten aufklärerischen Wissenschaftsideal verbinden konnten. Die Selbstzeugnisse lassen erkennen, daß die Orientierung an historischen Daten zugleich auch das Einfallstor für Hegelkritik war.

6. Der Mythosbegriff bei D. F. Strauss

Anthropomorphe Metaphern in der Theologie nennt Hegel »Bilder«, Erzählungen dieser Art nennt er »Mythos nach Weise der Bilder«. »Mythen sind bildliche Vorstellungen«,[108]

108 Vgl. dazu: *G. F. W. Hegel*, Sämtliche Werke, Jubiläumsausgabe Bd. XV, Stuttgart 1937, S. 156f.169.

in ihnen ist das Wahre enthalten, wie es der Geist sich vorstellt. Auch D. F. Strauß spricht im Zusammenhang der »Vorstellungen« von Mythen, und er entwickelt als erster Exeget eine konsequent mythische Betrachtungsweise des Neuen Testaments. Ähnliches findet sich bei Hegel in diesem Punkt überhaupt nicht, und es ist daher zu vermuten, daß sich D. F. Strauß hier von der »mythischen Schule« aufklärerischer Exegese (bes. seit Eichhorn) hat beeinflussen lassen. Die Verwendung des Mythosbegriffs ist daher als eine für Strauß nicht untypische Verbindung aufklärerischer Tradition mit hegelschem Erbe zu verstehen. Dafür gibt es freilich innerhalb der Hegelschule Vorläufer. Hinzuweisen ist besonders auf L. Usteri, der »Mythos« wie folgt definiert: »Ein Mythos ist eine dichterische Production, deren Inhalt eine in geschichtlicher Form vorgetragene religiöse, philosophische oder physikalische Idee ... ausmacht.«[109] Angewandt wird dieser Mythosbegriff auf die Versuchungsgeschichte. Die Erzählung ist nur die »zeitliche und relativ zufällige Form, das Gewand« für die Idee.[110] Ahnlich hatte schon W. Vatke in einigen Rezensionen die Erzählungen über Geburt, Versuchung, Verklärung und Himmelfahrt »urchristliche Mythen« genannt.[111] Er bezeichnet die »mythischen Elemente« als »nothwendige Momente der Religion«. Sie seien »symbolische Darstellungen der wahren Begriffsmomente«.[112]

---

109 *L. Usteri,* Beitrag zur Erklärung der Versuchungsgeschichte, in: ThStKr 5 (1832) 768-791, S. 781. – Vgl. dazu auch: J. F. Sandberger (1972) S. 148f. – D. F. Strauß bezieht sich häufiger auf Usteri, z. B. in: Das Leben Jesu, kritisch bearbeitet (1835), I 66.69-71.402-428.

110 *L. Usteri,* a.a.O., S. 790.

111 Die Rezensionen erscheinen in den »Jahrbüchern für wissenschaftliche Kritik«, die der Hegelschule nahestanden und in denen auch F. C. Baur publizierte, zwischen 1830 und 1834, vgl hier speziell 2 (1832) 873 f.

112 *W. Vatke,* a.a.O., 873 f. – Zur Bedeutung des Verhältnisses von Philosophie und Exegese anhand der Person Vatkes vgl. *L. Perlitt,* Vatke und Wellhausen. Geschichtsphilosophische Voraussetzungen und historiographische Motive für die Darstellung der Religion und Geschichte Israels durch Wilhelm Vatke und Julius Wellhausen, Berlin 1965.

Schließlich ist auch auf das Erstlingswerk des Lehrers F. C. Baur zu verweisen, auf dessen 1824/25 erschienenes Werk »Symbolik und Mythologie«. Auch Baur kennt hier bereits das Problem der Differenz, bzw. des Verhältnisses zwischen Bild und Idee.[113]

Fazit: Mit seinem Mythosbegriff greift D. F. Strauß Anregungen von verschiedenen Seiten her auf. Sein Hegelianismus ist in diesem Punkte ganz sicher nicht nur auf Hegel allein gegründet.

7. Abschliessende Würdigung

Das hermeneutische Problem stellt sich für D. F. Strauß – wie später für R. Bultmann – als die Frage, wie die vor- und unwissenschaftliche Weltsicht des Neuen Testaments einem wissenschaftsorientierten Zeitalter zu vermitteln sei. Mit Entschlossenheit und ohne Rücksicht auf persönliche Nachteile[114] setzt Strauß darauf, daß der Wortlaut der Schrift jedenfalls nicht die Norm sein könne, daß es vielmehr der neuesten Philosophie vorbehalten sei, das, was Christentum ist, für die jetzige Zeit adäquater und überhaupt wissenschaftlich zu formulieren.[115]

113 *F. C. Baur*, Symbolik und Mythologie oder die Naturreligion des Alterthums, Zwei Teile in 3 Bänden, Stuttgart 1824/25,1 385f. (über die Emanations- und die Evolutionstheorie): »... ihr Realismus muß erst wieder zum Idealismus erhoben werden, um auf das allein wahre und höchste Princip aller Mythologie, das in dem Verhältniß des Bildes und der Idee gegeben ist, zu kommen.« Für dieses »höchste Princip« beruft sich Baur dann auf Plato, Herodot, Sophokles und Pindar

114 »Die einzige Rücksicht, die mich bestimmte, hie und da mich milder auszudrücken, als ich wohl möchte, ist die, daß mein Buch nicht verboten wird« (Ausgewählte Briefe von *D. F. Strauß*, ed. E. Zeller, Bonn 1885, S. 90).

115 Vgl. dazu *F. W. Graf*, S. 442: »Mit Schelling, Hegel, Daub und Marheineke geht Strauß deshalb davon aus, daß die biblischen Bücher nicht zur ›Norm des Christlichen‹ gemacht werden können, da es nicht so ist, ›daß in ihnen die Idee des Christentums in einer später nie mehr zu erreichenden Reinheit von weltlichen Einflüssen erscheinen sollte‹« (Zitat aus: *D. F. Strauß*, Die christliche Glaubenslehre ... I, Tübingen und Stuttgart, 1840, I 177).

Konkret wird die Lösung gesucht in einer radikalen Trennung von Idee und Geschichte. Gerade die historische Arbeit führt dazu, die Relevanz von Geschichte angesichts der Idee aufzuheben. Ähnlich wird später bei Bultmann gerade die historische Arbeit erweisen, wie unsinnig und wie unmöglich es ist, den Glauben auf Geschichte gründen zu wollen. – In dieser Trennung von Idee und Geschichte sahen wir ein aufklärerisches Moment, und entsprechend war in der Hegelschule konkrete historische Arbeit als lediglich zergliedernder Rationalismus abgelehnt worden.[116] Freilich treibt auch D. F. Strauß historische Arbeit nur in sehr begrenztem Umfang (ähnlich wie die in Anm. 24-27 gen. Autoren). Vielmehr ist es die Philosophie (Hegels), die dreierlei liefert: das systematische Gesamtkonzept, in dem auch die Exegese ihren Ort hat, die Begründung für die Irrelevanz der historischen Fakten und die material-inhaltliche Norm des Christlichen, die christliche Idee, auf die hin die mythischen Einkleidungen abstrahiert werden.

Aus heutiger Sicht, aber vielleicht auch schon systemimmanent geurteilt, sind bei diesem Entwurf folgende Punkte fraglich:

1. Fraglich ist die Unbefangenheit, mit der Form und Inhalt, Idee und Vorstellung getrennt werden, mit der – allgemein gesprochen – eine Reihe dualer Oppositionen (vgl. unten S. 183) unbefragt als angemessenes Erkenntnismodell vorausgesetzt werden.
2. Fraglich ist die Darstellung des Christentums vor allem als Lehre und daher auch als Idee.
3. Fragwürdig ist das unbefangene und unkritische Geltendmachen des gegenwärtigen »wissenschaftlichen« Wirklichkeitsverständnisses auch für die Beurteilung der Schrift. Dem entspricht ein völlig fehlender Sinn für Geschichte – ein in der protestantischen Bibelhermeneutik seit Strauß überwiegendes Phänomen: Der Vorteil der Aktualisierung (für Strauß geht es um »Rettung« des Christentums) wird erkauft mit der Unfähigkeit, andere Sehweisen der Wirklichkeit bestehen zu lassen und nicht abzuwerten.

116 Vgl. dazu: *J. F. Sandherger* (1972), S. 143-147.

4. Fragwürdig ist die Reaktion auf die gespürte Unsicherheit, ob Theologie als Wissenschaft gelten könne oder nicht. Diese Reaktion war hier: rücksichtslose Orientierung an einer Idee (Vergottung des Menschengeschlechtes) im Rahmen eines wissenschaftlichen philosophischen Systems.

   Das führt für Strauß dazu, daß der Einzeltext überhaupt nicht mehr ausgelegt werden muß, denn, ist er als mythisch und unhistorisch erwiesen, so ist damit schon alles gesagt: Er war nur Gewand, Kleid für die eine Idee.
5. Fragwürdig ist vor allem die Verbindung von Kirchenglauben und Historizität. Für Strauß ist beides gleichbedeutend und zu überwinden. Die Gegner Strauß' aber übernehmen gerade diese Verbindung und verteidigen sie gegen Strauß. Denn niemand hatte je zuvor so radikal die Historizität fast aller evangelischen Erzählungen angefochten. Damit aber hat Strauß »schlafende Hunde geweckt« und gleichzeitig andere, sinnvollere Alternativen versperrt. Denn Strauß wie seine fundamentalistischen Gegner haben an der gleichen Voraussetzung teil: Die Berichte der Evangelien sind entweder historisch oder nicht. Die grundsätzliche Bejahung dieser für primär wichtig gehaltenen Frage liegt auf der Seite des Kirchenglaubens, ihre Verneinung auf der Seite des »pantheistischen« Philosophen. Man kann auch sagen: Rationalistische Kritik à la Strauß und Fundamentalismus sind Geschwister. Sie halten Historizität für gleichermaßen wichtig und sind von einer falschen Alternative geleitet. Die Alternative erscheint heute als falsch, weil ihre Beantwortung in der einen oder in der anderen Richtung als unerweisbar anzusehen ist.

Der Satz »Strauß hielt sich für einen Philosophen, aber er hat als Historiker bleibend gewirkt«[117] ist sicher auch bezüglich seiner Gegner richtig: Die von Strauß geleistete Destruktion brachte ganz wesentlich einen bis heute noch längst nicht

117 Vgl. dazu *G. Backhaus*, S. 79.

überwundenen Fundamentalismus in historicis hervor[118], und dort, wo man das philosophische Anliegen Strauß' erkannte, etablierte sie den Philosophie-Vorwurf gegen die Exegese, der dann in der Diskussion um R. Bultmann wieder voll aufleben sollte. Zum Schluß ist in groben Zügen ein Vergleich der Konzeption von D. F. Strauß mit denen von F. C. Baur und R. Bultmann zu skizzieren. Dieser Vergleich liegt nahe, da F. C. Baur der Lehrer ist und gleichfalls unter Hegels Einfluß stand, und da R. Bultmann wie Strauß das Thema »Mythos« zum Ausgangspunkt der Hermeneutik macht.

Vergleich mit F. C. Baur: Man kann sagen, daß Strauß und Baur an verschiedenen Punkten der hegelschen Philosophie ansetzen: Baur übernimmt den dialektischen Geschichtsbegriff Hegels, Strauß dagegen die Unterscheidung von Vorstellung und Begriff. Für beide liegen übrigens Schleiermacher und Schelling vor der Beschäftigung mit Hegel. F. C. Baur ist im Gefolge Hegels (und Schellings) bis in die jüngste Gegenwart hinein der einzige neuere protestantische Theologe, der Kirchengeschichtsschreibung mit einem sichtbaren und durchgreifenden systematischen Ansatz betrieben hat. D. F. Strauß ist – unter abweichender Verwendung von Voraussetzungen Hegels – der Zerstörer des traditionellen und biblischen Bildes neutestamentlicher Heilsgeschichte. Beide teilen die wichtige gemeinsame Voraussetzung des Anti-Supranaturalismus: Die Gleichartigkeit historischen Geschehens kann weder durch Wunder noch durch Offenbarung durchbrochen werden. Bezüglich der hegelschen Basis gilt: Was bei Baur horizontal das Ablaufschema der Geschichte wird, ist bei Strauß vertikal ein systemtheologischer Ansatz geworden. F. W. Graf hat diesen als solchen dargestellt.

118 *F. W. Graf* bietet dankenswerter Weise auf S. 618-621 ein Verzeichnis der konfessionellen Gegenschriften gegen Strauß. – Bezüglich der Aktualität vgl. das Vorwort im Rotaprint-Druck der von der Münchener Theol. Fakultät genehmigten Fassung meiner Diss. »Die Gesetzesauslegung Jesu« (Berlin 1968) nebst den zugrundeliegenden Vorgängen.

Vergleiche zwischen D. F. Strauß und R. Bultmann sind häufiger vorgenommen worden;[119] sie leiden meist an einer zu großen Rücksichtnahme auf den Entwurf R. Bultmanns.[120] Die Gemeinsamkeiten im Mythosverständnis und betreffs der Nicht-Relevanz historischer Ereignisse für das, was Christentum ist, haben wir bereits betont. Für R. Bultmann steht hier aber nicht D. F. Strauß Pate, sondern S. Kierkegaard mit dem Satz »Kann man aus der Geschichte etwas über Christus zu wissen bekommen? Nein.«[121] Und der offensichtlichste Gegensatz ist zunächst der, daß Strauß sich unbefangen und kühn auf die Wissenschaft der hegelschen Philosophie beruft. Bultmann dagegen spricht vom Wort Gottes, vom Ruf in die Entscheidung, von etwas, das man gerade nicht im Wissen, sondern nur in eben dieser Entscheidung ergreifen könne. Man weist immer wieder darauf hin, daß die Differenz zwischen Vorstellung und Idee (Strauß) etwas ganz anderes sei als die zwischen Mythos und Kerygma (Bultmann). Das gilt aber doch vor allem für den Inhalt der Idee (Inkarnation in der Menschheit bei Strauß) und des Kerygmas (lutherische Rechtfertigungslehre in Verbindung mit dem pietistischen Modell der »Entscheidung«). Aber strukturell, in der Art, in der hinter der Schrift eine Wahrheit gesucht wird, besteht weitgehend Übereinstimmung zwischen beiden. Und wieweit Bultmann auch als Theologe Philosoph bleibt, wird uns noch beschäftigen. Jedenfalls kann man gewiß nicht sagen, Strauß habe seine Antworten aus der Philosophie genommen und R. Bultmann nicht.[122]

119 Vgl. dazu *O. Moe* (1951) und *G. Backhaus* (1956), bes. S. 60-82.

120 Das gilt besonders für die Arbeit von *G. Backhaus*. Man kann beispielsweise nicht einfach sagen (so G. Backhaus auf S. 79, vgl. S. 82), Strauß eliminiere den Mythos, Bultmann interpretiere ihn. Denn bei beiden geschieht beides, wenn auch in anderer Hinsicht; jedoch zu einer Antithese reicht es nicht. Ebenso wenig hilfreich ist die falsche Alternative, bei Bultmann gehe es um etwas Dynamisches, bei Strauß und Hegel um Statisches. Das wird dann auch noch mit »hebräischem« und »griechischem« Denken verknüpft. Es wäre zu wünschen, daß dieser Unfug nicht weiter überliefert wird.

121 *S. Kierkegaard*, Einübung ins Christentum, Jena 1924, S. 28.

122 So *G. Backhaus*, S. 60.

KAPITEL IV

Franz Overbeck und Friedrich Nietzsche

Literatur: *Th. Achelis,* Nietzsche und Overbeck, in: Der Hamburger Correspondent, Beilage Nr. 7 (1908). – *E. Benz,* Nietzsches Ideen zur Geschichte des Christentums, Stuttgart 1938, bes. 135-147 (= 7. Nietzsche und Overbeck). – *C. A. Bernoulli,* Franz Overbeck und Friedrich Nietzsche. Eine Freundschaft, I—II, Jena 1908. – *T. M. Campbell,* Nietzsche and th academic mind. A contrast between Nietzsche and his three academic friends, in: PMLA 62 (1947) 1183-1196. – *M. Dibelius,* Der psychologische Typus des Erlösers bei Friedrich Nietzsche, in: DVfLG 22 (1944) 61-91. – *G.-G. Grau,* Nietzsche und Kierkegaard. Wiederholung einer unzeitmäßigen Betrachtung, in: NS 1 (1972) 297-333. – *E. Jäckh,* Friedrich Nietzsche und David Friedrich Strauß, Berlin 1909. – *C. P. Janz,* Friedrich Nietzsche. Biographie in drei Bänden, I—III, München-Wien 1978. – *E. Jüngel,* Barth-Studien, darin: Die theologischen Anfänge. Beobachtungen, I. Theologie als ›unmögliche Möglichkeit‹. Zwischen Overbeck und den beiden Blumhardts, S. 62-83, Zürich, Köln, Gütersloh 1982. – *R. Kiefer,* Nietzsche und Overbeck – eine Arbeitsgemeinschaft, in: ZKG 57 (1938) 523-553. – *P. Köster,* Nietzsche-Kritik und Nietzsche-Rezeption in der Theologie des 20. Jahrhunderts, in: NS 10/11 (1981/82) 615-685. – *W. Nigg,* Franz Overbeck, München 1931. – *A. Pfeiffer,* Franz Overbecks Kritik des Christentums, Göttingen 1975. – *E. Podach,* Der kranke Nietzsche. Briefe seiner Mutter an Franz Overbeck, Wien 1937. – *H. Randa,* Nietzsche, Overbeck und Basel, Bern u. Leipzig 1937. – */. Salaquarda,* Dionysos gegen den Gekreuzigten. Nietzsches Verständnis des Apostels Paulus, in: Nietzsche, hg. von J. Salaquarda, Darmstadt 1980, 288-322. – *G. Sauter,* Nietzsches Jesusbild als Frage an eine »Theologie nach dem Tode Gottes«, in: Neues Testament und christliche Existenz. FS f. H. Braun, hg. von H. D. Betz und L. Schottroff, Tübingen 1973, 401-419. – *K. Schäfer,* Zur theologischen Relevanz der Jesus-Deutung Friedrich Nietzsches, in: Wort Gottes in der Zeit. FS f. K. H. Schelkle, hg. von H. Feld und J. Nolte, Düsseldorf 1973, 319-329. – *K. Strecker,* Nietzsche und Overbeck, in: LE 10 (1908) 1262-1272. – *Ph. Vielhauer,* Franz Overbeck und die neutestamentliche Wissenschaft, in: EvTh 10 (1950/51) 193-207 (= Aufsätze zum Neuen Testament, ThB 31, München 1965, 235-252). – *R. Wehrli,* Alter und Tod des Christentums bei Franz Overbeck, Zürich 1977 (S. 65-80: »Franz Overbeck und Friedrich Nietzsche«). – *B. Welte,* Nietzsches Atheismus und das Christentum, Darmstadt 1958. – *St. Zweig,* Nietzsche und der Freund, Insel-Almanach, Leipzig 1919, S. 111-123.

Hier gebrauchte *Quellen:*

a) *F. Overbeck,* Über die Christlichkeit unserer heutigen Theologie. Streit- und Friedensschrift, Leipzig 1873.
Ders., Christentum und Kultur. Gedanken und Anmerkungen zur modernen Theologie. Aus dem Nachlaß herausgegeben von C. A. Bernoulli, 1919 (Darmstadt 1963).
Ders., Selbstbekenntnisse (hg. v. E. Vischer), Basel 1941.

b) Briefwechsel *Overbeck/Nietzsche:*
Friedrich Nietzsches Briefwechsel mit Franz Overbeck, hg. von Richard Oehler und Carl Albrecht Bernoulli, Leipzig 1916.
c) *Friedrich Nietzsche,* Werke, Kritische Gesamtausgabe, hg. von G. Colli und M. Montinari, Berlin 1967ff.
d) *R. Oehler* und *C. A. Bernoulli,* Friedrich Nietzsches Briefwechsel mit Franz Overbeck, Leipzig 1916.

Der treueste, lebenslange Freund, bisweilen auch der schärfste Kritiker des großen nihilistischen Philosophen Friedrich Nietzsche (1844-1900) war Professor für Neues Testament und Patristik, Franz Overbeck (1837-1905). Beide waren Professoren an der Universität Basel, Nietzsche seit 1869, Overbeck seit 1870, und wohnten während dieser Zeit als Zimmernachbarn im gleichen Haus, im Hause Baumann, Am Schützengraben 45. – Das Verhältnis zwischen beiden ist nach der biographischen Seite durch C. A. Bernoulli (1908) und durch die Edition des Briefwechsels von R. Oehler und C. A Bernoulli (1916) ausführlich dargestellt. Die inhaltlichen Berührungspunkte bedürfen noch weithin der Klärung; sie sind offensichtlich nicht im Sinne einseitiger Abhängigkeit zu deuten, sondern aufgrund strukturverwandter Denkansätze. Bedeutungsvoll ist die Freundschaft beider Männer auch wegen des fundamentalen Einflusses Franz Overbecks auf die neuere neutestamentliche Theologie.

1. Biographische Aspekte

Nietzsche und Overbeck duzten sich seit 1872 (C. P. Janz I 415). In der Zeit ihres gemeinsamen Wohnens als »Mit-Gift-Höhlenbären« in der »Gifthütte« (ibid., 483) ist die geistige Affinität offensichtlich am größten. Overbeck ist zum Zeitpunkt des Kennenlernens in Basel bereits 35 Jahre alt und hat sein Konzept des »finis Christianismi« schon vor dieser Zeit erdacht. – Am Silvestertag 1873 schreibt Nietzsche an Overbeck: »Nicht wahr, wir wollen uns gut und treu bleiben, Wunsch-, Waffen- und Wandnachbarn, seltsame Käuze meinetwegen ... aber recht friedfertige ... Nämlich für uns: nach außen hin greuliches Mord- und Raubgetier, brüllende Tiger und ähnlicher Wüstenkönige Genossen ... und nun, alter guter Kamerad Overbeck, auf Wiedersehen! Und: es lebe die Gesellschaft der Hoffenden!« (C. P. Janz I 554). Das Jahr 1873 hatte für beide die Publikation je eines Buches bei demselben Verleger (E. W. Fritzsch in Leipzig) gebracht: Nietzsche publizierte den ersten Teil der »Unzeitgemäßen Betrachtungen« und Overbeck die Schrift »Über die Christlichkeit unserer heutigen Theologie«, für ihn, wie er selbst sagt, eine »Art theologischen Bekenntnisses«. Nietzsche und Overbeck hatten jeweils ihre Exemplare zusammengebunden. Nietzsche schrieb auf das Deckblatt:

»Ein Zwillingspaar aus einem Haus
ging mutig in die Welt hinaus,
Welt-Drachen zu zerreißen»
Zwei-Väterwerk! Ein Wunder war's!
Die Mutter doch des Zwillingspaars
Freundschaft ist sie geheißen!«

In Overbecks Exemplar schrieb er: »Der eine Vater dem anderen« und: »Das Leben ist kurz; man muß sich untereinander einen Spaß zu machen suchen (Goethe)« (C. A. Bernoulli, 1908 I 129).

Im gleichen Hause mit Nietzsche und Overbeck lebt 1872 der Privatdozent für Philosophie Heinrich Romundt; seine Habilitationsschrift widmet er Nietzsche. Die Freundschaft zerbrach, als Romundt katholisch und Priester werden wollte. Nietzsche schreibt über Overbeck und sich in diesem Zusammenhang: »Endlich kam es zu Geständnissen, und jetzt, fast alle drei Tage, zu pfäffischen Explosionen – Unsere gute reine protestantische Luft! Ich habe nie bis jetzt stärker meine innigste Abhängigkeit von dem Geiste Luthers gefühlt als jetzt ...« (Brief an Rohde vom 28. 2. 1875).

In Nietzsches Leben spielen Freundschaften dieser Art, so auch die mit Overbeck, eine wichtige Rolle als Bindeglied zwischen Philosophie und Biographie: als Verwirklichung im »engeren Kreis«. Darüber hinaus besteht die Bedeutung Overbecks für Nietzsche häufig darin, daß er ihm »Stoff«, d.h. Material für seine kühnen Hypothesen liefern muß (E. Benz, 1938, S. 136).

Beachtenswert ist schließlich die Position beider gegenüber Ad. von Harnack, den sie gemeinsam als Antipoden betrachten mußten. Overbeck (1919; vgl. C. A. Bernoulli, 1908 I 218f.) stellt selbst Affinitäten zwischen Nietzsche und von Harnack fest: Sie bestehen in der Konzeption des dogmenlosen Christentums einerseits und in der Beurteilung des Verhältnisses zwischen Kirche und Welt andererseits. Das erstere resultiert bei von Harnack aus der »Überwindung der Dogmengeschichte«, bei Nietzsche aus einem bestimmten Jesusbild (vgl. unter V.); das letztere wird bei von Harnack zur Apologie des Christentums (das Christentum habe alles vertragen und bewältigt), bei Nietzsche der Grund, es zu verabscheuen.

Folgt man dem, was *Arnold Pfeiffer* (1975) in seinem Kapitel VI über »Das Verhältnis zwischen Overbeck und Nietzsche« (S. 202-211) ausgeführt und mit reichlichem Quellenmaterial belegt hat, so ergeben sich als gemeinsame Ansätze vor allem: Mißmut über die deutschen Zustände der Gründerzeit, Hang zu vernünftiger Weltbetrachtung, Verehrung für Schopenhauer und das asketische Ideal der Wahrhaftigkeit. Unterschiedlich sind sie vor allem darin, daß Overbeck nur die Verlegenheit des bürgerlichen Christentums darstellt, Nietzsche aber fragt, ob nicht alle Weltanschauung falsch sei.

In der Folge sind einzelne Themen des Verhältnisses Overbeck/Nietzsche darzustellen:

2. Die beiden Schriften des Jahres 1873

Beide Autoren richten sich in ihren Schriften dieses Jahres gegen die Schrift David Friedrich Strauß' »Der alte und der neue Glaube« von 1872. Sie erkennen die Verdienste des 1835/36 publizierten Werkes »Leben Jesu« ausdrücklich an,[123] werfen Strauß aber vor, inzwischen ein anderer geworden zu sein. Nietzsche kritisiert insbesondere den Mythosbegriff Strauß',

123 *F. Overbeck*, 1873, 110. – *F. Nietzsche*, UB 1, 68 f.

da dieser seinen neuen Glauben auf den naturwissenschaftlichen Materialismus der Darwin-Häckelschen Entwicklungshypothese gründe und Wissensbildung für Kultur halte.[124] Das Ergebnis sei ein neues Philistertum: »Der Straußische Philister haust in den Werken unserer großen Dichter und Musiker wie ein Gewürm, welches lebt, indem es zerstört, bewundert, indem es frißt, anbetet, indem es verdaut«[125]; Strauß behandele unsere großen Musiker so, daß er »Haydn mit einer ›ehrlichen Suppe‹, Beethoven mit Konfekt« vergleiche.[126] Overbeck stellt die Frage, wohin das von Strauß verkündete Kulturideal versetze und gibt zur Antwort: »Ungefähr auf den Standpunkt des Spießbürgers der römischen Kaiserzeit, der am »Mysterium« des Staatsoberhaupts seine Religion hat, den im ruhigen Genuß seiner Güter gegen äußere Feinde das Heer, gegen innere die Strenge des Gesetzes schützt, der in der Beschäftigung mit einer todten Kunst sich die düsteren Stunden vertreibt, welche die Staatsordnung von ihm abzuhalten nicht imstande ist, und der in der Tat, sofern er die Möglichkeit hatte Christ zu werden und es nicht wurde, vielleicht die antichristlichste Figur ist, die uns die Geschichte liefert ... Strauß dagegen scheint nicht der Ansicht zu sein, daß zum Glücke seines Volkes, das sich in den Käfig einer solchen »fertigen« in sich sich abschließenden Staatsordnung hat sperren lassen, irgend etwas fehle ...«[127] Überall gehe es nur um die »aussichtslose Zurückziehung des Individuums auf sich selbst«[128]. Im ersten Teil des Buches von Strauß findet Overbeck es unhaltbar, wie dieser sich über die asketische Lebensabsicht des Urchristentums beiläufig hinwegsetze.[129] Strauß meine, mit dem Christentum fertig zu sein, weil er seine Mythen und Dogmen kritisch beseitigt habe, er liefere aber nicht – oder nur sehr unzureichend – eine Darstel-

---

124 *E.Jäckh*, 1909, 215.
125 *F. Nietzsche*, UB 1, 34.
126 *F. Nietzsche*, UB 1, 31.
127 *F. Overbeck*, 1873, 72 f.
128 *F.Overbeck*, 1873, 76.
129 *F. Overbeck*, 1873, 111.

lung seiner Lebensansicht, seines Verhältnisses zur Welt. Hätte Strauß dieses bemerkt, so Overbeck, so hätte er auch wahrnehmen können, daß wenigstens der Christenname eine Art kategorischer Imperativ sei, der die säkularisierte Gesellschaft, auch wenn sie Strauß' Ideal entspräche, nur verurteilen könne.[130]

Am Beispiel dieser Stellungnahme zu D. F. Strauß werden wichtige Gemeinsamkeiten beider Autoren erkennbar, die auch sonst bedeutsam sind: Nietzsche kritisiert das Philistertum, das sich »mit einem wahrhaft feiertagsmäßigen Behagen daherwälze« und sich »mit Absicht sein Geschäft zu leicht« mache,[131] er spricht von einer »stumpfsinnigen Behäbigkeitslehre«, wo niemand die Ruhe stören dürfe. Overbeck wirft Strauß das Ideal des Spießbürgertums vor. Beide Autoren bemerken, daß der alte Glaube nur durch einen schlechten neuen, starren ersetzt worden sei, die bürgerliche Diesseitsreligion. Beide Autoren halten auch die Ablehnung von Wundern durch diese Art »Religion« für suspekt: Overbeck kritisiert Theologen, die apologetisch Wunder verteidigen, denen aber im Grunde wenig daran liegt, »unsere Welt durch diese fremden Gäste stören zu lassen«[132], und Nietzsche äußert über den Philister, dieser halte nun nicht mehr an der christlichen Metaphysik eines helfenden und sich erbarmenden Gottes fest, sei aber statt dessen mit dem Glauben an das Universum in ein starres Räderwerk geraten: »Dem Philister aber ist selbst eine Straußische Metaphysik lieber als die christliche, und die Vorstellung eines irrenden Gottes sympathischer als die eines wundertätigen.«[133] In beiden Fällen wird die (Nicht-)Rezeption der neutestamentlichen Botschaft durch den flachen neuzeitlichen Rationalismus abgelehnt. »Die gedankliche Nähe der beiden Schriften zeigt sich auch da, wo Nietzsche Overbecks Grundgedanken von der prinzipiellen Unvereinbarkeit von Glauben und Wissen aufnimmt: Strauß, der nie aufge-

130 *F. Overbeck*, 1873, 77.
131 *F. Nietzsche*, UB 1, 38 f.
132 *F. Overbeck*, 1873, 52.
133 *F. Nietzsche*, UB 1, 47.

hört habe, christlicher Theologe zu sein, und deshalb auch nie gelernt habe, Philosoph zu werden, vermöge nicht zwischen Glauben und Wissen zu unterscheiden und nenne daher fortwährend seinen sogenannten »neuen Glauben« und die neuere Wissenschaft in einem Atem« (*R. Wehrli*, 1977, S. 79).

3. Die Gemeinsamkeiten von Religion und Kultur

»Religion« bei Overbeck und »Kultur« bei Nietzsche sind strukturanaloge Phänomene mit gleichartigem Gegner: Beide sind etwas Reines, Lebendiges, das sich mit philiströser Verhärtung wie mit analytischer rationaler Distanznahme nicht verträgt, wie sie das Bürgertum pflegt. Beide, Religion wie Kultur, werden damit vor allem Phänomene kritischer Funktion gegenüber der gegenwärtigen Gesellschaft: Sie sind das, was ihr abgeht oder was nur verflacht, unglaubwürdig und vor allem unwahrhaftig gehandelt wird. Das Verhältnis von christlicher Religion und Welt bei Overbeck entspricht daher weithin dem von Kultur und Gesellschaft bei Nietzsche. Beide Autoren sind sich bezüglich des Christentums darin einig: Das »kulturelle« Christentum der Gegenwart ist abzulehnen, die Kirchengeschichte ist als Verfall darzustellen, von dem allein Jesus ausgenommen ist, das Christentum ist dem Wesen nach ebenso kulturfeindlich (Nietzsche) wie wissenschaftsfeindlich (Overbeck); in den beiden letztgenannten Positionen besteht der Gegensatz zu von Harnack besonders deutlich.

Für den Neutestamentler Overbeck ist das religiöse Christentum Askese und Eschatologie, gefühlvolles Leben und als solches radikal und unweltlich und daher »geschichtslos«. Man kann sagen: Overbeck verzweifelt an der Möglichkeit eines reinen und radikalen Christentums, wie es sein sollte und wie er es doch immer wieder durch Theologen verwässert sieht. Erbittert wendet er sich daher gegen einen »gut apologetischen« Kirchenhistoriker, der aus Anlaß des Donatistenstreites meine, das Ideal der Kirche »lasse sich in einer sündigen Welt nur unvollkommen realisieren«, »und mit dieser banalen Redensart oder ähnlichen pflegen überhaupt unsere Kirchengeschichten sich besonders mit den großen pietistischen Bewegungen der alten Kirche abzufinden. Welcher einfach empfindende Mensch wird aber, unbeirrt um die Einreden protestantischer Orthodoxie, nicht, wenn er vergleicht, z. B. jene Anachoreten und Mönche der alten Kirche bewundern, die das Unmögliche, weil sie daran glaubten, möglich zu machen suchten, neben diesen Theologen, die mit solcher Gelassenheit die Unmöglichkeit der Verwirklichung ihres Ideals aussprechen, und doch in der Welt dafür angesehen sein wollen, als ob sie daran glaubten ... Um Anspruch auf eine mildere Beurteilung zu haben, müßte der Schmerz, den die Apologetik über die Unerfüllbarkeit des christlichen Ideals zeigt, jedenfalls größere Beredsamkeit haben«[134]. Die Rede von »pietistischen Bewegungen« und vom »einfach empfindenden Menschen« weist deutlich darauf, daß Overbeck wohl auch aus pietistischen Wurzeln zum Gegner der Theologie wird. Denn Theologie ist ihm gegenüber dem Ideal immer schon ein Stück Verweltlichung, ist irreligiös, der »Satan der Religion« und bloßer Buchstabe – eine Gegenüberstellung, die ohne Zweifel am ehesten im Bereich pietistischer Frömmigkeit zu denken ist. Die Unmöglichkeit und das Unrecht fester Urteile und jeglicher gedanklicher Verfestigung entspricht der Religion als dem »gefühlvollen Leben«. Der »Schein« gedanklicher Konstruktion steht dem radikalen Anspruch gegenüber. So stellt Overbeck als Kirchenhistoriker jeglicher Theologie Fallen, mit denen er sie fangen kann. Daß hier der Glaube ohne jeden möglichen Bezug zum Denken bleibt, ist als emotional radikalisierter Pietismus zu begreifen. Karl Barth mußte darauf stoßen, und er zitiert mit Zustimmung das Urteil C. A. Bernoullis (1908 I, S. XIX): »In seiner Kritik lassen die gezackten Eisränder des kahlen Denkens den Tiefblick frei in die darunter verborgenen Strecken aufgrünenden Frühjahrs.«[135]

Bei Overbeck entlarvt der Anspruch des radikalen, unweltlichen Christentums jede beruhigende Verfestigung – bei

134 *F. Overbeck*, 1873, 38 f.

135 *K. Barth*, Zur inneren Lage des Christentums, Kap. I, S. 6-9.9.

Nietzsche entspricht dem der Anspruch der Wirklichkeit auf Unbegreiflichkeit. Daß diese Korrelation zwischen Nietzsche und Overbeck besteht, zeigt Overbeck selbst deutlich bei der Rezeption von Nietzsches »Übermensch«:

> »Auch eine Idee wie die des Übermenschen kann für Menschen Wert nur haben dank der Energie, mit der sie die Welt unbeschädigt, d.h. für den Menschen unbegreiflich zu erhalten vermag. Sie soll seinen Mut zum Problem aufrecht erhalten; in der hohen Fähigkeit dazu, die mir allerdings Nietzsches Philosophie zu haben scheint, liegt für mich ihre eigentliche Größe.«[136]

Entsprechend kennzeichnet Nietzsche in der Tat die Philisterlosung: »Es darf nicht mehr gesucht werden«[137], dagegen hätten die »heroischen Gestalten des deutschen Geistes« verraten, »daß sie Suchende waren«[138].

Für Overbeck war es apologetisch-orthodoxe oder liberale Theologie, die das religiöse Leben schon immer beendet hat. Der Philister Nietzsches schafft durch die historischen Disziplinen die »nötige« Distanz zwischen sich und der Sache – dem entspricht auf der Seite Overbecks genau die Unmöglichkeit, das Christentum auf »historischem Wege« zu ergreifen. Bei Nietzsche steht die künstlerische Schöpferkraft in ihrem Gegensatz zu moderner Zivilisation an der Stelle, die Religion im Gegensatz zu Theologie bei Overbeck einnimmt.

Wieder ist es Overbeck, der diese Gemeinsamkeit erkennt: »Ans Ziel gelangt ist auf der Fahrt, die ich hier meine, noch niemand, und insofern ist auch Nietzsche darauf nicht mehr mißlungen als anderen. Was sich ihm versagte, war das Glück, das anderen Glücklicheren, dergleichen ich auch kannte, günstig gewesen ist. Gescheitert ist er freilich, aber doch nur so, daß er gegen die unternommene Fahrt als Argument so gut und so schlecht dienen kann wie die Schiffbrüchigen gegen das Beschiffen des Meeres. Wie, wer einen Hafen erreicht hat, seinen schiffbrüchigen Vorgänger als einen Schicksalsgenossen

136 F. *Overbeck*, 1919, 280-282.
137 *F. Nietzsche*, UB 1,13.
138 *F. Nietzsche*, UB 1,12.

anzuerkennen sich am allerwenigsten weigern wird, so auch nicht die glücklicheren Meerfahrer, die sich auf ihrer ziellosen Fahrt wenigstens mit ihrem Fahrzeug zu behaupten vermocht haben, mit Beziehung auf Nietzsche.«[139]

Niemand hat das Ziel erreicht – und niemand hätte es nach Overbeck erreichen können.

Systematisch Formuliertes mit absolutem Anspruch hat nur Scheincharakter. Es ist unmöglich, eine »absolute Wahrheit« in Begriffe zu fassen. Was bei Overbeck hier die Tragik jeglicher Theologie ist, faßt Nietzsche in der Komplementarität des Dionysischen und Apollinischen. Das Apollinische sind die geformten Vorstellungen, der je und je notwendige Schein der Wahrheit, das Dionysische dagegen ist der gestaltlose, schöpferische Grund und Wille, Freiheit von aller Setzung, auch von der Moral. Nach Nietzsche ist freilich ein ewiger Wechsel zwischen beiden notwendig (»ewige Wiederkehr«): begriffliche Identifikationen sind unvermeidlich, man gelangt nur aus einem Weltbild heraus, indem man in ein neues hineingeht. Overbeck beurteilt die Lage bezüglich des Christentums düsterer: Religion und bürgerliches Christentum stehen nicht so zueinander, daß sie sich immer wieder ablösen müßten, die Abfolge war einmalig: Seit den allerersten Anfängen gibt es nur fortschreitende Dekadenz, Weltlichwerden ohne Wiederkehr.

Für Overbeck besteht die Erlösung aus dieser Zwangsläufigkeit darin, daß er sich vorbehaltlos für die kritische Wissenschaft engagiert. Diese ist nicht zu verwechseln mit apologetischer oder liberaler Theologie, vielmehr ist es die spezielle Aufgabe der Wissenschaft, die Unvereinbarkeit von Religion und Theologie immer wieder zu entlarven, von der dogmatischen Intoleranz der Theologen zu befreien und dadurch am »Frieden« mitzuwirken.[140] Auch für Nietzsche ist die eigene Philosophie dem Wechsel der Wertsysteme übergeordnet: Sie entlarvt deren Relativität und »tragische Begrenztheit«.

139 *F. Overbeck*, 1919, 136.

140 *F. Overbeck*, 1919, 292 (Wissenschaft als »Friedensinstrument«, »viel mächtiger als alle Kirchen«).

Hier wird am Ende eine weitere entscheidende Gemeinsamkeit beider Männer sichtbar: Wahrhaftigkeit als primum movens. Für Nietzsche ist sie der Grund, die »dogmatische Setzung« des einen Gottes infrage zu stellen: »Man sieht, was eigentlich über den christlichen Gott gesiegt hat: die christliche Moralität selbst, der immer strenger gewordene Begriff der Wahrheit, die Beichtväter-Feinheit des christlichen Gewissens, übersetzt und sublimiert zum wissenschaftlichen Gewissen, zur intellektuellen Sauberkeit um jeden Preis ...,«[141] An D. F. Strauß kann Overbeck gar nur dessen Ehrlichkeit gelten lassen.[142] Diese Ehrlichkeit wird bei Overbeck und bei Nietzsche zur Grundlage der Kultur-, Gesellschafts- und Christentumskritik.

4. Overbeck und Nietzsche zur Soziologie des Urchristentums

Nach Overbeck ist die urchristliche Phase des Christentums darin »Urgeschichte«, daß sie von Askese und Eschatologie bestimmt ist und noch auf Theologen, jenes »priesterlich-professorale Zwischengebilde«, verzichten kann. Dieser Zeit des Christentums entspricht eine sog. »Urliteratur«, die nicht »schriftstellerisch« gedacht werden darf, sondern bei der es sich um Gestaltungen handelt, die »aus Dasein und Betätigung literaturfremder Kreise mit Notwendigkeit hervorgehen«[143]. Diesen eigentümlichen Bedingungen frühchristlicher Existenz entsprechen auch bestimmte Formen. Ähnlich wird auch bei Nietzsche Christentum des Anfangs soziologisch bestimmt: Christentum ist »Reaktion der kleinen Leute«, ist für die gedrückten kleinen Gemeinschaften der jüdischen Diaspora ein Mittel, menschlich glücklich zu sein. Die Niedrigen

141 *F. Nietzsche*, GM III 27.

142 *F. Overbeck*, Brief an Treitschke aus Basel vom 1. 9. 1873 (vgl. C. A. Bernoulli, 1908 I 85).

143 *F. Overbeck*, Über die Anfänge der patristischen Literatur, in: HZ NF 12 (1882) 417-472.

meinen, Gott habe gerade ihnen sich gleichgestellt.[144] Genau diese Schichten repräsentieren auch für F. Overbeck das noch nicht weltliche, noch nicht kulturelle Christentum. Auch diesen Zug wird später Karl Barth an Nietzsche finden: »die Entdeckung des Gekreuzigten und seines Heeres«[145]. Nietzsche habe damit auf die stärkste Seite des Christentums gezielt,[146] denn nicht die Gottesfrage sei das Entscheidende, sondern die Frage nach dem »kleinen Mann«, der als Herdentier und als Massenmensch vorkomme.[147] 1 Kor 1,26ff. hatte Nietzsche als die »christliche Selbstentlarvung« bezeichnet. Eben daran knüpft Barth an.

An Overbecks These knüpft mit Dibelius die moderne Formgeschichte an,[148] an die analoge These Nietzsches, wie gezeigt, Karl Barth. Die folgende Schilderung der Anfänge des Christentums bei F. Nietzsche könnte auch teilweise von Overbeck stammen: »Das stärkste Beispiel jener ruchlosen Vulgarität der Gesinnung ..., daß Strauß den ganzen furchtbar ernsten Trieb der Verneinung und die Richtung auf asketische Heiligung in den ersten Jahrhunderten des Christentums sich nicht anders zu erklären weiß, als aus einer vorangegangenen Übersättigung in geschlechtlichen Genüssen aller Art und dadurch erzeugten Ekel und Übelbefinden« (*Schlechta* I 166).

5. Jesus und Paulus sowie das Problem der Christologie

Nach Overbeck beginnt das Christentum mit dem Glauben an Jesus erst bei Paulus. Mit Jesus selbst hat das Christentum jedenfalls nicht begonnen, Jesus ist für Overbeck nur »Urbild des religiösen Triebes im Menschen, sich mit Gott schlechthin

144 *F. Nietzsche*, WM Kap. 99.100.102.115.

145 *K. Barth*, Mensch und Mitmensch. Die Grundform der Menschlichkeit, Göttingen 1967, 29.32.35.

146 *K. Barth*, a.a.O., 35.

147 *K. Barth*, a.a.O., 32.

148 Vgl. dazu: *Ph. Vielhauer* (1950/51) passim; kritisch: *K. Berger*, Hellenistische Gattungen im Neuen Testament, in: ANRW II 25,2, 1031-1432, bes. 1104f. 1364 f.

eins zu fühlen«[149]. Wichtig ist, daß sich Overbeck an der für die gesamte liberale Theologie des 19. und 20. Jh. entscheidenden Bruchstelle zwischen Jesus und Paulus auf Nietzsche beruft:

»Wir können dem Selbstbewußtsein Jesu auf keinen Fall weniger frei gegenüberstehen als Paulus. Hat sich dieser erlaubt, es zu erweitern und ihm eine ihm ursprünglich fremde Absolutheit beizulegen, so muß es uns erlaubt sein, es nach Befinden zu beschränken und einen objektiv berechtigten von einem subjektiv ausschweifenden Inhalt dieses Selbstbewußtseins zu unterscheiden. – Vortrefflich Nietzsche, Wille zur Macht Aph. 101, Werke XV, 107 der kleinen 8° Ausgabe Leipzig 1901: ›Man denke, mit welcher Freiheit Paulus das Personalproblem Jesus behandelt, beinahe eskamotiert –: Jemand, der gestorben ist, den man nach seinem Tode wiedergesehen habe. Jemand, der von den Juden zum Tode überantwortet wurde ... ein bloßes Motiv: die Musik macht er dann dazu.‹«[150]

Der Gegensatz zwischen Jesus und Paulus wurde freilich seit F. C. Baur in der Theologie des 19. Jahrh. diskutiert; in der Diskussion zwischen Overbeck und Nietzsche erhält dieses Problem jedoch eine besondere Wendung:

»Es ist das eine zwischen uns beiden, mir und Nietzsche, oft und vielbesprochene Frage, lange bevor Nietzsche mit dem Christentum soweit daran war, wie in seiner letzten Periode. Doch dämmerte uns beiden wohl schon damals, daß eben, weil es Paulus so mit jenem Personalproblem, wie Nietzsche sagt, hat halten können, das theologische Leben Jesu nie etwas anderes als Leerstrohdreschen werden kann.«[151]

Entsprechend schreibt Overbeck an Köselitz 1889:

»... alle bisherigen Versuche, eine menschliche Figur aus ihm (sc. Jesus) zu machen, erscheinen lächerlich abstrakt und nur als Illustration zu einer rationalistischen Dogmatik neben der Leistung Nietzsches und die Art, wie dabei aus dem Originellen der Person auch das Menschliche der Person hervorspringt .. .«[152]

149 *F. Overbeck*, 1919, S. 42.
150 *F. Overbeck*, 1919, 42.
151 *F Overbeck*, 1919, 42.
152 Zitiert nach *C. A. Bernoulli*, 1908 II, 250.

Overbeck meint damit Nietzsches Versuch, den »psychologischen Typus« des Erlösers darzustellen, weniger den individuellen Charakter des Menschen Jesus (wie es Renan versucht hatte), schon gar nicht auf rationalistische Weise Theologie auf Jesu Person zu übertragen.[153] So habe Nietzsche Jesus dargestellt als »einen Menschen, der alle Realität haßte, nichts als Aufforderung zum Widerstand empfand und über jedes Gefühl des Ressentiments erhaben war, so auch in den Tod ging. Er verneint nichts«[154].

Um so krasser ist der Gegensatz zu Paulus bei Nietzsche dargestellt:

> »die Lehre vom Gericht und von der Wiederkunft, die Lehre vom Tod als einem Opfertod, die Lehre von der Auferstehung, mit der der ganze Begriff ›Seligkeit‹, die ganze und eigentliche Realität des Evangeliums eskamotiert ist – zugunsten eines Zustandes nach dem Tode ... Paulus hat diese Auffassung ... logisiert ... – Und mit einem Male wurde aus dem Evangelium die verächtlichste aller unerfüllbaren Versprechungen, die unverschämte Lehre von der Personal-Unsterblichkeit ... Paulus selbst lehrte sie noch als Lohn«[155].

Die Bedeutung des Dialogs zwischen Overbeck und Nietzsche an dieser Stelle ist wie folgt zu kennzeichnen:

1. Gegenüber der erkannten Aussichtslosigkeit, auf den Bahnen der Leben-Jesu-Literatur ein individuelles Persönlichkeitsbild Jesu zu erstellen, wird in der Annahme eines »Typus« der Versuch einer Alternative gewagt.
2. Schärfer denn je zuvor in der neutestamentlichen Wissenschaft wird der Gegensatz zwischen Jesus und Paulus im Sinne eines fundamentalen Mißverständnisses betont. Voraussetzung ist die gemeinsame Erkenntnis Overbecks und Nietzsches, daß Paulus von Jesus nicht mehr als ein bloßes Motiv gekannt habe und im übrigen damit völlig frei verfahren sei.

153 *F. Overbeck*, 1919, 44. Zu den rationalistischen Versuchen rechnet Overbeck insbesondere J. Wellhausen, Israelitische und jüdische Geschichte, Berlin 1894, 316ff.

154 *F. Overbeck*, 1919, 55.

155 *F. Nietzsche*, M 72; AC 40f.

3. In der Annahme des Gegensatzes zwischen Jesus und Paulus ist Nietzsche radikaler als Overbeck, wie überhaupt Overbeck auch einige berechtigte Kritik an Nietzsches Jesusbild anzumelden hat.[156] Dennoch ist die Art des Vorgehens und der Entlarvung für beide gleichermaßen typisch: Betrachtet Overbeck die Geschichte des Christentums von den Apologeten bis heute als »Selbsttäuschung«, so ist das Mißverständnis, der entscheidende Bruch, für Nietzsche zwischen Jesus und Paulus geschehen.

6. Zusammenfassende Thesen

1. Die bedingungslose Wahrhaftigkeit als Hauptmotiv beider Autoren ist bestimmt durch ein ausgesprochenes Zutrauen zur offenlegenden, analytischen Vernunft einerseits und zu Gefühl und kreativem Willen andererseits. Mißtrauen gilt dagegen allen positiven Konstrukten der Vernunft, zu denen Theologie wie bürgerliche Kultur gehören. Beide Autoren sehen ihre Aufgabe darin, von Menschen geschaffene Denkformen zu entlarven und in ihrem zwangsläufigen Scheincharakter darzustellen.
2. Bei Overbeck ist ein radikalisierter pietistischer Grundansatz wahrscheinlich und auch durch andere biographische Zeugnisse zu belegen.[157] Die Unvereinbarkeit von Glaube und Wissen zeigt sich bei Nietzsche und Overbeck, und in der Diskussion beider miteinander findet sie ihre besondere Ausprägung als Unvereinbarkeit von Religion und Kultur (vgl. R. Wehrli, 1977, S. 115). Dieser bedeutsame Zug aber stellt insbesondere Overbeck in die Philosophiegeschichte seit der Aufklärung, sie läßt speziell den Pietismus als Korrelat der Aufklärung erscheinen: Religion gehört in den Bereich des reinen Gefühls, und sie hat mit Verstand nichts zu tun.

156 Vgl. dazu *Overbecks* Stellungnahme zu Nietzsches Christologie im Brief an Köselitz vom 13. 3. 1889 nach *C. A. Bernoulli*, 1908 II 250.

157 *F. Overbeck*, 1919, 274f.; vgl. auch: (1941) 122. Vgl. bes. *R. Wehrli* (1977), S. III.

3. In der Diskussion des Übergangs von Jesus zu Paulus leisten Overbeck und Nietzsche einen wichtigen Beitrag zu Problemstellungen der liberalen Theologie. Dieser besteht insbesondere in dem Verzicht darauf, ein individuelles Jesusbild zu erstellen.
4. Die Bedeutung Overbecks für die spätere Formgeschichte, insbesondere für M. Dibelius, besteht darin, daß Overbeck
   a) der Urgeschichte des Christentums eine besondere, nichtliterarische Ur-Literatur zuordnet und diese mit der eschatologischen Naherwartung in Zusammenhang bringt, und
   b) daß die spätere Geschichte des frühen Christentums als ein Dekadenzprozeß im Sinne zunehmend stärkerer Verweltlichung und also auch Aufnahme weltlicher Literaturformen begriffen wird. Während bei Overbeck der entscheidende Bruch erst mit den Apologeten des 2. Jh. angesetzt wird, verlagert sich – auch im Gefolge der Diskussion Jesus/Paulus – dieser Bruch immer weiter nach vorne bis hinein in die Zeit der frühesten Gemeinde. M. Dibelius setzt diesen Prozeß der Verweltlichung bereits innerhalb der Entstehung der Evangelien an.

   Der Beitrag Nietzsches zu dieser Problematik besteht in der Betonung des Kleine-Leute-Charakters des frühesten Christentums. Ferner darin, daß Mißverständnis und Verdrehung die treibenden Kräfte im Christentum seit Paulus sind.
5. Das Verhältnis von Philosophie und Exegese ist mithin bei Overbeck und Nietzsche wie folgt zu bestimmen:
   a) Es geht nicht um einseitige Abhängigkeit, sondern um gegenseitiges dialogisches Geben und Nehmen. Die wesentlichen Grundansätze beider liegen vor der Zeit ihres Kennenlernens fest. Im Dialog sind Overbecks Part eher die detaillierten historischen Kenntnisse, Nietzsches Part eher die kühneren Thesen.
   b) Der Exeget und Patristiker wird in der Beziehung zum Philosophen bestärkt im Grundansatz seines Geschichtsbildes. Denn hier bestehen die dargestellten mannigfa-

chen Entsprechungen und Analogien. Hier liegt auch die spätere Wirkungsgeschichte Overbecks.

c) Am Verhältnis Overbecks und Nietzsches erweist sich die hohe Bedeutung der je vorgängigen, die gesamte Person betreffenden Haltung zur Rolle der Wissenschaft. Denn hierin besteht die stärkste Gemeinsamkeit beider: Da Wissenschaft die Aufgabe schonungsloser Entlarvung hat, erhält die Exegese die Zielvorgabe, die Unvereinbarkeit von Glauben und Denken zu erweisen.

6. Bemerkenswert ist, daß die spätere Exegese zwar Overbecks Geschichtsbild übernimmt, nicht aber dessen allgemeinere, aber doch zweifellos notwendig damit zu verbindenden Implikationen über das Verhältnis von Glaube und Welt/Kultur/Denken. Vor der Notwendigkeit dieser Übernahme verschonte wohl nur die bei Overbeck selbst glücklicherweise nicht anzutreffende Zersplitterung der (historischen) Theologie in Einzeldisziplinen. So bleibt beachtenswert, daß die oftmals unerkannten, dafür aber um so wirksameren systematischen Implikationen der Formgeschichte von M. Dibelius mannigfache, historisch erweisbare Beziehungen zum Werk und zur Person F. Nietzsches aufweisen.

7. Overbeck wird häufig als der »Typ« des »ungläubigen« Theologieprofessors stilisiert (»Am Besten ist, wir lassen das Christentum sanft verlöschen«)[158], der dem Atheisten Nietzsche zur Seite steht. Overbeck selbst hat sich zu Nietzsches Atheismus geäußert:

> Nietzsche hat gesagt: Gott ist tot! und das ist etwas anderes als: Gott ist nicht! d.h. er kann nicht sein, ist nicht, wird nicht sein und ist nie gewesen! Vielmehr: Er ist gewesen! Und dies ist wenigstens der allein menschenmögliche Atheismus, die einzig für Menschen mögliche, ihnen allein zugängliche Form des Atheismus. Die andere Form wäre die übermenschliche, und wie Nietzsche zu dieser stand, steht dahin und hängt vollkommen an der Zweideutigkeit seines Übermenschenbegriffes. Ein Bekenntnis Nietzsches zu dieser übermenschlichen Form des Atheismus gibt es auf jeden Fall nicht, und von ihr läßt sich allerdings behaupten, daß es sie gar nicht geben kann, wenigstens nicht in

158 *F. Overbeck*, 1919, 68.

seinen zurechnungsfähigen Tagen. Mit dieser Ausführung will ich aber meinerseits nichts weiter tun, als einen Tatbestand konstatieren und Sophisten überlassen auf Grund dieses Tatbestandes zu ergotieren und sich damit auf den Boden des absoluten Streits, ob Gott ist oder nicht, zu versetzen. Ich selbst meine in der Sache nur: Gottes Dasein, wie es mit ihm steht, geht uns Menschen nichts an! und wüßte nur mit der atheistischen Formel Nietzsches überhaupt etwas anzufangen, die ich eben die menschenmögliche genannt habe. Unter uns Menschen kann es sich, das Vorurteil einer Religion natürlich vorbehalten, immer nur um die Frage selbst handeln: ob Gott ist! nicht um ihren Inhalt-: Ist uns die Frage gegeben? – nicht: Ist uns Gott gegeben? wovon jenes ebenso augenscheinlich ist wie dieses nicht ist. Aus meinem persönlichen Verhältnis mit Nietzsche kann ich nur soviel sagen: Nie hatte ich von ihm den Eindruck, als ob er etwas darüber zu sagen hatte, ob Gott sei oder nicht, aber es steht für mich auch dahin, ob er selbst jemals etwas darüber zu sagen gemeint hat.

Der hier[159] diskutierte Tod Gottes hat demnach nichts damit zu tun, ob es Gott »an sich« gibt oder nicht, sondern nur damit, daß sich Nietzsche selbst dieser Art Wertsystem entledigt hat.
Der »Unglaube« Overbecks ist anderer Art: er besteht in der These und wohl auch Erfahrung der strikten Unvereinbarkeit von Glauben und Denken, die zu konstatieren er als seine wissenschaftliche Aufgabe ansieht. Die Frage endet daher bei Overbeck schon immer in einer Aporie.

8. Gemeinsam ist Nietzsche und Overbeck auch die Kritik an Hegel (R. Wehrli, 1977, S. 79f), die sich bei Overbeck mit einem bedeutenden Einfluß von Feuerbach her verbindet (a.a.O., S. 115).
9. Die programmatischen Wendungen »Gott ist tot« (Nietzsche) und »finis christianismi« (Overbeck) sind vergleichbar: In beiden Fällen geht es um die ehrliche und für die Gesellschaft schmerzliche Feststellung, daß ein Wahrheits- und Gedankensystem entmachtet wurde, nun ohne Kraft ist, da es widersprüchlich geworden und von Menschen nicht mehr ehrlich akzeptiert war. Für den Exegeten und

159 Unter der Überschrift »Overbeck über Nietzsches Atheismus« von Overbeck verfaßtes Stück, in: *C. A. Bernoulli*, 1908, I 216-219, hier 216.

Theologen wird hier mit unüberbietbarer Schärfe die hermeneutische Frage gestellt.

Die fundamentale Bedeutung der Kritik Overbecks am Kulturprotestantismus (z. B. in der Person Harnacks) für Karl Barth ist bekannt und von E. Jüngel eindrücklich herausgestellt worden (1982).

KAPITEL V

Wilhelm Bousset, Thomas Carlyle und Jakob Friedrich Fries

Literatur: *Blankertz, H.*, Art. Neufriesianismus, in: RGG[3] IV 1411. – *Bornhausen, K.*, Wider den Neofriesianismus in der Theologie, in: ZThK 20 (1910) 341-405. – *Ders.*, Duplik des Kritikers, in: ZThK 21 (1911) 159-165. – *Bousset, W.*, Jesu Predigt in ihrem Gegensatz zum Judentum. Ein religionsgeschichtlicher Vergleich, Göttingen 1892. – *Ders.*, Der Antichrist in der Überlieferung des Judentums, des Neuen Testaments und der Alten Kirche. Ein Beitrag zur Auslegung der Apokalypse, Göttingen 1895. – *Ders.*, Thomas Carlyle. Ein Prophet des neunzehnten Jahrhunderts, in: Die Christliche Welt 11 (1897) 249-253.267-271.296-299.324-327. – *Ders.*, Jesus, Tübingen 1904. – *Ders.*, Das Wesen der Religion. Dargestellt an ihrer Geschichte, 1903. – *Ders.*, Kantisch-Friessche Religionsphilosophie und ihre Anwendung auf die Theologie. Rez. zu: R. Otto, Kantisch-Fries'sche Religionsphilosophie und ihre Anwendung auf die Theologie, Tübingen 1909, in: ThR 12 (1909) 419-436.471-488. – *Ders.*, Der religiöse Liberalismus, in: Hrsg. L. Nelson u.a.: Was ist Liberal?, München 1910, S. 21 ff. – *Ders.* (Hrsg.), J. F. Fries: Julius und Evagoras, Göttingen 1910 (darin Einleitung S. V-XXXVIII). – *Ders.*, Die Bedeutung Jesu für den Glauben. Historische und rationale Grundlagen des Glaubens, in: Hrsg. M. Fischer u. F. M. Schiele: Fünfter Weltkongress für Freies Christentum und religiösen Fortschritt, Berlin 1910. Protokoll der Verhandlungen, Berlin 1910, S. 291-305. – *Ders.*, In Sachen des Neofriesianismus. I. Wider unsern Kritiker, in: ZThK 21 (1911) 141-159. – *Ders.*, Religion und Geschichte (Bijlage tot het jaarboek der Rijks-Universiteit te Groningen 1911/12; Aula-Voordrachten vanwege het Oud-Studentenfonds van 1906, 3), Groningen 1912. – *Ders.*, Kyrios Christos. Geschichte des Christusglaubens von den Anfängen des Christentums bis Irenaus, Göttingen 1913. – *Carlyle, Th.*, Past and Present, London 1843. – *Ders.*, Sartor Resartus oder Leben und Meinungen des Herrn Teufelsdröckh in drei Büchern, übersetzt von Konrad Schmidt (Bibliothek der Gesamtlit. 1384-1388), Halle o.J. – *Ders.*, Helden und Heldenverehrung, Dt. Übersetzung E. Wicklein, Jena 1913. – *Freund, M.*, Thomas Carlyle, Heldentum und Macht, Leipzig 1935. – *Fries, J. F.*, Julius und Evagoras oder: Die neue Republik, Heidelberg 1814 (vgl. oben die Neuausgabe von W. Bousset, 1910). – *Ders.*, Wissen, Glaube und Ahndung, Jena 1805 (Neuherausg. L. Nelson, Göttingen 1905; Nachdruck der Ausgabe von 1805 im Scientia-Verlag Aalen 1968: Jakob Friedrich Fries, Sämtliche Schriften I 3). – *Henke, E. L. Th.*, Jacob Friedrich Fries. Aus seinem handschriftlichen Nachlasse dargestellt, Leipzig 1867. – *Kahlert, H.*, Der Held und seine Gemeinde. Untersuchungen zum Verhältnis von Stifterpersönlichkeit und Verehrergemeinschaft in der Theologie des freien Protestantismus (EHS.T 238), Frankfurt, Bern usw., 1984. – *Kedenburg, J.*, Teleologisches Geschichtsbild und theokratische Staatsauffassung im Werke Thomas Carlyles, Heidelberg 1960. – *Lübbe, H.*, Art. Neukantianismus, in: RGG[3] IV 1421-1425. – *Nelson, L.* (Hrsg.), J. F. Fries, Wissen, Glaube und Ahndung, Göttingen 1905. – *Otto, R.*, Jakob Friedrich Fries' Religionsphilosophie, in: ZThK 19 (1909) 31-56.108-161.204-242. – *Ders.*, Kantisch-Fries'sche Religionsphilosophie und ihre Anwendung auf die Theologie. Zur Einleitung in die Glaubenslehre für Studenten der Theologie, Tübingen 1909.

– *Paus, A.*, Religiöser Erkenntnisgrund. Herkunft und Wesen der Aprioritheorie R. Ottos, 1966. – *Renz, H.* und *Graf, F. W.*, Troeltsch-Studien. Untersuchungen zur Biographie und Werkgeschichte. Mit den unveröffentlichten Promotionsthesen der »Kleinen Göttinger Fakultät« 1888-1893, Gütersloh 1982. – *Schütte, H.-W.*, Religion und Christentum in der Theologie Rudolf Ottos, 1969. – *Verheule, A. F.*, Wilhelm Bousset. Leben und Werk. Ein theologiegeschichtlicher Versuch, Diss. Utrecht 1973, Amsterdam 1973. – *Ders.*, Einleitung zu NovT.S 50 (W. Boussets Aufsätze), S. 1-27, Leiden 1979.

1. Biographisch wichtige Daten über das Verhältnis W. Boussets zu Th. Carlyle und J. F. Fries

1890	15. 11. November: Doktor-Disputation Boussets. Unter seinen Thesen zeigt Nr. 21 deutliche Affinität zu Carlyle (s. u. Anm. 9). 1890 E. Troeltsch berichtet später (Die ‚kleine Göttinger Fakultät' von 1890, in: CW 34 [1920] 281-283) für dieses Jahr von gemeinsamer Lektüre Fichtes und Carlyles.
1892	W. Boussets Buch „Jesu Predigt in ihrem Gegensatz zum Judentum" weist intensive Kenntnis von Th. Carlyle auf, auch von „Sartor Resartus".
1897	W. Boussets Artikel über Carlyle „Ein Prophet des neunzehnten Jahrhunderts" erscheint in „Die Christliche Welt".
Ab 1904	Leonard Nelson, Philosoph in Göttingen, gibt die Abhandlungen der Fries'schen Schule heraus.
1905	Leonard Nelson, Philosophieprof. in Göttingen, gibt J. F. Fries, „Wissen, Glaube und Ahndung" neu heraus.
1908	Leonard Nelson publiziert: „Das Erkenntnisproblem". Dieses Buch beeindruckt Bousset sehr und bedeutet für ihn die Hinwendung zu Fries (ThR 12 [1909] 422).
1909	Rudolf Otto (seit 1897 Privatdozent in Göttingen, Extra-Ordinarius f. Systemat. Theologie seit 1904), mit Bousset eng befreundet, publiziert zunächst in ZThK 1909 „Jakob Friedrich Fries' Religionsphilosophie", dann vollständig als Buch „Kantisch-Fries'sche Religionsphilosophie ... Tübingen 1909.
1910	Bousset bespricht R. Ottos Buch in ThR 12 (1909) (Auseinandersetzung auch mit E. Troeltsch). - Ein „Kreis von Freunden und Anhängern der Fries'schen Philosophie" bittet Bousset um Neuherausgabe von Fries' Schrift „Julius und Evagoras".
1910	Boussets Neuherausgabe von J. F. Fries, Julius und Evagoras erscheint. Beginn der offenen Kontroverse über den Neofriesianismus in der ZThK durch den Aufsatz von K. Bornhausen.
1910	W. Bousset publiziert seinen Aufsatz „Der religiöse Liberalismus", in dem u.a. von L. Nelson (vgl. oben zum Jahre 1905) herausgegebenen Sammelband „Was ist Liberal?"

1911	Höhepunkt des Streites über den Neofriesianismus: In der ZThK erscheint Boussets Auseinandersetzung mit Bornhausen, dessen Gegenantwort und eine Abschlußbemerkung von W. Herrmann und M. Rade.
1912	12./13. März: Bousset hält seinen Vortrag „Religion und Geschichte" (wesentlich über die Philosophie von J. F. Fries) in Groningen.
1919 SS	(Vorlesung) Bousset bringt nochmals seinen christologischen Ansatz mit Th. Carlyle in Beziehung.

Aus dieser Übersicht geht zunächst hervor: 1. Auch für sich widerstreitende Positionen um die Jahrhundertwende hat I. Kant noch immer überragende Bedeutung. Sein Einfluß wurde zweifach vermittelt: durch Neukantianismus (auf Troeltsch) und durch (Neo-)Friesianismus auf Bousset. 2. Troeltsch und Bousset haben trotz zahlreicher Gemeinsamkeiten im Rahmen der »kleinen Fakultät« in Göttingen (zu denen auch Lektüre Fichtes und Carlyles um 1890 gehört, s.o. zum Jahr 1890) einen verschiedenartigen philosophischen Standpunkt. 3. Alle Positionen, die hier überhaupt zur Debatte stehen, verdanken sich dem Zeitalter von Aufklärung und Idealismus. Das gilt sowohl für Carlyle, dem sich später Bousset besonders verbunden fühlt, als auch für die besondere Beeinflussung von E. Troeltsch durch seinen Lehrer G. Claß und durch R. H. Lotze.

In seiner Bezugnahme auf Carlyle[160] hebt W. Bousset ausdrücklich hervor, daß es sich um einen Mann handelt, der durch

160 Wichtige Daten über Thomas Carlyle: Geb. 4. 12. 1795 in Ecclefechan in der schottischen Grafschaft Dumfries, ab 1809 Studium der Theologie und Mathematik an der Univ. Edinburgh, 1814 Lehrer f. Mathematik in Annan, Dorfschullehrer, 1816 Schulleiter in Kirckaldy (Freundschaft mit E. Irving), 1. Aufsatz zu Goethes »Faust« (Bedeutung von Tat und Ehrfurcht), 1823 Übersetzung von Goethes »Wilhelm Meister«, 1826-1866 Ehe mit Jone Welsh, 1828 Übersiedlung in die Einsamkeit von Craigenputtock, dort entsteht das 1833 publ. Buch »Sartor resartus« (»Der erstattete Schneider«), ab 1834 in London, wird 1837 bekannt durch »Die französische Revolution«, publ. 1839 »Der Chartismus« (zur Arbeiterfrage, gegen das Laissez-faire), 1843 »Einst und Jetzt« (für eine neue, arbeitende Aristokratie der Unternehmer), 1845 Edition von Reden und Briefen Cromwells, 1865 Rektor der Universität Edinburgh, 1867 »Den Niagara hinunter«, 1874 Pour-le-merite, gest. 5. 2. 1881. – Noch zugängliche deutsche Werkauswahl: *M. Freund*, Heldentum und Macht, 1935.

2. Übersiebt zur philosophiegeschichtlichen Einordnung W. Boussets

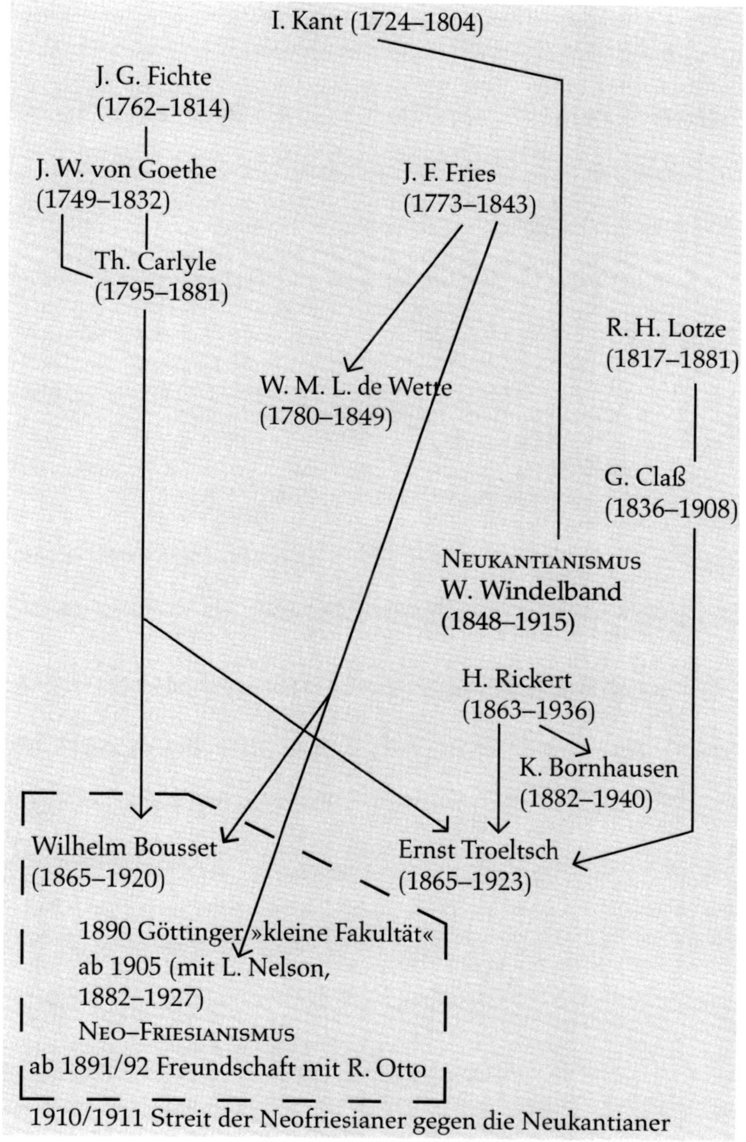

den deutschen Idealismus geprägt ist, insbesondere durch Goethe und Fichte,[161] auch wenn dieses nicht die hohe Philosophie, sondern eher die praktische und pädagogische Rolle des Philosophen betrifft;[162] selbst seinen Humor habe Th. Carlyle aus Deutschland bezogen.[163] Von Fichte übernahm Carlyle sein priesterlich-prophetisches Selbstverständnis,[164] das Bousset ihm abgenommen hat,[165]

---

161 »Und mit Stolz dürfen wir es rühmen: die segnenden heilenden Mächte seines Lebens waren die deutsche idealistische Philosophie und die deutsche Dichtkunst: Fichte und Goethe sind es, die vor allem die geistige Entwicklung Carlyles bestimmt haben … nun redeten vernehmlich der deutsche Idealismus und die herrlichen Gestalten der deutschen Dichter zu ihm, und die Wogen der Zeit verschlangen ihn nicht mehr, sondern trugen ihn empor höher und höher in die Ewigkeit zu Gott …« (*W. Bousset*, Th. Carlyle, Sp. 253). – »Für uns Deutsche aber nimmt er unstreitig die Stelle ein, daß in ihm der deutsche Idealismus auf einem Umweg … in modernem Gewände zurückkehrt, hoffentlich mit immer mächtigerem Erfolg in immer breitere Massen wirkend und nicht von kurzer Dauer« (*W. Bousset*, ibid., Sp. 327).

162 »Kants grundlegende theoretische Werke hat er kaum verstanden, an Fichtes Wissenschaftslehre wird er sich schwerlich herangemacht haben, von großem Einfluß jedoch waren Fichtes populäre Schriften für ihn. Uberhaupt ist Fichte die Gestalt, die von allen Zeitgenossen ihm am verwandtesten ist. Aber bei Fichte liegen der die Welt mit klarem Auge überschauende Philosoph, der in seiner Philosophie die Summe und das Endresultat aller Weisheit gezogen hatte, und mit ihr das neue und vollkommene Weltalter der Vernunft gekommen sah, und der Prophet, der in einer Zeit wilder Gährung und ringender Not sein Volk auf neue dunkle und unbekannte Bahnen zu führen bestrebt war, miteinander im Widerstreit« (*W. Bousset*, ibid., Sp. 267).

163 »Seinen Humor hat Carlyle in der Schule Jean Pauls gebildet, man kann fast sagen leider« (*W. Bousset*, ibid., Sp. 269).

164 »Der deutsche Philosoph Johann Gottlieb Fichte hielt an der Universität Jena Vorlesungen über »das Wesen des Gelehrten«. In ihnen spricht er im Sinne der Transzendentalphilosophie, die er vertritt, zunächst davon, daß alles Irdische, auch der Mensch, nur eine Hülle sei, eine Art sinnlicher Erscheinung, in der »die göttliche Idee der Welt« sichtbar werde. Sie ist die wahre Wirklichkeit. Die große Masse erkennt diese Idee nicht; sie sieht immer nur die Oberfläche der Dinge, berechnet immer nur ihren Nutzen, lebt immer nur in dem, was sie scheinen, und nicht in dem, was sie sind. Sie läßt sich nicht

die stark johanneische Ausrichtung solcher Passagen[166] und auch die Geringschätzung der Form gegenüber dem geistigen Kern. – Zur allgemeinen Verbreitung der Ideen Carlyles als einem Phänomen um die Jahrhundertwende vgl. H. Kahlert (1984), S. 138.234ff.

W. Bousset seinerseits hatte schon in der 20. seiner Disputationsthesen gefordert, Dogmatik müsse ihren Dienst »im Rahmen einer Gesamtwelt-anschauung« verstehen,[167] und These 21 hat große Affinität zu Carlyle.[168] – Die »Weltanschauung« Carlyles ist am besten zu erfassen, wenn man von seinem Geschichtsbild ausgeht, denn diesem sind verschiedene andere Aspekte einzuordnen.

---

träumen, daß Göttliches in ihnen verborgen ist. Aber der Schriftsteller ist mit dem ausdrücklichen Berufe zu uns gesandt, diese Idee zu erkennen und der Menschheit mitzuteilen. Sie offenbart sich jeder Generation neu; er muß ihr das Wort zu dieser Offenbarung leihen. So spricht Fichte von dem Schriftsteller; ich habe mich bemüht, mit meinen Worten dasselbe zu sagen. In jedem Menschen und jedem Ding liegt göttlicher Sinn verborgen, so voller Glanz und Wunder und Schrecken. Gott, der alle Dinge schuf im Himmel und auf Erden, ist gegenwärtig allüberall. So sprach Mohammed, so sprach Odin. Alle Menschen sollten in irgendeiner Weise von dieser Tatsache Kunde geben. Fichte nennt die Schriftsteller deshalb Priester, die der Menschheit das Göttliche vermitteln. Zusammen bilden sie eine Priesterschaft, die durch die Zeiten hindurch die Menschen lehrt, daß ein Gott lebt, daß alles, was die Menschen in der Welt sehen, nur eine Hülle ist, die »die göttliche Idee der Welt« umkleidet. Ein wahrer Schriftsteller ist ein Heiliger, mag ihn die Welt anerkennen oder nicht. Er ist das Licht der Welt; er leuchtet ihr vor durch die Finsternis unwegsamer Zeiten. Fichte scheidet den wahren Schriftsteller, den wir einen Helden nennen, streng von der Masse der falschen ...« (*Th. Carlyle*, Helden und Heldenverehrung, dt. von E. Wicklein, Jena 1913, S. 136f.).

165 »Carlyle war in erster Linie weder Philosoph noch Dichter, weder Historiker noch Staatsmann noch Nationalökonom, er war mehr als alles das. Wir können das Wesentliche und Charakteristische an dieser Erscheinung nicht anders fassen, als indem wir ihn einen Propheten nennen« (*W. Bousset*, Th. Carlyle, Sp. 251).

166 Vgl. z. B. den Ausdruck »Licht der Welt« in Anm. 5, »leuchten durch die Finsternis« (ibid.); Anm. 31. – Zu Fichte vgl. oben S. 19f.

167 Vgl. dazu H. Renz u. W. Graf, a.a.O., S. 298.

168 Vgl. dazu M. Freund, S. 63f.69.170.

Der Grundansatz Carlyles ist die »Gottunmittelbarkeit und absolute Priorität des genialen Einzelnen« (H. Kahlert, 1984, S. 141). Nach Carlyle ist die Geschichte eine Folge schöpferischer Augenblicke, und in diesen Augenblicken wird sie durch eine große Persönlichkeit, einen »hero« (mißliche dt. Übersetzung »Held«) gestaltet. Die große Persönlichkeit schafft eine neue Form oder erfüllt eine alte, starr gewordene, mit neuem Leben. Denn die Geschichte ist wesentlich der Prozeß der Erstarrung und Erneuerung von Formen, die durch Tat, bzw. Arbeit entstehen (vgl. die beigefügte Übersicht zu Carlyles Geschichtsbild).

Nach der sog. Kleiderphilosophie Carlyles[169] bildet das Leben *Formen,* und diese Formen sind notwendig,[170] sie sind die vergängliche Hülle, in denen eine Seele lebt,[171] doch nur der Philosoph und Schriftsteller kann sie erkennen,[172] denn er vermag Idee und Oberfläche zu scheiden, durch die Symbole auf die letzte Wahrheit hindurchzuschauen[173] – auch im

---

169 Vgl. dazu M. Freund, a.a.O., S. XXII f.

170 (Formen …) »Sie sind im Grunde genommen die wohltätigste und unentbehrlichste menschliche ›Rüstung‹. Gesegnet ist der, der eine Haut und ein Gewebe hat, sofern es nur lebendig ist, und der Herzschlag sich überall hindurch fühlbar macht. Mönchstum, Rittertum mit einem wirklichen König Plantagenet, mit einem wirklichen Abt Samson, wie segensreich! … Wie viele tapfere Männer haben vor Agamemnon gelebt! ... (Th. Carlyle, Past and Present, London 1843, engl. S. 111; dt. S. 5).

171 »Nur die Hülle der Dinge ist vergänglich; ihre Seele lebt. Aus aller Zerstörung und Umwälzung wird ein Neues geboren …« (ibid., S. 104).

172 Vgl. Anm. 5.

173 »Wer einmal Carlyles Meisterwerk ›Sartor Resartus‹ gelesen mit den gewaltig ringenden Gedanken, durch alle Kleiderhüllen Symbole, die sich die Kultur in tausendjährigen (sie!) Arbeit geschaffen, hindurchzuschauen auf die letzte Wahrheit und Wirklichkeit, wer es bei ernstem Besinnen in seinem eigenen Leben erkennt, wie oft wir auf Schritt und Tritt uns besinnen müssen, ob wir an wahren wirklichen letzten Dingen und nicht nur an Scheindingen, am Kern oder an der Schale gearbeitet …« (*W. Bousset,* Jesu Predigt in ihrem Gegensatz zum Judentum. Ein religionsgeschichtlicher Vergleich, Göttingen 1892, S. 75).

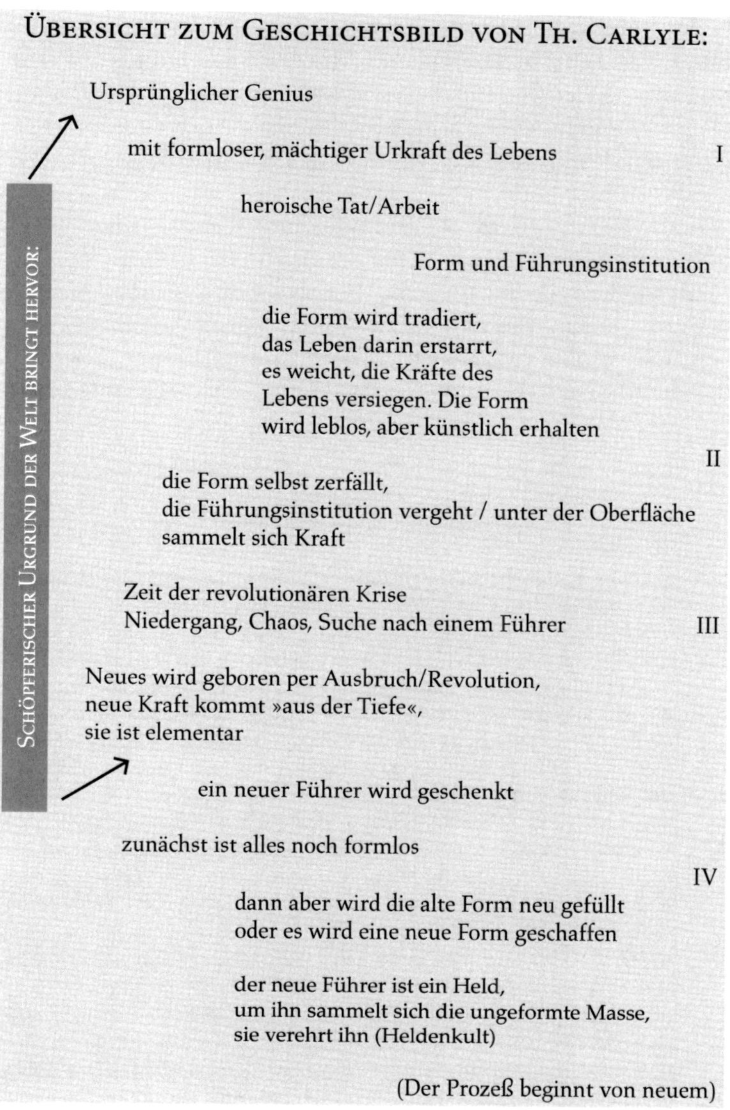

Fries'schen Rationalismus wird es Bousset um Ähnliches gehen. Die Formen sind im Prozeß des Aufblühens und Verwelkens Ausdruck des Inhalts des Menschengeschlechtes – die Art, in der Bousset hier Carlyle rezipiert, läßt an einen zusätzlichen Einfluß L. Feuerbachs denken.[174] In der Anwendung auf neutestamentliches Material helfen diese Gedankengänge W. Bousset unter anderem, die Naherwartung Jesu für eine *nur äußere Form* von Jesu innerer Gewißheit zu erklären, für eine »zeitliche Beschränkung«[175]. Auch der Judaismus Jesu wird so erklärt: Äußerlich ist Jesus im Rahmen des Judentums, »innerlich im unmittelbaren unbewußten viel freier von demselben«[176].

Besondere Bedeutung für Bousset hat Carlyles Theorie vom revolutionären Zeitalter. Die alten Formen sind abgestorben und werden nur künstlich am Dasein erhalten, unter ihnen häuft sich Kraft und Zündstoff auf.[177] Die gärende Stim-

174 »Aber freilich diese Formen sind wechselnde, kommende und gehende, aufblühende und verwelkende. In ihnen ringt das Menschengeschlecht danach, seinen unerschöpflichen, geheimnisvollen transzendenten Inhalt zum Ausdruck zu bringen« (*W. Bousset*, Th. Carlyle, Sp. 299).

175 *W. Bousset*, Jesu Predigt in ihrem Gegensatz zum Judentum. Ein religionsgeschichtlicher Vergleich, Göttingen 1892, S. 70.

176 *W. Bousset*, a.a.O., S. 87.

177 »Auch Formen, wie wir sie nennen, haben im menschlichen Leben eine Wirklichkeit. Sie sind so wirklich wie die Haut und das Muskelgewebe des Menschen, und etwas Segensreiches und Unentbehrliches, solange sie überhaupt Lebenskraft besitzen und eine lebende Haut und ein lebendes Gewebe für ihn sind ... alles Lebendige bildet sich notwendigerweise eine Haut. Aber wie, wenn die Formen eines Menschen zu toten Formeln werden, wie das denn im Fortgange lebendigen Wachstums nicht anders sein kann? Wenn die Hüllen des armen Menschen, nicht länger von innen genährt, sich zu einer toten Haut und bloßem erborgten Leder verhärten, immer dicker und dicker und immer häßlicher werden, bis man kein Herz durch die Ablagerungen mehr hindurchschlagen fühlt ...« (*Th. Carlyle,* Past and Present, London 1843 II 17: The Beginnings, S. 108f.; dt. Übers, nach M. Freund, Heldentum und Macht, S. 1 f.). – Vgl. dazu *W. Bousset*: »Am unglücklichsten aber sind die Zeiten, in denen die alten und morsch gewordenen Formen mit Gewalt durch äußere Autorität oder durch den blendenden Schimmer des Heiligen so lange am Dasein erhalten werden, bis sich unter ihnen so viel Zündstoff angehäuft hat, daß eines Tages alles in die Luft gesprengt und in einen ungeordneten Schutthaufen verwandelt wird. Das sind die Zeiten der Revolutionen, aber auch sie sind notwendig« (*W. Bousset,* Th. Charlyle, Sp. 299).

mung, von der Bousset hier gerne spricht, liegt im Verfall der Sozialbeziehungen, aber letztlich im Verfall der Autoritäten der Führungskräfte.[178] Daher sucht man nach neuen Autoritäten.[179] Bousset hat es verstanden, hier auch die Antichrist-Vorstellungen einzuordnen. Sie entstehen als Ausdruck apokalyptischer Krisensituation und zeigen das Ringen um die wahre Führung.[180] Denn die Figur des Antichrist ist zweifellos eine Negativ-Entsprechung zu dem, was Bousset später in Kyrios Christos entfalten wird.

»Gärung« und »Chaos« sind Metaphern, mit denen Bousset – nicht ohne Bezug zur eigenen Zeit – immer wieder diese Stimmung beschreibt.[181] In diesen Krisensituationen aber treten die neuen Führergestalten auf. Für Carlyle liegt darin der Grund für Hoffnung überhaupt,[182] denn die veralte-

178 »Und Carlyle gibt die Antwort. Die Hauptursache jener bittern Unzufriedenheit, der gährenden Stimmung ist nicht in erster Linie die soziale Not. Sie hat ihren tiefern Grund darin, daß alle persönlichen Bande zwischen Mensch und Mensch, der obern und der untern Schicht der Gesellschaft, zwischen Arbeitgebern und -nehmern zerrissen sind« (*W. Bousset*, ibid., Sp. 325).

179 »Gewiß, es ist ein furchtbares Geschäft, wenn man den »Befugtesten« zu suchen hat und nicht weiß, wie damit zu Werke gehen! Das ist der schlimme Fall, worin sich die Welt zur Zeit befindet. Es ist eine Zeit der Revolution ...«(*Th. Carlyle*, Der Held als König – Cromwell und Napoleon, in: M. Freund, Heldentum und Macht, S. 303).

180 »In naiver unmittelbarer Weise spiegeln sich in dieser Litteratur die Stimmungen, die Leiden und Hoffnungen der breiten Masse des Volkes in den Zeiten großer politischer Erregung und Umwälzung ab. Die Jahrhunderte ziehen an uns vorüber in einer seltsam phantastischen Beleuchtung, aber wir dürfen es nicht vergessen: alle diese wirren und bunten Gedanken, sie waren einmal lebendig und wirklich, sie erregten die Masse mehr als dogmatische Streitigkeiten ...« (*W. Bousset*, Der Antichrist, Göttingen 1895, S. 2). Zum Typ des bei Bousset »Antichrist« genannten Herrschers: »Führerlos und ohne Helden ist die Masse und folgt selbstgewählten Charlatanen und Scheinhelden, Rednern und Parlamentsschwätzern« (*W. Bousset*, Th. Carlyle, Sp. 325).

181 Vgl. Anm. 19.26.27.28.

182 »Für mich wird unter diesen Umständen jene besprochene Heldenverehrung eine Tatsache von unschätzbarem Wert: die trostvollste Tatsache, die man zur Zeit in der Welt gewahrt. Es liegt

ten falschen Formeln sind zerstört,[183] das Neue ist zunächst formlos.[184] Für Carlyle wie für Bousset sind die neuen führenden Persönlichkeiten Menschen wie römische Imperatoren und römische Kaiser.[185] Sie werden religiös verehrt, und die Soter-Vorstellung verbindet sich mit ihnen.[186] »Die ideale

---

eine immerwährende Hoffnung für die Führung der Welt darin. Wären alle je von Menschen gestifteten Überlieferungen, Einrichtungen, Satzungen und Gesellschaften entschwunden, dieses würde bleiben: die Gewißheit, daß Helden uns geschenkt werden, unser Vermögen, unsere Notwendigkeit, Helden zu verehren, wenn diese uns geschenkt worden sind: das schimmert wie der Polarstern durch Rauch- und Staubwolken, durch Niedergang und Feuersflammen hindurch« (*Th. Carlyle*, Der Held als König – Cromwell und Napoleon, in: M. Freund, Heldentum und Macht, S. 306f.).

183 »Während veraltete falsche Formeln allenthalben zerstört, niedergetreten werden, entfalten sich unerwartet neue echte Wesen unzerstörbarer Art. In aufruhrsüchtigen Zeiten, da das Königtum an sich tot und vernichtet erscheint, treten Cromwell, Napoleon aufs Neue als Könige auf« (*Th. Carlyle*, ibid., S. 309).

184 Aus dem »Sartor Resartus«: »Furchtbare Gewalten schreiten dann über die Erde, Krieg, Revolution, Wirklichkeiten, die ein Schwert in der Hand tragen. Dann wird geboten, was mehr ist als eine leere Formel. Aus der wirren, ungestalten Tiefe der Natur, welche die Menschen Orkus, Chaos und ursprüngliche Nacht nennen, steigen die neuen formlosen, aber darum auch echten Gewalten hervor; ein Feuerbrand, der alle Dinge einhüllt, Tod und Geburt einer Welt, ungeheure Erscheinungen, einer Rauchwolke gleich; hier wie mit Strahlen des Himmels gestreift, dort wie mit Höllenfeuer umgürtet« (*M. Freund*: Thomas Carlyle, Heldentum und Macht, Leipzig 1935, S. XXV Inhaltsangabe mit z.T. wörtl. Zitaten).

185 »Als dann nach den namenlosen Wirren, die den Orient in den letzten Jahrhunderten betroffen hatten, die gewaltigen Gestalten der römischen Feldherren und Imperatoren im Osten erschienen, als Cäsar und dann vor allem Augustus aus dem gärenden Chaos der οἰκουμένη von neuem eine geordnete Welt gestalteten, und sich mit dem römischen Imperium der goldene Frieden, Glück und Gedeihen auf die Völker der Erde herabsenkte, – da wandte der Orient die glühende religiöse Verehrung den römischen Herrschern zu« (*W. Bousset*, Kyrios Christos, 2. = 6. Aufl., Göttingen 1967, S. 92).

186 »Die Soter-Vorstellung hat sich dann besonders mit der Verehrung der römischen Kaiser verbunden. Diese waren ja in der Tat die rettenden Mächte, die an Stelle eines schier hoffnungslosen Chaos'

Gesellschaft zeichnet sich demnach aus durch die Herrschaft der sehenden Helden und den glaubenden Gehorsam der begeisterten Heldenverehrer« (H. Kahlert, 1984, S. 157). Nicht nur in dem berühmten Schlußabschnitt seines Buches »Die Religion des Judentums ...« wendet Bousset diese Vorstellung konsequent auf Jesus und das Christentum an,[187] schon in seiner Arbeit über »Jesu Predigt in ihrem Gegensatz zum Judentum« von 1892 zeigt sich hier zweifacher Einfluß Carlyles: a) Betont wird das unbewußte, schöpferische Leben, das sich mit dem Neuen verbindet[188] (ausdrücklicher Rekurs auf Carlyle), und b) das vorjesuani-sche Judentum erhält die Züge der von Carlyle geschilderten Krisensituationen,[189]was insbesondere die Erstarrung betrifft. Es wird zur Folie für die Persönlichkeit Jesu.

---

und einer unsäglichen Verwirrung Ordnung, Frieden, Ruhe und Gedeihen in die Welt gebracht hatten. Vom Kriege aufatmend lag ihnen der Erdball zu Füßen« (*W. Bousset*, ibid., S. 241).

187 »Es mußte einer kommen, der größer als Apokalyptiker und rabbinische Theologen war, es mußte im Evangelium eine Neubildung erfolgen, ehe aus dem gärenden Chaos wieder die Einheit und die Lebendigkeit echter und wahrer Frömmigkeit entstehen konnte … Alexander der Große mußte kommen und die hellenistischen Reiche vorbereiten … Das Judentum war die Retorte, in der die verschiedenen Elemente gesammelt und gebraut wurden. Dann erfolgte durch ein schöpferisches Wunder die Neubildung des Evangeliums« (*W. Bousset*, Die Religion des Judentums im späthellenistischen Zeitalter, Tübingen 31926, S. 524).

188 *W. Bousset*, Jesu Predigt in ihrem Gegensatz zum Judentum. Ein religionsgeschichtlicher Vergleich, Göttingen 1892, S. 124: »Man wird damit der Grösse desselben (sc. des Lebens Jesu) nicht gerecht, es gilt, dasselbe nicht so klar überlegt reflektiert aufzufassen, sondern viel unmittelbarer, viel grösser. Denn alles schöpferische Leben liegt zum guten Teil im unmittelbaren unbewussten.« Dazu Anm. 1: »Carlyle Sartor Resartus: In welchem Lande und zu welcher Zeit ist wohl bis jetzt die Geschichte des Menschengeschlechts oder eines einzelnen Menschen nach berechneten oder berechenbaren Motiven vor sich gegangen? Wie stehts mit eurem Christentum und Rittertum, eurer Reformation, eurer Marseillaise und eurer Schreckensherrschaft?«

189 *W. Bousset*, Jesu Predigt in ihrem Gegensatz zum Judentum. Ein religionsgeschichtlicherVergleich, Göttingen 1892, z. B. S. 25.30.31.38.

Für Carlyle ist die Weltgeschichte die Geschichte der großen Menschen, in ihnen wird das Wesen des Menschen offenbar;[190] auch an dieser Stelle verwendet Carlyle wieder johanneische Terminologie. — Es gibt ein unstrittiges Recht des Toren, sich vom Weisen führen zu lassen.[191] Große Persönlichkeit ist im-

---

190 »… ich glaube, daß die Weltgeschichte, die Geschichte alles dessen, was der Mensch auf Erden geleistet hat, im Grunde die Geschichte der großen Menschen ist, die auf ihr lebten und wirkten. Sie wiesen den Menschen den Weg; sie zeigten ihnen das Ziel, dem sie nachstrebten; sie waren das Vorbild, dem sie ähnlich werden sollten. Sie schufen im letzten Sinne, was die Masse der Menschen zu erreichen sich bemühte. Was wir an menschlicher Leistung in der Welt vorfinden, sind die verwirklichten, sichtbar gewordenen Ideen, die in den Köpfen der großen Menschen lebten: die Seele der Weltgeschichte ist die Geschichte jener bevorzugten Geister … Der große Mensch ist die lebendige Quelle des Lichts. Ihr nahe zu sein, tut wohl. Er ist das Licht, das die Dunkelheit der Welt erleuchtete. Nicht Menschenhand entzündete es. Es leuchtete und mußte leuchten wie die Sonne, die am Himmel strahlt. In ihm enthüllt sich der Dinge Kern, wird das Wesen des Menschen offenbar, erscheint die Hoheit des Heldentums. Wen es umfließt, der fühlt sich geborgen. Wollt ihr mich schelten, daß ich euch zu diesem Lichte führe?« (*Th. Carlyle,* Helden und Heldenverehrung, dt. von E. Wicklein, Jena 1913, S. 11). – (Über die Aristokraten): »Ihre Bedeutung ist überragend. Sie sind unsere begnadeten Sprecher und Seher, das Licht der Welt. Sie sollen die Welt von deren Schwärmereien und Aberglauben (politischem und anderem) befreien. Diese Gruppe ist für uns von unschätzbarem Wert und unentbehrlich« (*Th. Carlyle,* Den Niagara hinunter und nachher, dt. Übers, nach M. Freund, Heldentum und Macht, S. 245).

191 »Dieses Toben klingt wie ein unartikulierter Schrei einer stummen Kreatur in Wut und Schmerz. Für das Ohr der Weisheit ist es ein unartikuliertes Verlangen: ›Führe mich, regiere mich! Ich bin toll und elend und kann mich selbst nicht führen!‹ Von allen Menschenrechten ist dies das unstrittigste, das Recht nämlich des Törichten, von dem Weisen geleitet und mit Milde oder Gewalt den rechten Weg geführt zu werden. Die Natur selbst hat es von allem Anfang an so bestimmt. Die Gesellschaft entfaltet sich ringend zur Vollkommenheit, indem sie dies Recht durchsetzt und es vollendet. Wenn Freiheit irgendeinen Sinn hat, so bedeutet sie die Ausübung dieses Rechtes, das alle anderen Rechte in sich schließt« (*Th. Carlyle,* Der Chartismus, dt. Übers, nach M. Freund, Heldentum und Macht, S. 68 f.

mer der, der die sinnliche Welt durchschaut, und Bousset scheut sich nicht, dieses Glaube zu nennen.[192] Das Verhältnis von Geführten und Führern ist für die Gesellschaft unentbehrlich – die Alternative wäre Zerfall.[193] Impliziert ist eine Opposition gegen die Theorie der formalen Gleichheit aller Menschen.[194]

4. Religiöse Verehrung der grossen Persönlichkeiten und Christologie

Im Ansatz von Carlyle bleibt es nicht dabei, daß die Weltgeschichte von »heroes« gestaltet wird. Sie bilden vielmehr überhaupt den Kern aller sozialen Ordnung,[195] und sie haben

---

192 »Und das gemeinsame Charakteristikum dieser Führer war immer dies, daß sie sich über die sinnliche Welt des Verstandes erhoben, daß sich ihnen ein Teil der übersinnlichen Welt in leuchtender Klarheit erschloß, daß sie mit großen, hellen Augen dem Universum tiefer in die Seele schauten, daß sie die Wirklichkeit um sie her wahrer und besser verstanden. Mit einem Worte, das innerste Wesen aller Helden war Glaube« (*W. Bousset*, Th. Carlyle, Sp. 299).

193 »Das Verhältnis der Schüler zu ihrem Lehrer, des pflichttreuen Untertanen zu seinem führenden Könige ist in dieser oder jener Form das Lebenselement der menschlichen Gesellschaft, ist unentbehrlich für sie, unvergänglich in ihr; ohne dieses treibt sie wie ein Leib, der seiner Seele beraubt ward, dem Tode zu und vergeht in fürchterlicher, widerwärtiger Auflösung auf Nimmerwiedersehen« (*Th. Carlyle*, Der Chartismus, dt. Übersetzung nach M. Freund, Heldentum und Macht, S. 71).

194 »Die Gleichheit der Menschen, ›jeder Mensch ist dem anderen gleich, ein wollköpfiger Neger ist Sokrates oder Shakespeare gleich, Judas Ischariot ist Jesus Christus gleich – und Bedlam (sc. Irrenanstalt in London) und Gehenna sind dem neuen Jerusalem gleich‹. Das ist die Summe schreiender Absurdität und wahnwitziger Narrheit, die allgemein geglaubt, ausgesprochen oder phantasiert zu werden vermag« (*Th. Carlyle*, ibid., S. 222f.)

195 (Th. Carlyle über sich, den Herausgeber:) »Er glaubt, daß die Heldenverehrung, die in jeder verschiedenen Epoche der Weltgeschichte in verschiedener Weise sich zu erkennen gibt, die Seele aller sozialen Ordnung unter den Menschen ist, und daß die Art und Weise, in der sie – gut oder schlecht – waltet, einen genauen Maßstab für das Maß von Gedeihen oder Verfall abgibt, das in den Angelegenheiten der Welt herrscht« (*Th. Carlyle*, Past and Present,

in jeder Hinsicht religiöse Qualität: Sie ziehen nicht nur die Prädikate des johanneischen Christus auf sich (Anm. 7.31), vielmehr ist im Prinzip jeder Mensch eine »Offenbarung im Fleische« (1 Tim 3,16, vgl. Joh 1,14), und in ihm ist etwas Göttliches.[196] Die »heroes« sind die Hoffnung der Welt (Anm. 23).

»Große Männer, sie bilden, redend und handelnd, den inspirierten Text jenes göttlichen Buchs der Offenbarungen, dessen Kapitel je ein ganzes Zeitalter umfassen, und das wir – Geschichte nennen ... (von den übrigen normalen Menschen:) stets ... schwächliche Predigten über diesen inspirierten Text« (*Th. Carlyle,* Sartor Resartus, S. 182).

Und so fragt Carlyle dann konsequent:

»Die Heldenverehrung, tief im Herzen empfundene, demütige Bewunderung, inbrünstiges, grenzenloses Beugen vor der edelsten und gottähnlichsten Gestalt eines Menschen – ist das nicht auch der Keim des Christentums selbst? Der größte aller Helden ist einer – den wir hier nicht mit Namen nennen wollen! In heiligem Schweigen sinne man diesem heiligen Gegenstande nach, und man wird in ihm die höchste Vollendung eines Prinzips finden, das sich durch die ganze Geschichte der Menschheit auf Erden hinzieht« (Sartor Resartus, S. 14).

London 1843, I 6 »Hero-Worship« 30: »He thinks that Hero-worship, done differently in every different epoch of the world, is the soul of all social business among men; that the doing of it well, or the doing of it ill, measures accurately what degree of well-being or of ill-being there is in the world's affairs«). – Vgl. dazu W. Bousset: »Das ist die Grundbeziehung, die zwischen den Menschen in ihrer gegenseitigen Gemeinschaft herrscht: Helden und Heldenverehrung. Auf ihrem Grunde entstehen nun alle Formen menschlichen Gemeinschaftslebens. Schon die Familie wurzelt in dem Boden der Pietät, auf demselben Grunde sammelt der Häuptling ...« (*W. Bousset,* Th. Carlyle, Sp. 299).

196 »Das ›Sichbeugen vor Menschen‹, wenn es nicht eine bloße leere Grimasse sein soll, die besser unterbleibt als geschieht, ist Heldenverehrung, eine Anerkennung, daß etwas Göttliches in unserem Bruder ruht, daß jeder geschaffene Mensch, wie Novalis gesagt, eine »Offenbarung im Fleische« ist« (*Th. Carlyle,* Der Held als König – Cromwell und Napoleon; dt. Übers. M. Freund, Heldentum und Macht, S. 308).

Aus dem »hero-worship« bei Carlyle wird nun in Übertragung auf die Christologie bei W. Bousset die kultische Verehrung des Kultheros[197] Jesus. Das engl. Wort »hero« wird hier mit »Heros« wiedergegeben, und »worship« wird im Sinne kultischer Verehrung verstanden; beides ist im engl. Begriff »hero-worship« nicht notwendig impliziert (»Verehrung großer Persönlichkeiten«). Carlyle selbst hat ausdrücklich Jesus Christus in die Reihe seiner »heroes« eingeordnet,[198] Bousset verwendet diesen Text als Motto für sein 1892 erschienenes Buch, und er beruft sich noch 1919 für seine Christologie ausdrücklich auf Carlyle.[199] – Schon 1897 hatte Bousset in der Wiedergabe Carlyles das religiös-kultische Element hervorgehoben, indem er vom Heiligen, vom Glauben und von der Heldenverehrung analog zum deutschen Wort »Heiligenverehrung« sprach.[200]

---

197 »Jesus ist der κύςιος, um den als Gastgeber, und sagen wir einmal Kultheros, die Gemeinde in ihrer gemeinsamen Mahlzeit sich sammelt, so wie die Anhänger des ägyptischen Serapis zum Tische des Herrn Serapis kommen« (*W. Bousset*, Kyrios Christos, 2. = 6. Aufl., Göttingen 1967, S. 86).

198 »Highest of all Symbols are those wherein the Artist or Poet has risen into Prophet, and all men can recognise a present God and worship the same. If thou ask to what height man has carried it in this manner look on our divinest symbol, on Jesus of Nazareth and his life. Higher has the human thought not yet reached. This is Christianity and Christendom; a Symbol of quite perennial, infinite character, whose significance will ever demand to be anew inquired into and anew made manifest. Th. Carlyle. Sartor Resartus.« (*W. Bousset*, Jesu Predigt in ihrem Gegensatz zum Judentum. Ein religionsgeschichtlicher Vergleich, Göttingen 1892, Motto auf S. 1).

199 (Über Carlyles Buch »Helden und Heldenverehrung«:) »wie die Menschheit von ihren Großen langsam emporgeführt wird zu Gott. Die Verehrung Jesu ist ein Fall unter vielen. Von allen der höchste ist Jesus von Nazareth. Der höchste Fall in einer Reihe von vielen Fällen« (Vorlesung *W. Boussets* vom SS 1919, S. 85; vgl. *A. F. Verheule*, Wilhelm Bousset. Leben und Werk, Amsterdam 1973, S. 373 Anm.

200 »Und so gibt es denn auch für die übrige Masse nichts Heiligeres und Besseres als Heldenverehrung, auch ein Stück Glaube in seiner Art. Die Menge kann auf keine andre Weise weiter kommen, als indem sie mit hingebender Treue ihren Helden folgt...« (W. Bousset, Th. Carlyle, Sp. 299).

Entsprechend der Vorgabe Carlyles sind die Objekte der kollektiven Verehrung vor allem die Herrscher, und konsequent reiht Bousset die Anbetung Jesu als des Kyrios in die Tradition des antiken Herrscherkultes ein: Er weist auf die Imperatoren und die römischen Kaiser, auf Alexander.[201] Solche Einheit von »Kirche und Staat« im Zusammenhang mit der Anrufung Jesu als des Kyrios zu sehen, bereitet ihm zwar sichtlich etwas Unbehagen, aber er weiß sich damit zu helfen, daß er erklärt, es handle sich eben nicht um Byzantinismus, sondern um echte religiöse Sehnsucht.[202]

Entscheidend für Bousset ist, daß der Titel »kyrios« jeweils den Gottheiten zukommt, die im Mittelpunkt des Kultes der betreffenden Gemeinschaft standen.[203] Das ist für Bousset wichtig, denn nur so ergibt sich die Analogie zur These Carlyles, daß der »hero« Kern aller sozialen Ordnung ist (Anm. 36), und nur so steht der »hero« als Einzelner sichtbar der Masse gegenüber, und eben das ist die Pointe in Carlyles Theorie. So betont Bousset ausdrücklich, daß es sich beim Verhältnis zum »kyrios« nicht um das persönliche Verhältnis zum erhöhten Christus handle, sondern um das der Gemeinde.[204] Kyrios ist Jesus als der im Kultus verehrte Herr seiner Gemeinde.[205] Hier ist er der Herr »über dem christlichen Gemeinschaftsleben«[206]. Und Bousset weiß ein eindrückli-

---

201 Vgl. Anm. 28. – Vgl. den Hinweis auf die ägypt. Regentenverehrung in: *W. Bousset*, Kyrios Christos, S. 92.

202 *W. Bousset*, Kyrios Christos. Geschichte des Christenglaubens von den Anfängen des Christentums bis Irenaeus, 2. = 6. Aufl., Göttingen 1967, S. 92.

203 *W. Bousset*, a.a.O., S. 98.

204 »Es handelt sich hier auch nicht um das persönliche Verhältnis des einzelnen zu dem erhöhten Christus, sondern um die Gemeinde, die in ihrem Gottesdienst diese Anrufung des Namens vollzieht. Vor allem deutet, wie sich im Laufe der Untersuchung noch genauer erweisen wird, die Betonung des Namens auf den gemeinsamen Kultus der Christen« (*W. Bousset*, a.a.O., S. 85).

205 »Kyrios Christos ist Jesus von Nazareth im wesentlichen als der im Kultus verehrte Herr seiner Gemeinde« (*W. Bousset*, a.a.O., S. VII).

206 »Es ist der Herr, der über dem christlichen Gemeinschaftsleben waltet, wie es sich namentlich im Gemeindegottesdienst, also im

ches Bild von diesem Gemeindegottesdienst um den erhöhten Kyrios zu geben, das sowohl kreative Phantasie verrät als auch jahrzehntelang den Blick der Neutestamentler auf den in der nachösterlichen Gemeinde präsenten erhöhten Herrn gelenkt hat.[207] Dazu ist zu bemerken, daß bezüglich der kultischen Verwendung des Kyriostitels im Gemeindegottesdienst die neutestamentlichen Texte bei weitem nicht das hergeben, was Bousset für sie postuliert. Nur in ganz vereinzelten Fällen ist die versammelte Gemeinde als möglicher »Sitz im Leben« der Verwendung dieses Titels auszumachen.[208] Dieser Tatbestand legt um so mehr den Verdacht nahe, daß es sich um ein Konstrukt handelt, dem eine fertige Theorie zugrundelag. Diese Theorie heißt »hero-worship«.

Kultus, entfaltet. Um den κύριος schließt sich die Gemeinde in gläubiger Verehrung zusammen...«(*W. Bousset*, a.a.O., S. 88).

207 »Denn hier in den Versammlungen der Gemeinschaft, in Gottesdienst und Kult, erwuchs den Christgläubigen das Bewußtsein ihrer Einheit und einzigartigen soziologischen Geschlossenheit. Tags über zerstreut, im Beruf des alltäglichen Lebens, in der Vereinzelung, innerhalb einer fremden Welt dem Spott und der Verachtung anheimgegeben, sammelten sie sich des Abends, wohl so oft wie möglich, zur gemeinsamen heiligen Weihemahlzeit. Da erlebten sie die Wunder der Gemeinschaft, die Glut der Begeisterung eines gemeinsamen Glaubens und einer gemeinsamen Hoffnung; da flammte der Geist auf, und umgab sie eine Welt voller Wunder; Propheten und Zungenredner, Visionäre und Ekstatiker beginnen zu reden, Psalmen, Hymnen und vom Geist eingegebene Lieder durchtönen den Raum, die Kräfte brüderlicher Mildtätigkeit werden in ungeahnter Weise wach; ein unerhört neues Leben durchpulst die Schar der Christen. Und über diesem ganzen Gewoge der Begeisterung thront der Herr Jesus als das Haupt seiner Gemeinde, mit seiner Kraft und einer den Atem raubenden Greifbarkeit und Gewißheit unmittelbar gegenwärtig« (*W. Bousset*, a.a.O., S. 89).

208 Vgl. dazu z. B. *F. Hahn*, Christologische Hoheitstitel. Ihre Geschichte im frühen Christentum, Göttingen 4963, S. 118-122. Die These von der kultischen Verwendung der Herrenbezeichnung wird zwar – mittlerweile schon ohne Rekurs auf Bousset – referiert, doch außer dem umstrittenen Maranatha und der vieldeutigen Formel »den Namen des Herrn anrufen« (dazu bedarf es keiner versammelten Gemeinde) sowie 1 Kor 12,3; 2 Kor 12,8 (für diese Texte gilt dasselbe) gibt es nicht allzu viele Hinweise für diese Theorie.

Aber Bousset geht noch weiter: Die paulinische Christologie ist für ihn aus dieser Mitte erwachsen.[209] Damit wird auch die gesamte paulinische Christologie an das Gegenüber von Gemeinde und Kultheros gebunden. Freilich ist – so Bousset – bei Paulus dieser Ansatz und Ausgangspunkt transformiert worden, und zwar im Sinne des philosophischen Ansatzes von J. F. Fries, den Bousset hier ins Spiel bringt und geschickt mit der durch Carlyle gegebenen Grundlage verbindet (s.u.). Jedenfalls steht »hinter der paulinischen Mystik« des »in Christus« »die lebendige Erfahrung des im Gottesdienst und im praktischen Leben der Gemeinde gegenwärtigen Kyrios Christos«[210].,

5. Das Evangelium als Persönlichkeitsreligion

Carlyles und Boussets Ansätze sind nicht im Sinne eines solipsistischen Individualismus zu verstehen, sondern als fruchtbare Spannung und produktives Verhältnis zwischen der Einzelpersönlichkeit und der Masse. Der herausgestellte Einzelne hat den Mut, als Prediger und Prophet gegen die gesamte Masse zu stehen, so zahlreich sie auch sein mag.[211] Gegenüber dem Materialismus der Vielen proklamiert der Einzelne die »Umwertung aller Werte«[212]. Und eben dieses gilt auch für Jesus.[213]

209 (Von der persönlichen Christusfrömmigkeit des Paulus) »Sie ist geworden und gewachsen in dem Milieu einer Gemeinde, in deren Zentrum die Kyriosverehrung stand« (*W. Bousset,* Kyrios Christos, 2. = 6. Auflage, Göttingen 1967, S. 104).Vgl. dann Anm. 113-115.

210 Vgl. *W. Bousset,* a.a.O., S. 106.

211 »Kein einzelner Mensch kann sich ohne Schaden für sich selbst von der Wahrheit entfernen; ebenso wenig ist dies mit einer Million oder mit siebenundzwanzig Millionen der Fall. Ich zeige euch eine Nation, die einmütig auf dem breiten Wege wandelt, der zum Verderben führt. Was sind siebenundzwanzig Millionen und ihre Einmütigkeit? Glaubt ihnen nicht« (*W. Bousset,* Th. Carlyle, Sp. 268, als Carlyle-Zitat gestaltet).

212 Vgl. das Zitat in Anm. 90.

213 »Demgemäß ist auch Jesu ganzes Leben getragen von dem Gefühl eines schlechthinnigen Gegensatzes zwischen sich und seiner

Daß Bousset unbefangen F. Nietzsches Terminus von der Umwertung aller Werte gebraucht und auch sonst im Zusammenhang mit Carlyle auf Nietzsche rekurriert,[214] läßt die Frage entstehen, wieweit der eine durch die Brille des anderen gelesen wurde, wieweit beide verwandte Ansätze haben[215] und ob nicht unter dem Namen Carlyle sich bei W. Bousset eine versteckte Nietzsche-Rezeption vollzieht. Zu den bisher genannten Belegen tritt auch die Aussage über Paulus aus »Kyrios Christos«: »Es ist der religiöse Übermensch, der θεῖος ἄνθρωπός, der sich zum Teil wenigstens in Paulus regt, in aller seiner Großartigkeit und mit allen seinen Gefahren.«[216] In der Rede vom »religiösen Übermenschen« zeigt sich freilich nur die sprachlich an F. Nietzsche angelehnte allgemeine Neigung dieser Jahrzehnte, über das Idealbild des vollkommenen Menschen nachzudenken. Seinen Niederschlag fand das nicht nur in der – mittlerweile anfechtbar gewordenen – Konstruktion des »göttlichen Menschen« (theios aner)[217], sondern auch in der Urmensch-

Zeit« (*W. Bousset*, Jesu Predigt in ihrem Gegensatz zum Judentum. Ein religionsgeschichtlicher Vergleich, Göttingen 1892, S. 58).

214 *W. Bousset*, Jesu Predigt in ihrem Gegensatz zum Judentum. Ein religionsgeschichtlicher Vergleich, Göttingen 1892, S. 76.88 (= Anm. 87 unten).

215 Zum Verhältnis F. Nietzsche/Th. Carlyle vgl. Nietzsche-Studien 9 (1980) S. 7.303.408; 14 (1985) S. 269 und ferner: *Bentley, E.*, A Century of hero-worship, New York 1944, S. 81-162 (Vergleich von Leben und Ideen Carlyles und Nietzsches). – *Ders.*, Modern heroworship. Notes on Carlyle, Nietzsche, and Stefan George, in: SR 52 (1944) S. 441-556. – *Wagner, A.*, Goethe, Carlyle, Nietzsche and the German middle-class, in: MfDU 31 (1939) S. 235-242. – *Hartmann, H.*, Nietzsche contre Carlyle, in: EN 4-5 (1949) S. 34-36. – *Oudinot, G.*, Thomas Carlyle and Friedrich Nietzsche, in: MF 31 (1899) S. 622-646. – *Pfannkuche, A. H. Th.*, Macht und Recht. Nietzsche und Carlyle, in: Deutsche Volksstimme 1898, S. 293-298. – *Wilhelmi, J. H.*, Thomas Carlyle und Friedrich Nietzsche. Wie sie Gott suchten und was für einen Gott sie fanden, 1897, 21900.

216 *W. Bousset*, Kyrios Christos. Geschichte des Christusglaubens von den Anfängen des Christentums bis Irenäus, 2. = 6. Aufl., Göttingen 1967, S. 119.

217 Vgl. dazu: *L. Bieler*, Theios Aner. Das Bild des »göttlichen Menschen« in Spätantike und Frühchristentum, Wien 1935. 1936, Nachdr. Darmstadt 1967.

Hypothesen der Gnosis- und Rabbinismus-Forschung.[218] Und eben deshalb, weil ein solcher Übermensch nicht für sich existiert, kann man ihn immer wieder auch Führer nennen.[219]

Das Individuum ist das wahre Wunderwerk Gottes,[220] Religion ist in ihrem Kern immer originale Schöpfung von Persönlichkeiten, und gerade die Erforschung populärer apokalyptischer Literatur ermöglicht es W. Bousset, Spreu und Weizen zu trennen,[221] denn nur das Evangelium ist im höchs-

218 Vgl. dazu den forschungskritischen Teil in meinem Art. Gnosis I, in: TRE XIII (1984) 521 f.

219 Vgl. dazu: *W. Bousset*, Kyrios Christos ..., S. 117 (»die charakteristische Gestalt des religiösen Führers«). – Über Jesus: »Erst dadurch, daß Jesus in Stille und Einfachheit, Schlichtheit und Tapferkeit den ihm bestimmten Leidensweg ging, in ungemindertem Vertrauen auf den himmlischen Vater, in ungebrochener Überzeugung der eignen Gottgesandtheit, leistete er das Höchste, eröffnete er eine neue sittliche Welt, adelte er Leiden und Unterliegen, schuf er das Heiligtum des Leidens und den Glauben an den ewigen Wert des Martyriums. Hier erst vollendete er sich als den Führer der Zeiten und Völker zu Gott« (*W. Bousset*, Jesus, Halle 1904, S. 102.) – Über Carlyle: »... auf welchem Gebiet und in welcher Richtung kommt er für uns und unsere Zeit als Führer und Held in Betracht?« (*W. Bousset*, Th. Carlyle, Sp. 250).

220 »Ein Organismus und nicht eine Summe von Atomen von an und für sich gleichartigen Individuen, die nur durch die Verhältnisse in verschiedene Formen gezwängt wurden. Und wie ein reicher und blühender Organismus nur durch Differenzierung entsteht und wächst, so ist gerade die wesentliche Verschiedenheit der einzelnen Individuen notwendig zur Entfaltung alles menschlichen und geschichtlichen Gemeinschaftslebens. Nicht auf dem Wege des mechanischen Werdens vollzieht sich dieses. Die treibende Grundkraft ist das Mysterium der Persönlichkeit, die niemals ganz von außen her werdende, sondern immer von innen heraus sich entwickelnde und je freier sich entwickelnde desto wertvollere und mächtigere Individualität, dieses sich immer wiederholende, immer von neuem geborene Wunderwerk Gottes. So geht denn aller Fortschritt, alles geschichtliche Leben von den großen Persönlichkeiten, den Führern und Helden aus« (*W. Bousset*, Th. Carlyle, Sp. 298f.).

221 »In die inneren Dinge, in das was lebt und wirklich Kraft hat in jeder Religion, führen uns diese Forschungen nicht hinein. Denn der Kern und das Mark einer jeden Religion liegt in dem ihr Eigentümlichen, nicht in dem, was eine Nation und eine Religion von

ten und vollendeten Sinne Religion der Persönlichkeit.[222] Aufgabe der Exegese ist es, eine »scharf gemeißelte Gestalt« Jesu zu ersteilen, an der das »Urkräftige« klar hervortritt.[223]

Gewiß ist die Bedeutung der Persönlichkeit des Einzelnen in der Philosophie der Aufklärung und des Idealismus immer stark betont worden. Was Carlyle jedoch in den Augen des politisch nicht uninteressierten W. Bousset vor den idealistischen Philosophen auszeichnen mußte, war das Verhältnis der Persönlichkeit zu »den Massen«, unter denen Bousset konkret die Arbeiter verstand (s.u.). Th. Carlyle hatte, wie W.

---

der anderen überkommen hat, liegt in den originalen Schöpfungen von Persönlichkeiten und nicht in dem, was eine Generation der anderen überliefert... Und doch muß auch diese Arbeit getan werden, und sie bleibt lehrreich in mancher Beziehung. Sie macht bescheiden und demütig, sie zeigt, wie der einzelne und das einzelne Menschengeschlecht eine Welle nur ist im Strom des unendlichen Lebens der Geschichte ... Sie schärft aber auch, und das ist das wertvollste daran, auf indirektem Wege den Blick für das ursprüngliche, das in einem jeden lebendigen Glauben erhalten ist, sie zeigt uns unmittelbar, wo die Quellen des lebendigen Lebens fließen« (*W. Bousset*, Der Antichrist, Göttingen 1895, S. 10f.).

222 »... die befreite Religion schließt mit der befreiten Sittlichkeit ein unlösliches Bündnis und in starkem geeinigtem Strom fließen beide dahin. Beide aber treffen sich letztlich im Persönlichen. Das Evangelium ist in höchstem und vollendetem Sinn Religion der Persönlichkeit. Alles in ihm ist auf das Persönliche, Geistige eingestellt... Die Befreiung der Religion von der Nation und den nationalen Hoffnungen bedeutet nichts anderes, als daß das Individuum d.h. die sittliche Persönlichkeit in die beherrschende Stellung einrückt ... Das ist die Persönlichkeitsreligion des Evangeliums Jesu ... (*W, Bousset*, Jesus, Halle 1904, S. 79 f.).

223 »Und was das schlimmste ist, über dem vielen wird uns das eine vorenthalten, was Not tut: eine scharf gemeißelte Gestalt in Zügen lebendiger Wahrheit, an der in wenigen wirklich großen Zügen das Originale, Urkräftige, Persönliche klar hervortritt, eine klare bestimmte Erkenntnis ihrer geschichtlichen Stellung, durch die das überkommene, übernommene an ihr von dem urkräftig neuen in ihr in scharfen Linien sich abgrenzt, mit alledem erst ein wirklicher Einblick in den eigentlichen Sinn, in die weltgeschichtliche Bedeutung und den Wert dieses Lebens« (*W. Bousset*, Jesu Predigt in ihrem Gegensatz zum Judentum. Ein religionsgeschichtlicher Vergleich, Göttingen 1892, S. 5).

Bousset selbst hervorhebt,[224] diesen für Bousset und seine Zeit nützlichen Erkenntnisvorsprung aufgrund der durch die Industrialisierung Englands dort besonders brenzligen sozialen Lage. Vor allem aus diesem Grund geht man den »Umweg«: der deutsche Idealismus wird aus der Hand Carlyles rezipiert.

In der neutestamentlichen Exegese verwendet Bousset den Ansatz bei der überragenden Persönlichkeit zur Erklärung schwieriger zentraler hermeneutischer Probleme: Sowohl die gesamte Christologie, die Wundererzählungen[225] als auch die Auferstehungsberichte[226] werden von hier aus sozialpsychologisch und damit am Ende rationalistisch gedeutet. Schließlich ist noch einmal darauf zu weisen, daß die Rolle des »großen Menschen«, die nach Carlyle einst Feldherren, Kaiser und auch Jesus wahrnahmen, in seiner eigenen Zeit dem Schriftsteller und damit auch Carlyle selbst zufällt.[227] Bousset akzep-

224 *W. Bousset,* Th. Carlyle, Sp. 324 f.

225 (Über die Bedeutung der Wundererzählungen und ihren Wert) »Sie haben einen solchen in zweifacher Hinsicht. Einmal spiegeln sie die Hoheit und den mächtigen Eindruck seiner Persönlichkeit uns auf das Klarste wieder. Sind die Wunder seines Lebens auch nicht einzigartig, so ruht auf diesen Erzählungen doch ein ganz eigenartiger Glanz eines schlichten, anspruchslosen und doch immer seines Selbst ganz sicheren Könnens, einer siegreichen Gewißheit auf Jesu Seiten, eines ganz unsagbaren Vertrauens auf Seiten der sich zu ihm drängenden Menge der Leidenden und Gequälten. Eine ungeheure majestätische Kraft der Persönlichkeit gehörte dazu, um so tief in das geheimste … Leben eines anderen Menschen einzudringen ...« (*W. Bousset,* Wir heißen euch hoffen, 1923, S. 61).

226 »Die verschiedensten Faktoren haben zusammengewirkt, um jene neue Überzeugung zu gestalten. Der treibende Faktor war der mit nichts zu vergleichende, gewaltige und unzerstörbare Eindruck, den Jesu Persönlichkeit in den Seelen der Jünger hinterlassen hatte, und der mächtiger war als öffentliche Schande und Tod, Qual und Untergang. Gesteigert wurde diese Stimmung durch die eben erlebte Zertrümmerung aller Hoffnungen, durch das unerwartete Unterliegen und den plötzlichen Untergang des Helden und Meisters« (*W. Bousset,* Kyrios Christos, 2. = 6. Auflage, Göttingen 1967, S. 17).

227 *Th. Carlyle* (nach: M. Freund, Heldentum und Macht, S. 14) sagt über den Beruf des Schriftstellers: »… Er reicht uns wahrlich vom

tiert das für Carlyle (vgl. oben Anm. 6), aber nicht für sich selbst. Seine Gesinnungsgenossen und sich selbst charakterisiert Bousset vielmehr in einem Bild, das seinen Ursprung aus der apokalyptischen Literatur nicht verleugnen kann (es könnte fast wörtlich in der lateinischen Baruch-Apokalypse oder auch in 4 Esra stehen) und das Bousset auch auf die früheste Gemeinde anwendet:[228] Es ist die kleine Schar der Hoffnungsträger.[229]

---

geweihten Platz Brot und Wein des Lebens.« Dazu W. Bousset: »Carlyle wirkte als Schriftsteller. – Auf die Zeiten, in denen die Führer der Menschen als Propheten, als Könige, Reformatoren gewirkt hatten, schien ihm eine Zeit gefolgt zu sein, in der nun die Schriftsteller diese Rolle übernahmen« (*W. Bousset*, Th. Carlyle, Sp. 296). Vgl. auch oben Anm. 6; Bousset steht Carlyle freilich nicht kritiklos gegenüber: »Carlyles sprunghafte Darstellungsart, seine oft einseitig parteiische Betrachtungsweise, seine vornehme Verachtung aller historischen Kleinarbeit, alles dessen, was man Milieu nennt, seine einseitige und absolute Bevorzugung des Persönlichen in der Geschichte, durch die seine Darstellung oft einen anekdotenhaften Charakter bekommt, seine Methode, nur einzelne wenige Quellen bei seiner Darstellung – oft allerdings mit genialem Scharfblick – herauszugreifen, das alles macht seine Schätzung als einen Historiker ersten Ranges unmöglich« (*W. Bousset*, Th. Carlyle, Sp. 251).

228 »Die Stimmung der kleinen religiös ergriffenen Kreise der Geweihten, die sich zur Welt und der Masse draußen im Gegensatz wissen, setzt sich um in allerlei Spekulationen von schroff dualistischer Haltung; die Erfahrung der Ekstase erzeugt eine religiöse Psychologie von einer erstaunlich supranaturalen Tendenz; der Kultus mit seinen geheimnisvollen Weihen vergeistigt sich zu einer auf geheimnisvoller Offenbarung ruhenden Weltanschauung, in der verstiegene Geistigkeit und ein naturhafter Supranaturalismus in wunderlicher Verschlingung liegen« (*W. Bousset*, Kyrios Christos, 2. = 6. Aufl. Göttingen 1967, S. XIII). – Zur lateinischen Baruchapokalypse: *G. N. Bonwetsch*, Das erhaltene Baruchbuch, in: NKGW Göttingen, Ph.H 1896, Heft 1, lat. Fragment auf S. 93.

229 »Zu den erfreulichsten und hoffnungsreichsten Vorgängen im geistigen Leben unseres Volkes, zu den Zeichen unserer Zeit, die neuen Mut machen und den ängstlich und sorgenvoll Fragenden und Forschenden die frohe Überzeugung geben, daß der Weg unseres Volkes trotz aller Nöte und unsagbaren Wirren aufwärts und nicht abwärts, vorwärts und nicht rückwärts führt, rechne ich in erster Linie die Tatsache, daß bei uns in den letzten Jahren der Name

6. Arbeit und heroische Tat bei Carlyle und Bousset

Im Jahre 1839 hatte Th. Carlyle seine auf die Arbeiterfrage bezogene Schrift »Der Chartismus« publiziert, und auch in seiner 1843 verfaßten Schrift »Einst und Jetzt« geht es um dieses Thema; doch schon in seiner frühen Berührung mit Goethes Faust spielt das Thema der menschlichen Tat eine große Rolle. Carlyles Ziel war, »den Gebildeten seiner Zeit die Überzeugung (zu) erwecken, daß es eine soziale Frage gäbe, er rüttelte das Gewissen der Nation auf«[230]. Die Haltung, gegen die sich Carlyle und Bousset wenden, ist in den Schriften beider immer wieder an dem Stichwort »Laissez faire« zu erkennen. Welche Rolle spielt dieser zeitgeschichtliche Bezug in der Exegese?

a) »Die Arbeit des Lebens hatte für das Spätjudentum allen selbständigen Wert verloren ... sie wird und kann nicht mehr so getan werden, dass des Menschen Seele ganz und voll in ihr aufgeht, sie geschieht unter der lähmenden Reflexion: was wird uns dafür, im steten Hinblick auf einen rein äußeren Lohn.«[231] Die welthafte Existenz des Menschen wird wesentlich unter dem Aspekt Arbeit gesehen. Die Beurteilung der Zeit des Judentums vor Jesus erfolgt

---

Thomas Carlyles einen immer helleren Klang gewinnt, sein Einfluß von Jahr zu Jahr – freilich noch nicht in der Masse, aber bei den geistigen Führern und Leitern unseres Volkes – breiter und mächtiger wird. Schon jetzt ist Thomas Carlyle der anerkannte geistige Führer einer nicht mehr kleinen, aber noch schweigsamen und verborgenen Schar von Männern geworden, die vielfach einander unbekannt, oft noch einsam und unverstanden in ihrer Umgebung, doch denselben Weg ziehen in tapfrer Arbeit und derselben mutigen Hoffnung auf ein besseres und nicht mehr allzu fernes Morgen. In seinem Namen grüßen sie sich mit stillem Gruß auch aus der Ferne und von weitem, sein Name leuchtet ihnen voran auf der gemeinsamen Bahn« (*W. Bousset*, Th. Carlyle, Sp. 249f.).

230 Vgl. *W. Bousset*, Th. Carlyle, Sp. 324. – Der Abschnitt 7. in Boussets Aufsatz hat als einziger außer der Benennung durch eine arabische Zahl auch eine Überschrift »7. Carlyles Sozialpolitik« (a.a.O., 324).

231 *W. Bousset*, Jesu Predigt in ihrem Gegensatz zum Judentum, Göttingen 1892, S. 31.

unverhohlen mit Hilfe des hegelianischen Schemas der entfremdeten Arbeit. Wieder einmal (vgl. oben S. 96) muß das vorjesuanische Judentum dazu herhalten, als dunkle Folie für das Auftreten Jesu zu dienen, und die Applikation philosophischer Systemteile verstärkt diese exegetische Absicht.

b) Die grundsätzlich positive Einschätzung der menschlichen Arbeit ist bei Th. Carlyle im Gottesbild begründet: Gott selbst ist ein Gott der Arbeit und Tätigkeit, der die untätigen Drohnen zu allen Zeiten beseitigt.[232] Immer wieder betont Bousset in seiner Carlyle-Rezeption, daß dieser Gott Arbeit und Pflicht will.[233] Die philosophische Begründung ist: Durch Arbeit hat der Mensch teil am Gesamtleben.[234] Arbeit ist daher ewiges Grundrecht des Menschen,[235] sie adelt den Menschen. Dem »hero« als

232 »Der Gott, an den er glaubt, ist in erster Linie ein Gott der Wahrheit und Gerechtigkeit, der die Lüge und den Schein haßt und vernichtet; ein Gott der Arbeit und Tätigkeit, der im Laufe der Geschichte aus einem Chaos eine Schöpfung sich gestalten läßt, der erbarmungslos im Gange der Geschichte der Völker die unthätigen Drohnengeschlechter ausrottet ...«. (*W. Bousset*, Th. Carlyle, Sp. 297).

233 »Der große, schaffende arbeitende Gott will ein tapferes Menschengeschlecht, das seine ihm vorgeschriebene Arbeit leistet. Arbeit, Pflicht sind die Worte, die des Menschen Wesen bestimmen, und nicht Glück ... Alle Übel entspringen daher, daß der Mensch für das höchste Ziel seines Strebens das individuelle Glück hält« (*W. Bousset*, Th. Carlyle, Sp. 298). »Charakteristisch für die prophetische Art Carlyles ist vor allem, wie bei ihm sich mit dem Gedanken an Gott sofort und ausschließlich der Gedanke an die sittliche Weltordnung, an die Arbeit und die Pflicht der Menschen verbindet ... Wenn Carlyles Schriften recht gelesen werden, so müssen sie wirken wie ein sittliches Stahlbad, sie erneuern den Willen und wecken die Energie« (*W. Bousset*, Th. Carlyle, Sp. 270).

234 »Der Gedanke der Arbeit stellt das einzelne menschliche Leben mitten hinein in das große Getriebe des menschlichen Gesamtlebens. Es ist eine zusammenhängende Arbeit, die Gott dieser Gemeinschaft zugewiesen hat, und als ein innerlich zusammenhängender Organismus ist sie demgemäß anzusehen (*W. Bousset*, Th. Carlyle, Sp. 298).

235 »Arbeit ist das ewige Grundrecht der Menschen; die Arbeit, wel-

Ideal entspricht folgerichtig, daß die »Tat« allein ewig ist, denn der »hero« ist der schaffende Mensch.[236] Daher ist auch bei der Darstellung Jesu dann die Rede von »gewaltiger That«, »sittlich-persönlicher Kraft«, »thatkräftigern Mut«[237]. Und vom Judentum heißt es: »das thätige Leben wirklich zu durchdringen, dazu hätte es einer sittlichen Kraft bedurft, die dem Judentum nicht mehr zur Verfügung stand«[238].

c) Die Kleiderhüllen der Formen menschlichen Daseins »schafft die Kultur in Arbeit« (vgl. Anm. 14), Arbeit produziert auch alle Symbole und Bekenntnisse,[239] und auch bei der Rezeption von J. F. Fries wird W. Bousset gegen den Hegelianismus auf die zusammenhängende, bewußte Arbeit verweisen, die das einzige an Zweckmäßigkeit sei, das in der Weltgeschichte vorhanden sei.[240] Andererseits kann W. Bousset nicht umhin, für Jesus zuzugeben: »... diese ganze Arbeit, in der sich als Ring in der Kette eine Generation an die andere schließt, konnte seiner Meinung nach keine bleibenden Werte mehr schaffen«[241]. Doch Jesus habe sich den »Zug zum alltäglichen Leben der Menschen« bewahrt.[242]

---

che es sei, adelt den Menschen. Wo Carlyle von der Arbeit redet, erhebt seine Sprache sich zum begeisterten Hymnus« (*W. Bousset*, Th. Carlyle, Sp. 326).

236 »Mein Freund, alles Reden und alle Fama hat nur ein kurzes Leben und ist töricht und unwahr. Die edle Tat allein, das, was du treulich verrichtest, nur dies ist ewig wie der allmächtige Gründer und Weltschöpfer selbst; daran halte du fest und laß die Fama und ihresgleichen schwatzen, was sie will« (es folgt ein Zitat: Goethes Gedicht »Doch rufen von drüben ...«) (= Th. Carlyle, Past and Present, London 1843, engl. S. 116; dt. *M. Freund*, Heldentum und Macht, S. 14).

237 *W. Bousset*, Jesu Predigt in ihrem Gegensatz zum Judentum. Ein religionsgeschichtlicher Vergleich, Göttingen 1892, S. 85.

238 *W. Bousset*, a.a.O., S. 35f.

239 Vgl. das Zitat in Anm. 14.

240 Vgl. unten Anm. 98.

241 *W. Bousset*, Jesus, Halle 1904, S. 73.

242 *W. Bousset*, Jesu Predigt in ihrem Gegensatz zum Judentum. Ein religionsgeschichtlicher Vergleich, Göttingen 1892, S. 73.

d) Die Bedeutung von Arbeit und menschlicher Tat wird noch gesteigert, wenn dem »hero« ein »heroisches Ethos« entspricht. Wenn Bousset Jesu heroische Haltung schildert,[243] ist genau der düstere Ton Carlyles getroffen. Dem Heroismus entspricht das Kämpferische,[244] und häufig verwendet Bousset in diesen Zusammenhängen Metaphern, die mit »Stahl« gebildet sind (stählen, Stahlbad). Jesus ist durch heroische sittliche Kraft ausgezeichnet.[245] Und immer wieder wird – auch unter Berufung auf Nietzsche – betont, daß der Mensch nicht zum Glücklichsein, sondern zur Arbeit geschaffen sei.[246]

243 »In seiner ganzen heroischen Haltung, in seiner absoluten Hingabe, in seiner nichts anderes mehr wertenden, ausschließlichen Betonung des Höchsten und Letzten bleibt er zwar in unerreichbarem Abstand von uns, in einer Härte und Schroffheit ja Furchtbarkeit, vor der wir erschrecken. Wir dürfen uns nicht vermessen, dem Heros uns zur Seite zu stellen. Aber er bleibt das Gewissen seiner Gläubigen, seine Worte bleiben der Stachel, der sie nicht zur Ruhe kommen läßt. Er deutet in unverkennbarer Klarheit die Richtung, die wir wandern müssen, wenn auch in weitem Abstand von ihm« (*W. Bousset*, Jesus, Halle 1904, S. 76).

244 (Von der überliefernden Gemeinde) »Sie hat sich gebeugt unter den starken Heroismus seiner in einem ebenso kühnen Gottesglauben wurzelnden sittlichen Forderungen und von ihnen so gut wie gar nichts abgebrochen; sie hat das Bild des großen Kämpfers für Wahrheit, Einfachheit und Schlichtheit in der Religion gegen alle falsche Virtuosität treulich bewahrt ... sie hat sich gestählt an seiner harten und heldenhaften Forderung ...« (*W. Bousset*, Kyrios Christos, 2. = 6. Aufl., Göttingen 1967, S. 74).

245 »Wenn wir tiefer in sein Leben hineinschauen, so sehen wir beides: die ungeheueren bewegenden Mächte unter der Oberfläche seines Lebens und die heroische sittliche Kraft, mit der diese gehalten werden« (*W. Bousset*, Jesus, Halle 1904, S. 15).

246 Vgl. Anm. 74 und: »Denn niemals hat Jesus in seiner Predigt den Sinn seiner Hörer und Jünger auf Glückseligkeit in erster Linie gerichtet« (Anm. 2: »Ecce homo«, 133) (*W, Bousset*, Jesu Predigt in ihrem Gegensatz zum Judentum. Ein religionsgeschichtlicher Vergleich, Göttingen 1892, S. 88).

Daß sich W. Bousset auf Carlyles Heldenverehrung eingelassen hat, gilt heute als anrüchig. Das ist nach den Erfahrungen mit deutschem Führerkult nicht erstaunlich. So urteilt A. F. Verheule über Bousset in diesem Zusammenhang: »Die Gefahren dieser Anschauungen hat er leider nicht erkannt.«[247] Aber auch im allgemeinen ist die heutige Geschichtswissenschaft davon überzeugt, daß Weltgeschichte nicht durch die großen Persönlichkeiten gemacht wird.

Um dem Konzept Carlyles gerecht zu werden, ist es indes notwendig, seinen Ausgangspunkt zu sehen: Carlyle ist kein faschistischer Träumer, vielmehr ist der schrankenlose Liberalismus gerade sein Gegner. Er wendet sich an die Führungsschicht und ruft sie zu verantwortlichem Handeln, zu Arbeit und Pflichterfüllung im Dienste Gottes auf. Gegen das Prinzip der hemmungslosen freien Konkurrenz[248] unter dem Deck-

247 *A. F. Verheule,* Wilhelm Bousset. Leben und Werk, Amsterdam 1973, 375. Wie die Rezeption Carlyles im allgemeinen auch durch die Mentalität der Gründerjahre in Deutschland bedingt ist, zeigt *H. Kahlert* (1984) S. 163 ff.

248 »Die menschliche Gesellschaft bestand nach der geltenden Anschauung aus einer Summe einzelner, innerlich gleicher, nur durch die Verhältnisse unterschiedner Individuen; und wie man die Gesetzmäßigkeit und Ordnung in der Naturwelt in dem gesetzmäßigen Aufeinanderwirken gleicher Atome begründet fand, so betrachtete man auch die menschliche Gesellschaft: man kannte kein anderes Band in dieser als die freie Konkurrenz, das freie Sichauswirken und Aufeinandereinwirkenlassen aller natürlichen Kräfte, bei der sich dann wohl von selbst die beste aller Welten herausgestalten werde. Die große Persönlichkeit, die sich nicht mit dem Durchschnittsmaß des alltäglichen Lebens messen ließ, war von vornherein verdächtig: Despot oder Tyrann, Heuchler oder Schwärmer. Die Wissenschaft dieses modernen Englands war die Nationalökonomie; die Wissenschaft, die damals lehrte, wie und durch welche Mittel ein Volk reich werde. Von hier aus wurde letztlich die Ethik als Sozialethik bestimmt, die als das Ziel aller menschlichen Arbeit das größtmögliche Glück der größtmöglichen Anzahl, »die Prosperität« eines Volkes hinstellte, die wiederum nach dem Durchschnittseinkommen in Pfunden Sterling bemessen wurde. Die führende Klasse dieses modernen Englands waren die liberaldemokra-

mantel der »prosperity« muß er um der wirtschaftlich Schwachen willen vom Prinzip der schematischen Gleichheit aller abgehen. Er durchschaut, daß die »Gleichheit aller« nur zum Feigenblatt hemmungsloser Konkurrenz mißbraucht wird. Angesichts des Materialismus, den er auf beiden Seiten feststellt, bei Arbeitgebern wie Arbeitern, versucht er eine idealistisch-»christliche« Lösung, indem er an den Einzelnen und insbesondere an die Führungspersönlichkeit appelliert.[249] Daß

---

tisch gestimmten Großindustriellen, die ihre Geltung und Ansehen im siegreichen Kampf mit der bisher führenden Klasse des Adels errungen hatten. Deren Machtmittel war die Maschine, ihre Machtgebiete der freie Welthandel, die internationale Konkurrenz ... Aus der freien Konkurrenz wurde das Recht der erbarmungslosen Ausnutzung der wirtschaftlich Schwächeren durch den wirtschaftlich Stärkeren, aus der allgemeinen Prosperität wurde die unerhörte Prosperität der führenden Klasse, deren Kehrseite das Darben und Hungern von Millionen war« (*W. Bousset*, Th. Carlyle, Sp. 252).

249 »Man kann Carlyles gesamte Anschauung auch aus dem völligen Widerspruch gegen alles, was seine Zeit dachte, hervorgegangen betrachten, als eine kühne Umwertung aller Werte. Seine Zeit hatte sich gewöhnt, Gott als ein unverständliches Vielleicht zu betrachten, er verkündete, daß Gott das Allergewisseste sei; seine Zeit sah in der »Prosperität« das höchste Ziel für die Nation und die menschliche Gesellschaft, Carlyle lehrte, daß die Nationen ein inneres Leben und der einzelne Mensch eine unsterbliche Seele habe; seine Zeit faßt den Menschen als ein Produkt der Verhältnisse auf, die ihn umgeben, Carlyle predigt die Freiheit des Menschen, und daß nur allein der Geist eine Wirklichkeit sei und die Materie wesenloser Schein; rings um ihn her bemühte man sich, eine Moral auf dem Grunde des Egoismus aufzubauen, Carlyle höhnte über diese Versuche und verkündetete, daß der Mensch auf Erden nicht dazu da sei, sein Glück zu finden, sondern um zu arbeiten und seine Pflicht zu tun, und daß die Natur, wenn sie den Menschen zum Glück geschaffen hätte, ihn nicht törichter hätte ausrüsten können, als indem sie ihm das Gewissen gab. Inmitten eines Volkes, das in demokratischem Liberalismus alles von freien Volkswahlen und der Tätigkeit der Parlamente erhoffte, verfocht Carlyle den Satz, daß der Einzelne immer Recht habe gegenüber der Masse, und daß in der Geschichte alles Leben von der großen Persönlichkeit ausgegangen sei; und während in England jedem Gebildeten die Nationalökonomie und Statistik klar bewiesen hatte, daß ein gewisses Maß von Massenelend unumgänglich notwendig sei, appelierte Carlyle gegen diese Notwendigkei an das

eine solche Position des »Führers« ambivalent ist und Despotie bedeuten kann, wird gesehen. Carlyle versucht, dieses »Umkippen« durch den Hinweis auf Gewissen und unsterbliche Seele zu verhindern. Die »große Persönlichkeit« ist das Gegenteil eines Ausbeuters, sie ist der »aufgeklärte Monarch« oder der »aufgeklärte Aristokrat«. Bousset selber hat in Friedrich Naumann eine derartige Gestalt gesehen.[250] Und auch heute wird niemand bezweifeln, daß es in einer Massendemokratie geeigneter Führungskräfte bedarf. Und der Widerstreit zum demokratischen Ideal der Gleichheit aller, der sich daraus ergibt, ist vor allem ehrlich zu lösen. Vom »hero-worship« trennt uns dennoch eine ganze Welt, nicht zuletzt der Bedarf an Kontrolle (Gewaltenteilung), der bei diesem alten Ansatz fehlt. Theologiegeschichtlich bedeutsam wurde der Ansatz Carlyles dadurch, daß W. Bousset ihn zum Ausgangspunkt seiner Christologie gemacht hat. Nicht nur für die Beurteilung des Judentums, sondern vor allem durch sein wichtiges Werk »Kyrios Christos« hat Bousset über Jahrzehnte hin gewirkt, nicht zuletzt auch über seinen Schüler Rudolf Bultmann (er schrieb das Geleitwort zur 5. Auflage und bemerkt dabei, daß er das Buch immer als unerläßlich zum Studium empfohlen habe), und bis heute ist Boussets Werk die einzige Christologie, die die ersten beiden Jahrhunderte umspannt.

Der Religionsstifter ist es, der nach W. Bousset die tiefere Wirklichkeit zu erschauen vermag, und auf die anderen, die Vielen, springt diese Gewißheit nur über, die sich dem Stifter erschlossen hat (so etwa in »Unser Gottesglaube«, 1908, S. 62). Diese – am Ende auf Carlyle zurückgehende – Konzeption hatte geradezu ein Syndrom von Folgewirkungen:

1. Abwertung des Judentums insbesondere der zwischentestamentlichen Zeit im Sinne der Propheten-Anschluß-Theorie: Jesus und die Propheten sind gleichen Ranges, das nachexilische Judentum dagegen ist eine mittelmäßige

öffentliche Gewissen und nannte schlecht, was schlecht war« (*W. Bousset*, Carlyle, Sp. 268).

250 *A. F. Verheule*, Wilhelm Bousset. Leben und Werk, Amsterdam 1973, S. 375.

und chaotische Epoche (vgl. dazu auch: H. Kahlert, 1984, S. 187f. 211-234). Konsequenz: Intensivierung des bürgerlichen Antijudaismus.

2. Strikte Trennung der genialischen Einzelpersönlichkeit Jesu von dem gesamten nachfolgenden Christentum, auch schon von Paulus (vgl. dazu den Abschnitt »Carlyle und die Leben-Jesu-Forschung« bei H. Kahlert, 1984, S. 235-270). Konsequenz: Etablierung der Christologie als Heldenverehrung, Trennung der Kirche von Jesus (Rückfall der Kirche in »jüdische Gesetzlichkeit«) und damit mangelhafter Sinn für soziale Phänomene im Bereich der Religion zugunsten mystifizierter Christologie.
3. Übertragung religiöser Züge auf Führerpersönlichkeiten überhaupt. Das unter 2. genannte christologische Problem umfaßt eine noch lange nicht ausdiskutierte hermeneutische Fragestellung, die hier nur anzudeuten ist: Christologie und Persönlichkeitswert bzw. -kult in der Wechselbeziehung von (antikem) Herrscherkult, Dogmatik und Philosophie (u.a. Ausbildung des neuzeitlichen Personalitätsverständnisses auf dem Boden trinitarischer Überlegungen). Die Anfrage an die Kooperation der Exegese/Theologie mit der Persönlichkeitsphilosophie des 19. Jh. würde daher lauten: Wäre die Konzentration der Theologie auf die Person Jesu Christi nicht zu entschärfen oder wenigstens zu ergänzen durch Nachdenken über »Volk Gottes« (Israel/Kirche)?

Immer wieder findet sich bei Bousset die Denkfigur, daß auf ein gärendes Chaos hin eine ordnende und Frieden schenkende Einzelgestalt auftritt. Und diese Führungsgestalt wird dann wirklich Mitte eines neuen Gemeinwesens. Bousset hat – als Vertreter der »religionsgeschichtlichen Schule« – beide Aspekte seines Grundansatzes mit religionsgeschichtlichem Material untermauert: Er versucht zu zeigen, daß das Judentum zur Zeit Jesu erstarrend, chaotisch und voll von gärendem Neuen ist. Und er hat Jesus und dann auch Paulus eingereiht in den Typus des »göttlichen Menschen«, insbesondere hat er Jesus mit dem antiken Herrscherkult in Verbindung gebracht. Exegetisch gesehen ist inzwischen beides fragwürdig geworden, da beides auf Kosten einer realistischeren Beurteilung des zeitgenössischen Judentums arrangiert wurde. Doch das ist nicht der Punkt des Interesses hier.

Schon J. Weiß hat seinem Freunde Bousset vorgeworfen, er mache sich von Carlyles Geschichtsbetrachtung abhängig.[251] Bousset selbst fand, wie gezeigt wurde, diese Orientierung an einer Weltanschauung systematisch legitim (vgl. Anm. 8), und von der Zeit, die sein zweiter philosophischer Gewährsmann, J. F. Fries, im theologischen Seminar in Niesky zugebracht hat, sagt er ganz unbefangen: »Dort stand er hauptsächlich unter dem Einfluß des Philosophen Garve; auch die Schriften Jacobis haben damals schon sehr stark auf ihn gewirkt«[93252] – er gesteht mithin auch anderen derartige Beziehungen völlig problemlos zu. Worin aber besteht nun die besondere Bedeutung der rezipierten Philosophie für den Gegenstand Boussets? Bousset verwendet über Carlyle von Fichte her Kategorien, die selbst säkularisierte Christologie sind. Derselbe Vorgang wird uns im Verhältnis von Bultmann und Heidegger noch einmal begegnen; auch Heidegger verwendet säkularisiertes neutestamentliches Gut. Auch das Ergebnis dieser philosophischen Säkularisierung ist in beiden Fällen dasselbe: Christliche Kategorien werden zu etwas allgemein Menschlichem, ihre heilsgeschichtliche Beschränkung und Eingrenzung auf die Auserwählten (Israel, Jesus, Gemeinde) geht verloren, das Christliche ist das wahrhaft Menschliche. Hier erkennen wir wesentliche Züge liberaler Theologie, und sie werden bezüglich der Christologie bei Bousset religionsgeschichtlich fundiert. Die Philosophie, die hier verwendet wird, geht also in bestimmtem Sinne aus dem Christentum selbst hervor, um dann wieder – durch neutestamentliche Exegese – kritisch und interpretatorisch auf das Anfangsdokument des Christentums einzuwirken. So schafft sich liberale Theologie auf dem Weg über den Gebrauch von Philosophie in der Exegese ein biblisches Fundament.

---

251 *J. Weiß*, Die Predigt Jesu vom Reiche Gottes, 2. = 3. Aufl., Göttingen 1964, S. 56.

252 *W. Bousset* (Hrsg.), J. F. Fries, Julius und Evagoras. Ein philosophischer Roman, Göttingen 1910, Einleitung des Herausgebers, S. V.

Jesus wird so – im Zuge der Rezeption des philosophisch-idealistischen Ansatzes – eingereiht unter die hervorragenden Menschen. In der Dimension des »großen Menschen« wird ein Vergleichspunkt gefunden, der einen Supranaturalismus vermeiden hilft. Darüber hinaus aber bedeutet dieser Ansatz für Bousset noch zweierlei: Erstens wird es unter dem Stichwort »hero-worship« durch Boussets deutsches Verständnis dieses Begriffs möglich, auch die Dimension religiöser, kultisch-liturgischer Verehrung einzubringen (daran war bei Fichte nicht gedacht) und so die formgeschichtliche Kategorie des »Sitzes im Leben« sachlich anzupeilen.

Er verbindet die Idee mit religiöser Praxis. – Und zweitens ist der Kultheros Jesus der Mittelpunkt seiner Gemeinde. Er steht nicht für sich, sondern die christliche Gemeinde ist das Idealbild einer Gemeinschaft von Führer und Geführten. Hier meldet sich am Ende noch einmal das sozialpolitische Engagement Boussets auf exegetischer Ebene.

8. W. Bousset und Jakob Friedrich Fries

Der Einfluß dieses Kant-Schülers auf W. Bousset[253] ist erst ab 1909 wirklich nachweisbar. Eine große Rolle spielt dabei der

253 Zu Jakob Friedrich Fries: Geb. 23. 8. 1773 in Barby an der Elbe, Vater: Prediger der Brüdergemeinde. – Besuch des theol. Seminars in Niesky (Beeinflussung durch Garve und Jacobi), 1795 an der Universität Leipzig, Bruch mit der Brüdergemeinde, 1797 in Jena, bis 1800 Hauslehrer in Lofingen/Schweiz, 1801 Habilitation in Jena, 1803 »Philosophische Rechtslehre« (gegen Reinhold, Fichte und Schelling), 1805 »Wissen, Glaube und Ahndung« (Neuherausg. durch L. Nelson, Göttingen 1905), ab 1805 Professor f. Philosophie in Heidelberg, 1807 »Neue Kritik der Vernunft«, 1811 »System der Logik«, 1813 »Julius und Evagoras oder: Die neue Republik«, 1815 sein Schüler und Freund W. M. L. de Wette publiziert, abh. von Fries und Schleiermacher, »Über Religion und Theologie«, 1816 Ruf nach Jena, Verlust der Professur nach Ermordung Kotzebues durch einen Fries-Schüler, 1835 Fries' Schüler H. Schmid, Prof. der Philosophie in Heidelberg, publiziert »Über Schleiermachers Glaubenslehre …«; gest. 10. 8. 1843.

Kontakt mit den beiden Göttingern L. Nelson und R. Otto. (Zu späteren Auseinandersetzungen und Unterschiedlichkeiten zwischen Bousset und Otto, die vor allem die Verwendung hist.-krit. Methode bei Bousset betrafen, vgl. H. Kahlert [1984] S. 33-44.50.)

In seinem Aufsatz in ThR 12 (1909) erwähnt Bousset, daß R. Otto den Standpunkt der Fries'schen Schule nicht immer gehabt habe; als Beispiel nennt Bousset dessen Buch »Naturalistische und religiöse Weltansicht«, Tübingen 1904, in dem Otto eher zu Schelling geneigt habe (S. 423). So spricht alles dafür, daß sich Bousset erst nach dem Erscheinen von Nelsons Buch »Das Erkenntnisproblem« im Jahre 1908 dem Friesianismus zugewendet hat. So erklärt sich auch die emphatische Empfehlung dieses Buches in ThR (1909) S. 422.

Jedenfalls ist Bousset auf Fries deutlich später gestoßen als auf Carlyle. Und während er in der Hochschätzung Carlyles und Fichtes noch mit E. Troeltsch eins geht, markiert Boussets Hinwendung zu Fries den Punkt der Differenz mit Troeltsch.

In seiner Neuherausgabe der Schrift »Julius und Evagoras« von J. F. Fries gibt W. Bousset mit eigenen Worten einen kurzen Abriß von dessen Systematik: Neben dem Wissen (Naturgesetze) und dem Glauben (bezogen auf die ganz andere Welt der ewigen Wahrheit) steht die »Ahndung« als Vermittlung zwischen beiden.[254] Diese Vermittlung geschieht durch das Gefühl, und sie vollendet sich in der Ethik[255] – die Tat steht

254 »Im Wissen und in der verstandesmäßigen Erkenntnis erhebt sich vor uns die Welt gesetzmäßiger, naturhafter Wirklichkeit. In den Ideen des Glaubens verneinen wir diese endliche, unvollendbare Welt und setzen ihr die Welt ewiger Wahrheit entgegen. In der Ahndung und im Gefühl beziehen wir diese endliche Welt auf die ewige, sehen durch die Hülle ihrer Erscheinungen jene höhere Welt hindurchleuchten und umkleiden so die Ideen ewiger Wahrheit mit konkreter Wirklichkeit, so daß sie uns im Bilde faßbar und greifbar werden« (*W. Bousset*, Einleitung zur Neuherausgabe von J. F. Fries, Julius und Evagoras, Göttingen 1910, S. XXVII).

255 »Aber alles das, was Fries in die Worte Ahndung und Gefühl zusammenfaßt, ist doch noch nicht das Höchste, was er uns zu sagen hat. Höher noch als Gefühl und Ahndung steht ihm die Tatkraft, das Handeln« (*W. Bousset*, ibid., S. XXIX).

noch höher als Gefühl und Ahndung; mit dieser Betonung der Tat ist eine der Verbindungslinien zu Carlyle gegeben.

Die Frontstellung, in der Bousset sich durch Fries anregen läßt, ist wie folgt zu beschreiben:

a) Fries ist für Bousset ein Systementwurf, dessen Stabilität er in appellative Kraft umsetzen will, um die (höhere) Gesellschaft aus ihrer Trägheit und Sentimentalität aufzurütteln. Wieder fällt – wie so oft bei Carlyle, nun auch im Zusammenhang mit J. F. Fries – das Stichwort »laissez faire« zur Bezeichnung der abgelehnten moralischen Gegenposition; es fällt auf, daß sie mit Sentimentalität in Verbindung gebracht wird: Das Gefühl im System von Fries ist nur die Vorstufe zur Tat.[256]

b) Frontstellung gegen neu aufkommenden Hegelianismus: Weder gibt es einen Plan der Weltgeschichte noch menschheitliche Entwicklungstendenzen, Kontinuität wird nur durch Arbeit hergestellt.[257]

c) Frontstellung gegen einen in Konservativismus umschlagenden Historismus. Beide Ausgänge des Historismus werden bekämpft; Konservativismus mit dem übertrie-

---

256 »Wesen und Fundament des Staates ist Ehre und Gerechtigkeit. Fries wird nicht müde, einer schlaff und feige gewordenen Nation, einer Gesellschaft, die in Schöngeisterei und rührsamer Sentimentalität, in Modenarrheiten und einem trägen laissez faire laissez passer in allen öffentlichen Angelegenheiten versunken war, diese Worte ins Gewissen hineinzuhämmern. ›Ehre und Gerechtigkeit, wann wird deren einfach reiner Spruch einmal von einem gebildeten Volke anerkannt sein!‹« (*W. Bousset*, ibid. S. XXXIV).

257 »Wir konstruieren gern und mit leichter Hand Evolutionen und Entwicklungstendenzen über die ganze Geschichte der Menschheit hin. Mit strenger Konsequenz weist Fries diese Phantasien aus der Geschichtswissenschaft heraus. In der Geschichte der Menschheit ist Zweckmäßigkeit und Zielstrebigkeit, aber nur so viel, wie zusammenhängende, bewußte Arbeit in sie hineingearbeitet hat. Alles, was darüber hinausgeht, alle Behauptungen von Evolutionen und stufenmäßiger Entwicklung, die sich im Unbewußten jenseits der Arbeit der einzelnen Generationen vollziehen soll, von einem göttlichen Plane der Weltgeschichte, betrachtet Fries mit Recht als Phantasien …« (*W. Bousset*, ibid., S. XXIII).

benen Respekt vor allem, was geworden ist, wie auch Relativismus.«[258]

Die Überwindung dieser Positionen wird Bousset möglich, indem er mit Kant sich auf die Gesetze der Vernunft zurückbesinnt (vgl. auch Anm. 125).[259] Bousset teilt die Problemstellung mit E. Troeltsch, aber er findet eine ganz andere Antwort. Troeltsch hatte versucht, auf dem Weg der Religionsvergleichung das Christentum zu erweisen als »die stärkste und gesammeltste Offenbarung der personalistischen Religiosität«[260]. In seinem eigenen Vortrag über das »Wesen der Religion« von 1903 war Bousset durchaus ähnlich vorgegangen (z. B. durch Vergleich der Gesetzesreligionen mit dem Christentum) und meinte: »Ja, im Christentum

---

258 (Über die Philosophie von Fries:) »Sie soll uns befreien von der einseitigen Überschätzung der Historie, die auf vielen Gebieten ... eine so unheilvolle Rolle gespielt hat. Sie mag uns befreien von dem in ihrem Gefolge stark gewordenen Konservatismus und von dem Respekt vor dem Historisch-Gewordenen einerseits, von der müden, alles in Relativitäten auflösenden Skepsis andererseits. Sie soll uns helfen, den Bann historischer Gebundenheit und die Belastung durch die Vergangenheit abzuschütteln, in den ewigen Gesetzen unseres eigenen Geisteslebens das letzte Fundament der Gewißheit zu suchen und unserem Handeln endgültige Ziele zu geben« (*W. Bousset*, ibid., S. XXVI).

259 »Er lehrt uns: Schau in dich selbst hinein, dort – und nirgend anders – findest du die Fundamente deines Seins. Nicht als Laune, Willkür, Einfall, sondern als Gesetze der Vernunft, die gebieterisch über unserem Wesen walten und unbedingte Zustimmung verlangen. Und unseres Geistes Selbstvertrauen sagt uns, daß seine Gesetze und seine Notwendigkeiten der Wirklichkeit, die uns umgibt, entsprechen. So führt uns nun das Buch in das Innerste unseres Geisteswesens und läßt uns nun als das Allergewisseste, als die Zentralsonne unseres geistigen Innenlebens, die unbeweglich und unverrückbar im Zentrum steht, die Welt der Ideen aufleuchten: die Idee der Einheit und wesenhaften Notwendigkeit der Wirklichkeit und mit ihr die Ideen der Geistigkeit und des ewigen Lebens, der Freiheit und der Gottheit, und mit alledem die Gewißheit von einem höchsten Wert und einem letzten Sinn des Lebens« (*W. Bousset*, ibid., S. XX-XXI).

260 *A. F. Verheule*, Wilhelm Bousset. Leben und Werk, Amsterdam 1973, mit Berufung auf *W. Köhler*, Ernst Troeltsch, 1941, S. 97.

ist nicht nur ein höchster Punkt der Entwicklung gegeben, in ihm scheinen auch alle bisherigen Linien zusammenzulaufen«, worauf dann die »innere Überlegenheit« des Christentums dargestellt wird.[261] Das war auch der Weg von Troeltsch. Inzwischen jedoch hat sich Boussets Position gewandelt. In seinem Aufsatz in der Theologischen Rundschau von 1909 fordert Bousset: »... was wir hier brauchen ist ein absolutes Apriori und demgemäß feste Beurteilungsnormen für die religiöse Einzelerscheinung«[262]. Jetzt geht es nicht mehr um die relativ vollkommenste Spitze einer Entwicklungslinie, sondern um feste Kriterien, die Bousset mittlerweile bei J. F. Fries gefunden hat.[263] Wir hatten schon früher beobachtet, daß es ein Grundzug im Denken Boussets ist, dem »gärenden Chaos« eine klare Gestalt gegenüberstellen zu wollen. In dem von Carlyle übernommenen Ansatz war diese klare Gestalt der »große Mensch«; später, als Bousset Kantianer geworden war, sind es die Gesetzmäßigkeiten der Vernunft selbst; die Konsequenz war beidemale die Einsicht in die Notwendigkeit klarer, entscheidender Tat.

Daß diese Verbindung besteht, wird direkt bestätigt durch eine Äußerung Boussets in seinem Aufsatz von 1909: R. Otto stehe mit seinem Ruf »zurück zu Kant und Fries« in dem größeren Zusammenhang der Tendenz einer Rückkehr zum deutschen Idealismus. »Immer mehr hat sich die Erkenntnis Bahn gebrochen, daß hier die festen Grundlagen gegeben seien, auf denen wir einen Neubau unseres geistigen Gesamtdaseins aufführen müssen, wenn unser so reich und mannigfach gewordenes Kulturleben aus dem chaotischen Zustand, in dem es sich befindet, herauskommen soll« (ThR 12 [1909] S. 419f). Nicht nur gegen E. Troeltsch, auch gegenüber P. Wernle eifert Bousset jetzt gegen »Historismus und empirischen Psychologismus«[264].

261 *W. Bousset,* Das Wesen der Religion, 1903, S. 195 und 195 ff.

262 *W. Bousset,* Kantisch-Friessche Religionsphilosophie ..., in: ThR 12 (1909) S. 432. Zum Begriff des religiösen Apriori in der Diskussion vgl. *H. Kahlert* (1984) S. 82 f.

263 *W. Bousset,* a.a.O., S. 478ff.

264 *W. Bousset,* a.a.O., S. 435.

Der Aufsatz Boussets in der Theologischen Rundschau von 1909 gibt überhaupt am meisten Aufschluß über seine philosophische Position, und von allgemeiner Bedeutung ist bis heute die darin mit E. Troeltsch geführte Diskussion. Daher wenden wir uns diesem Aufsatz intensiver zu.

Die Differenz zu Troeltsch beschreibt Bousset einleitend so, daß dieser, obgleich er die Anknüpfung an Kant als notwendig betone, immer entschiedener der Bahn Fichte, Schleiermacher, Hegel und Schelling folge »im teilweisen Anschluß an Fichte«, daß er selbst aber – wie R. Otto – sich an Namen wie Kant, Schiller, (Jacobi) und Fries orientiere und damit an dem reineren »echt-kantischen Kritizismus« (ThR 12 [1909] S. 420). Bousset bezieht sich dann auf Troeltschs Artikel »Rückblick auf ein halbes Jahrhundert der theologischen Wissenschaft« (ZwissTheol 51 NF 16), in dem Troeltsch »in dunklen Farben« die damalige Theologie geschildert habe: Der Bestreitung der Historizität und Auflösung in Religionsgeschichte auf der einen Seite stehe eine praktisch-religiöse Weltbeurteilung gegenüber, die sich unkritisch der positiv gegebenen Religion anschmiege. Die daraufhin erhobene Forderung Troeltschs nach einer positiven Klärung der historischen Grundlagen des Christentums (a.a.O., 429) lehnt Bousset als unerfüllbar ab – denn er sucht das »sturmfreie Gebiet, das jenseits der historischen, auch der wichtigsten Einzelforschung, liegen muß« (a.a.O., 429), an anderer Stelle.

Den zweiten Ausweg, den Troeltsch aus dieser Lage suchen will, nämlich die Gewinnung von Kriterien zum Erweis der Absolutheit des Christentums, stellt Bousset kurz in dessen biographischer Genese bei Troeltsch dar (Streit zwischen Troeltsch und Kaftan und Troeltschs Vortrag von 1905, nach dem aus der Fülle der Erscheinungen allmählich die allgemeingültigen apriorischen Elemente herausgeschält werden müssen) und lehnt dann alle von Troeltsch erwogenen Wege ab: »Wir kommen also, wenn ich richtig sehe, niemals auf diesem Wege zu absoluten Normen der Beurteilung, resp. zu allerletzten apriorischen Elementen, sondern immer nur zu vorläufig als solchen erscheinenden Elementen und mehr oder minder gültigen Normen. Ich fürchte aber, mit diesem Entscheid ist das ursprüngliche Problem nicht gelöst. Denn was wir hier brauchen, ist ein absolutes Apriori und demgemäß feste Beurteilungsnormen für die religiöse Einzelerscheinung« (ThR 12 [1909] 432). – Bousset urteilt von der Position dessen aus, der bereits gefunden zu haben meint.

So empfiehlt Bousset mit Nachdruck: »Das Historische dient nur zur Illustration, nicht zur Demonstration« (a.a.O., 432). Boussets Ideal ist: »Können wir diese (sc. allgemein notwendige Elemente von Religion) nicht etwa mit derselben Sicherheit und Abgeschlossenheit nachweisen, wie die Naturwissenschaft in dem Kausalitätsprinzip eines ihrer apriorischen und grundlegend notwendigen Elemente erkennt?« (a.a.O., 432). Wieder einmal geht es um das ins Wanken geratene Selbstverständnis historischer Wissenschaften angesichts der Präzision der Naturwissenschaften. Das von Troeltsch vorgeschlagene Modell der »wachsenden Gesamterkenntnis« (a.a.O., 433) lehnt Bousset ab. Viel sicherer wäre der Weg, wenn es ein Apriori der religiösen Ideen als Maßstab gäbe.

Troeltsch dagegen habe sich dem Satz Kants »Das Historische dient nur zur Illustration, nicht zur Demonstration« nicht radikal und konsequent genug angeschlossen.

Bousset stellt dann die Differenzen zwischen Kant und Fries dar: Kants Ableitung der religiösen Ideen als Postulate der praktischen Vernunft ist mehr als prekär: »Vor allem stammt die Herrschaft eines einseitigen Historismus in der Theologie aus Mißverständnissen dieser Theorie von der praktischen Vernunft« (S. 472). Fries habe den Zwiespalt zwischen theoretischer und praktischer Vernunft wieder aufgehoben und »die religiösen Ideen als notwendigen Bestand der einen und gleichen Vernunft erwiesen« (S. 472). Bousset schildert dann sehr anschaulich die Gegensätze zwischen Kant und Fries.

Nach Fries beruht die Gewißheit unserer Sinneswahrnehmungen nicht auf einer nachweisbaren Beziehung zum Gegenstand, sondern nur auf der wahrgenommenen Ordnung und Übereinstimmung der Daten unserer Erfahrung untereinander; wir bleiben aber mit den Wahrnehmungen ganz in der Immanenz unseres Bewußtseins (a.a.O., 474). »Wir erkennen, daß unsere sinnliche Organisation einen Schleier über die letzte und tiefste Wirklichkeit breitet, den wir niemals zu entfernen imstande sind. Aber wir können wenigstens erkennen, daß ein solcher Schleier über dem Gegenstand unserer Erkenntnis liegt und mittelbar der tieferen Wirklichkeit dadurch inne werden, daß wir uns der Grenzen und Schranken unseres verstandesmäßigen Erkennens bewußt werden und diese wiederum aufgehoben denken« (a.a.O., 476). So folgert Fries: »Weil unsere Ideen in Widerspruch stehen mit der prinzipiellen Unvollendbarkeit unserer Erfahrung in Zeit und Raum, so ist diese Welt in Zeit und Raum nur niedere Erscheinung einer höheren Wirklichkeit« (a.a.O., 477). Wenn aber die Welt in Raum und Zeit nur Erscheinung ist, bleibt doch die innere Erfahrung bis zu einem gewissen Grad bestehen: eine sich zur Einheit ordnende Mannigfaltigkeit und in der Einheit unserer Person etwas über die Zeit Erhabenes. »So erfassen wir die Idee, daß der persönliche Geist die letzte Einheit in aller Mannigfaltigkeit repräsentiert, die wir auf dem Gebiet des Naturerkennens vergeblich suchen« (a.a.O., 477). So steht für Fries über der Welt des Wissens die des Glaubens. Nur hier gibt es letzte Gewißheit und Wirklichkeit. An dem Folgenden wird dann noch deutlicher, daß J. F. Fries aus der Herrnhuter Brüdergemeinde stammt und wie hier Aufklärung und Pietismus eine Einheit bilden:

> »Das Gebiet des Verstandes ist das der willkürlichen Reflexion, die eben deshalb auch dem Irrtum und der Täuschung unterworfen ist. Die Welt des Glaubens aber ist die der unmittelbaren Gewißheit, die jedem Menschen ins Herz geschrieben ist, auf die jeder sich nur zu besinnen braucht, und die er hat, auch wenn er sie leugnet, zu der nichts hinzugetan und von der nichts genommen werden kann. ›Es ist der Glaube gleichsam die innerste, ruhige, unbewegte Tiefe des Geistes, an dessen Oberfläche nur die Wellen des sinnlich und verständig bewegten Lebens spielen. Oder er steht, die Sonne dieser inneren Welt, unbeweglich in der Tiefe ihres Gebietes, und alles Lebendige in dieser inneren Welt bewegt sich nur um ihn, um allseitig Licht und Wärme von ihm zu empfangen‹ (Julius und Evagoras, S. 69)« (a.a.O., 478).

Für Bousset heißt das: »Bejahe die Tiefe Deines eigenen Lebens«. Die Bedeutung der zeitgenössischen Vitalismus-Diskussion wird hier mit Händen greifbar, so auch in dem folgenden: »... so ist die Religion lange und von Anfang lebendig in dunklem Drang wie in klarer symbolischer Gestaltung, ehe den Menschen es in harter Arbeit gelingt, das religiöse Apriori zu finden« (a.a.O., 479f.) Die »Illustration« sei daher wesentlich und unentbehrlich als lebendige Religion. Sichtbar wird das in der »Tat« und im »Gefühl« (S. 480). Mit der »Tat« ist wieder ein Anknüpfungspunkt zu Carlyle gegeben. Was das Gefühl betrifft: »In der Ahnung beziehen wir das Ewige auf das Endliche, sehen im Endlichen gebrochene Strahlen des Ewigen. Der zutappenden, zugreifenden Erkenntnis zerrinnt der Inhalt dieser Ahnungen notwendig wieder und wieder unter den Händen, im Gefühl aber wahren wir sie sicher und halten sie lebendig« (a.a.O., 482). – Wichtig ist hier Boussets eigene Folgerung, daß die religiösen Gefühle sich vor allem auf die religiösen Symbole beziehen, und Bousset unterscheidet solche mehr naturhafter Art, solche, die auf Ereignisse der Geschichte bezogen sind, und solche, die auf menschliche Persönlichkeiten von symbolischem Wert gerichtet sind. Zusammenfassung:

Bei der Hinwendung Boussets zur Religionsphilosophie von J. F. Fries, die etwa ab 1908 nachweisbar ist, geht es um folgendes:

I. Bousset sucht nach einer Lösung des Historismus-Problems, ohne dem naiv-affirmativen Kirchenglauben zu verfallen.
II. Im Unterschied zu Troeltsch will er sich nicht auf die »wachsende Gesamterkenntnis« einlassen, um den bleibenden Maßstab für die Absolutheit des Christentums zu gewinnen.
III. Bei der Abgrenzung von Fries gegenüber Kant wird erkennbar, daß es Bousset am Ende um eine Gewißheit des Herzens und des Gefühls gegenüber jeder verstandesmäßigen Gewißheit geht.
IV. Die Bedeutung dieser Gefühlsgewißheit ist nur verständ-

lich auf dem Hintergrund der Herkunft von J. F. Fries aus der Herrnhuter Brüdergemeinde.

V. Bousset sieht eine enge Beziehung zwischen Gefühl und Symbol. Die Erforschung des letzteren ist die Aufgabe der religionsgeschichtlichen Forschung.

VI. Bousset grenzt seine Position ab gegenüber der verwandten Auffassung Schleiermachers und gegenüber der »Mystik« (ThR 12 [1909] S. 483-487).

Wert und Überzeugungskraft der Ansätze Boussets hängen daran, wieweit man Philosophie überhaupt in kantischer Manier auf die Ermittlung von apriorischen Elementen richten kann. Die neuere Philosophie ist hier grundsätzlich skeptischer.

Ein weiterer Punkt wird exegetisch entscheidend: Die Bedeutung des Gefühls und die Vollendung des Gefühls in der Ethik. Man kann hier geradezu mit Händen greifen, wie der Ansatz von Carlyle mit dem von Fries her stammenden zusammenkommt, der letztere die Fortbildung des ersteren darstellt: »Der große Mensch« hat sich seine Gemeinde geschaffen, und diese steht im Widerspruch zur umgebenden Gesellschaft (soweit Carlyle). Aber nun geht es um deren Innenleben, um deren Gefühl und darum, wie dieses Gefühl wiederum Gestalt gewinnt in Symbolen und Taten.

Bei J. F. Fries ist das Gefühl die Art, in der Menschen zum Ewigen in Beziehung stehen,[265] es geht um ein reines Gefühl, das nichts mit Sinnlichkeit und Schwärmerei zu

265 (Der Mensch:) »Er glaubt an die Gottheit, als das Ideal des höchsten Gutes in dem ewigen Seyn der Dinge, aber nur eine dunkle Ahndung kann ihm diese Idee mit der Natur verbinden. Eine positive Vorstellung des Ewigen ist uns also nur durch das Verhältniss desselben zum Endlichen möglich, dieses aber können wir nur im Gefühl durch die Schönheit und Erhabenheit der Natur auffassen« (/. F. Fries, Wissen, Glaube und Ahndung, Jena 1805, S. 177f.). »Die Erkenntnis durch reines Gefühl nenne ich die Ahndung des Ewigen im Endlichen« (J. F. Fries, ibid., S. 176). – Bei der Rezension von R. Ottos Buch (Kantisch-Friessche Religionsphilosophie, Tübingen 1909) schreibt Bousset über die Ahnung: in welcher das der begrifflichen Erkenntnis unfaßbare Ewige positiv erlebbar wird« (ThR 12 [1909] 425).

tun hat.[266] Religion wird erst sie selbst durch eine bestimmte Gemütsstimmung.[267] Dieses Gefühl hat eine ethische Ausrichtung.[268] Während Fries dieses Gefühl vor allem in der Schönheit und Erhabenheit der Natur begründet sein läßt, kommen für Bousset bei der Rezeption von Fries noch die Geschichte und die »schöne und heldenhafte Persönlichkeit« hinzu.[269] So wird

266 »Eben dadurch, daß wir alle positive Erkenntniss des Ewigen auf ein blosses unaussprechliches Gefühl zurückführen, machen wir aller schwärmerischen Geheimniskrämerey ein Ende, welche eine wirkliche Erkenntniss des Ewigen durch Anschauung oder Begriff zu besitzen vorgibt, wir zeigen, daß das geheime innere Licht einem jeden leuchte, aber jedem nur in den ästhetischen Ideen der Schönheit und Erhabenheit der Natur, dass man aber auch diese nicht etwa in dichterischer Begeisterung zum Wahrsagen, oder einer anderen Erkenntniss des Ewigen anwenden könne, sondern daß wir uns hier bloss auf das unaussprechliche Gefühl beschränken müssen. Dadurch aber, daß wir dieses Gefühl auf das reine Gefühl des Schönen und Erhabenen in der Natur, und des religiösen Interesse an demselben beschränken, befreyen wir die Andacht von aller Beymischung sinnlicher Reitze und Rührungen, und entziehen ihre reine Erhabenheit jeder Empfindeley, in welcher das Wesen jedes Mysticismus besteht, der in sinnlichen Empfindungen sich dem Ewigen zu nähern wähnt, und wenn er mit Schwärmerey verbunden ist, diese wohl gar von oben herab in sich erzeugt glaubt« (*J. F. Fries*, ibid., S. 178 f.).

267 »Religion besteht dem religiösen unmittelbar in einer gewissen Gemüthsstimmung, und diese enthält dann ein Motiv zur guten Handlung. Die Gemüthsstimmung, welche religiös macht, ist nun zunächst offenbar eine besondere Stimmung des Gefühls; ihr Wesen besteht weder im Handeln noch im Wissen, sondern im Gefühl und was sie für Handeln und Wissen seyn soll, das wird sie erst durch das Gefühl, und dieses religiöse Gefühl ist es, welches ich Ahndung des Ewigen im Endlichen nenne« (*J. F. Fries*, ibid., S. 239).

268 »Es ziemt jedem, der Schönheit der Seele sucht, daß er Andacht habe, und lebendiges, religiöses Gefühl. Dies kann jedem wohlthun, und ihm einen Enthusiasmus geben, der ihn im Leben fester und besser macht, als er sonst wäre. Der Enthusiasmus der Andacht, in welchem Thatkraft das Gefühl überwiegt, ist es eigentlich, welcher der Religion den Werth gibt, indem er der Stärke des guten Charakters zugleich Lebendigkeit mitteilt« (*J. F. Fries*, ibid., S. 248).

269 »Und wo immer er (sc. Fries) das tut, wo er uns nachweist, wie im Gefühl des Schönen und Erhabenen und in der Ahndung zielstrebender und zwecksetzender Geistigkeit in Natur und Geschichte,

deutlich erkennbar, wie Bousset auch hier Carlyle und Fries verbindet. In der Exegese tritt dann nämlich der Ansatz von J. F. Fries bei der Naturschönheit naturgemäß völlig zurück, und das Gefühl wird allein auf der Person Jesu begründet. Trotz dieses Unterschiedes zu J. F. Fries will Bousset sich lieber auf ihn als auf Schleiermacher stützen, da er bei ihm das feste System finden kann.[270]

R. Otto wird in seiner Darstellung der Religionsphilosophie von J. F. Fries urteilen: »Der Glaube aber an die Offenbarung kommt zustande nicht durch den Verstand, sondern längst bevor der Verstand mit seinem begrifflichen Auffassen sie gefaßt hat, stimmt das Gefühl ein. Aus der Unmittelbarkeit des Gefühles, in dessen Tiefe unbewußt sich Einstimmung und Anerkennung machen nach jenen Maßstäben, die in unserem Inneren verborgen liegen und ebenfalls längst in Anwendung sind, ehe sich der Verstand über sie Rechenschaft gibt, ja sehr häufig entgegen den falschen Anwendungen, die der Verstand sehr oft von ihnen macht, bricht der Glaube auf wie eine Gabe von oben, seiner selbst und seines Ursprungs unbewußt«[271].

Der oben angedeutete Übergang von der kultischen Erfahrung des großen Mannes zum reinen Gefühl zeigt sich nach

in der schönen und heldenhaften Persönlichkeit wie im Völkerleben das Ewige Gestalt gewinnt und die Idee sich symbolisiert – gewinnt seine Darstellung edlen Schwung und seine Sprache hinreißende Kraft« (*W. Bousset,* Einleitung zur Neuherausgabe von J. F. Fries, Julius und Evagoras, Göttingen 1910, S. XXVII-XXVIII). – (Die Gefühle beziehen sich auf die religiösen Symbole) »sei es, daß diese Symbole mehr naturhafter Art sind, sei es, daß die religiöse Andacht sich auf Ereignisse der Geschichte oder auf menschliche Persönlichkeiten von symbolischem Wert richtet« (*W. Bousset,* Kantisch-Friessche Religionsphilosophie und ihre Anwendung auf die Theologie, in: ThR 12 [1909] S. 483.). – *R. Otto,* Kantisch-Fries'sche Religionsphilosophie, Tübingen 1909, S. 119 und 120 spricht dagegen auch schon von dem »große(n) eine(n) Alleben der Natur überhaupt und der Geschichte«.

270 *W. Bousset,* Kantisch-Friessche Religionsphilosophie ..., in: ThR 12 (1909) S. 483.

271 *R. Otto,* Kantisch-Fries'sche Religionsphilosophie, Tübingen 1909, S. 144.

Bousset musterhaft bei Paulus.[272]Seine Tat ist die Umgestaltung von Kultmystik in individuelle Mystik,[273] und darin zeigt sich – theologiegeschichtlich gesehen – der Übergang von Carlyle zu Fries bei Bousset an. Es geht jetzt um das »Gefühl der persönlichen Zugehörigkeit und der geistigen Verbundenheit«, und dieses ist der Kultfrömmigkeit überlegen.[274]

Eine Verbindungslinie zu Carlyle besteht auch in der Entsprechung bzw. Analogie von Formbegriff und Symbolbegriff. War nach Boussets früheren Aussagen die Form/das Symbol das Ergebnis menschlicher »Arbeit«,[275] so steht jetzt das Symbol ebenfalls als Gestaltwerdung am Ausgang der Gefühlserfahrung: die Gemeinde,[276] bzw. die Jünger schaffen ein Bild

272 »... wie er jenes kultische Erlebnis, das eben nur in der Stimmung als Mysterium erfaßt wurde, aus seiner dumpfen Gebundenheit befreit, ins Persönliche umbiegt, geistig-sittlich ausdeutet und erweitert« (*W. Bousset*, Kyrios Christos, 2. = 6. Aufl., Göttingen 1967, S. 107).

273 »ja, wenn wir diesen Ausgangspunkt der Betrachtung nehmen, so tritt die Eigenart und Bedeutung der Persönlichkeit des Apostels m. E. erst recht in hellem Glanz hervor. Denn das ist eben seine Tat, daß er jene Kult- und Gemeinde-Mystik in der Glut des Erlebens zu individueller Mystik umgestaltete, ethisierte und aus dem Kult in das gesamte persönliche Leben überführte ... diesen intimen und für die Religionsgeschichte so bedeutsamen Vorgang der Entwicklung persönlicher Mystik aus der Kultmystik ...« (*W. Bousset*, ibid., S. 107).

274 »In der Christusfrömmigkeit des Paulus klingt nun doch eine ganz neue Note an und wird zur Dominante: das intensive Gefühl der persönlichen Zugehörigkeit und der geistigen Verbundenheit mit dem erhöhten Herrn. Das Gefühl der Verbundenheit schlägt weit hinüber über das ἐπικαλεῖσϑαι τὸ ὄνομα τοῦ κυρίου ...« (*W. Bousset*, ibid., S. 104).

275 Vgl. Anm. 14.

276 »Wie wir also auch über blosse ahndende Gefühle hinaus die Gottheit denken mögen, so wird unsere Vorstellung jedesmal nur Symbol, sie wird mehr oder weniger Anthropomorphismus seyn. Es ist uns unvermeidlich, uns solche Vorstellungsarten des höchsten Wesens zu entwerfen, aber bey jeder werdenwir auf das Geheimniss seiner Erkenntniss stossen, und zu Ahndung zurückgeführt werden« (*J. F. Fries*, Wissen, Glaube und Ahndung, Jena 1805, S. 312).

von Jesus, und darin wird die Vermittlung des Ewigen mit dem Zeitlichen[277] geleistet.

R. Otto wies darauf hin, daß hier die Ahnungslehre von J. F. Fries mit Gedanken Schellings vom Symbolischen durchzogen sei.[278] Und zu Boussets Erklärung des Wunderglaubens (Anm. 66) vergleiche man die feinsinnige Herleitung des Wunderglaubens bei R. Otto aus dem Ansatz von J. F. Fries.[279] Bousset sieht

---

277 »…. eine solche Zeit brauchte eben dies Jesusbild, wie es die ersten Jünger schufen, und nahm das Ewige darin in der farbigen Hülle des zeitlichen Gewandes« (*W. Bousset*, Kyrios Christos, 2. = 6. Aufl., Göttingen 1967, S. 75). – »Erst indem die Gemeinde hinter das Evangelium Jesu die Gestalt deshimmlischen Menschensohnes …, stellte …, machte sie dies Bild Jesu von Nazareth wirksam. Denn das rein Historische vermag eigentlich niemals zu wirken, sondern nur das lebendig gegenwärtige Symbol, in dem sich die eigene religiöse Überzeugung verklärt darstellt« (*W. Bousset*, Kyrios Christos, 2. = 6. Aufl., Göttingen 1967, S. 74f.). – Zum Bildbegriff vgl. auch *R. Otto*, Kantisch-Fries'sche Religionsphilosophie, Tübingen 1909, S. 121.

278 *R. Otto*, Kantisch-Fries'sche Religionsphilosophie, Tübingen 1909, S. 153.

279 »Und hiermit löst Fries' Lehre ein eigenartiges Problem der Religionsgeschichte: nämlich den religiösen Sinn des Wunderglaubens, und die erstaunliche Tatsache, daß das Wunder der Religion so unzertrennlich verbunden ist. Wunder ist zu allen Zeiten ein Vorgang gewesen, der »ganz anders« als alles gewohnte und alltägliche Geschehen ist. Und die Ereignisse, die unverstanden, rätselhaft, geheimnisvoll nach ihrem Woher und Wieso auftraten, haben in der Tat immer einen ganz wundersamen Zauber, einen Ungeheuern und fraglos im eigentlichen Sinne religiösen Eindruck gemacht. Es leidet auch keinen Zweifel, daß grade in ihnen immer der kräftigste Anstoß gelegen hat, religiöse Gefühle überhaupt aufsteigen zu lassen, oft genug auch da, wo klare Götter- oder Jenseitsvorstellungen noch gar nicht gebildet waren. Wie kann aber das Moment des Geheimnisvollen, Unverstandenen das zuwege bringen? In der Tat nur deswegen, weil das scheinbare Geheimnis irgend eines »wunderbaren« Vorganges die »Erinnerung« weckt an das Geheimnis des Übersinnlichen schlechthin, das im Gefühle ruht, und das jetzt hier äußerlich in den Ablauf der Dinge einzugreifen scheint. Dabei sind es nicht Schlüsse und begriffliche Reflexionen, sondern das unmittelbare Urteilen des Gefühles, das hier einen Vorgang unter die »Idee« subsumiert. Und daher die unmittelbare Gewalt, mit der beim Erleben des »Unerklärlichen« der religiöse Schauer den Erlebenden ergreift« (*R. Otto*, Kantisch-Friessche Religionsphilosophie, Tübingen 1909, S. 115).

dieses Phänomen wieder im Zusammenhang mit dem Bild von Jesus.[280]

Den Schluß mögen Äußerungen bilden, die zeigen, wie Bousset es verstanden hat, die Ansätze Carlyles und J. F. Fries' miteinander zu verbinden: Das urkräftige Leben wird mit einer Grundstimmung verbunden,[281] die Anwendung des Kyriosnamens auf Jesus wird aus Sehnsucht und religiösem Gefühl abgeleitet,[282] und der Kyrioskult ist entstanden aus dem Gefühl für den Abstand von oben und unten.[283] Ergebnis:

Der Begegnung mit dem Neofriesianismus verdankt W. Bousset entscheidende Impulse für seine Exegese:

a) Der Rückgriff auf Kant ist für Bousset die Lösung des Historismus-Problems.[284]

---

280 »So hat die Gemeinde der Jünger Jesu gedichtet und sein Bild mit dem Goldglanz des Wunderbaren umgeben. Oder anders ausgedrückt, das Personenbild Jesu beginnt mit magnetartiger Kraft zu wirken und alle möglichen Stoffe und Erzählungen, die in seiner Umgebung vorhanden waren, an sich heranzuziehen« (*W. Bousset*, Kyrios Christos, 2. = 6. Aufl., Göttingen 1967, S. 62).

281 »Es ist ein schöpferisches neues urkräftiges Leben, das hier gelebt ist, dessen eigentliche Grösse und Kraft, wie die alles schöpferischen Lebens, mehr im unbewussten unausgesprochen liegt – ... mehr in einer nicht zu Wort kommenden, aber das Leben mächtig beherrschenden Grundstimmung, als in klaren Sätzen einer neuen Weltanschauung ...« (*W. Bousset*, Jesu Predigt in ihrem Gegensatz zum Judentum. Ein religionsgeschichtlicher Vergleich, Göttingen 1892, S. 58). – Vgl. auch Anm. 29.

282 (Zum Kyriosnamen) »Wir haben es hier gar nicht mit einem Gedanken, einer Idee zu tun, die von einem einzelnen erdacht und dann propagiert wird, sondern mit etwas viel tiefer Liegendem, einer aus der Unmittelbarkeit des religiösen Gefühls stammenden Überzeugung« (*W. Bousset*, Kyrios Christos, 2. = 6. Aufl., Göttingen 1967, S. 90). – »Die eschatologische Stimmung der Urgemeinde, die Sehnsucht nach dem Herrn, der kommen soll, brach sich in solchen ekstatischen Rufen gewaltsam Bahn« (*W. Bousset*, ibid., S. 87).

283 »Das Gefühl der Orientalen für den tiefen Abstand zwischen Regent und Untertan hat diesen Kult geschaffen« (*W. Bousset*, ibid., S. 92).

284 »Was wir hier brauchen, ist ein absolutes Apriori und demgemäß feste Beurteilungsnormen für die religiöse Einzelerscheinung« (*W. Bousset*, Kantisch-Friessche Religionsphilosophie und ihre Anwendung auf die Theologie, in: ThR 12 [1909] S. 432).

b) Die Einordnung in ein deutlich von Ethik geprägtes System verhindert eine Verschwommenheit des Gefühlsbegriffs, wie Bousset sie bei Schleiermacher gegeben sah.
c) Mit Hilfe des Gefühlsbegriffs gelingt es Bousset, Äußerungen der Gemeinde (Titel, Bekenntnisse, Wundergeschichten) als Gestaltwerden eines vorgängigen Gefühls in Bild und Symbol zu deuten. – Es blieb R. Bultmann vorbehalten, dieses in seinem Sinne als Frage nach dem »existentiellen Sinn« theologischer Aussagen zu deuten.[285]
d) Der Anti-Rationalismus des Gefühlsbegriffs schafft zugleich auch die Verbindung zu den Vorstellungen von Leben und Kraft bei Carlyle.
e) Der für Paulus angenommene Weg von der Kultmystik zur individuellen Persönlichkeitsmystik markiert den Weg Boussets von der eher politisch und sozialpsychologisch orientierten Sicht im Sinne Carlyles zu einer individualpsychologisch vorgehenden Theoriebildung im Sinne pietistischer Tradition. Denn der Philosoph J. F. Fries war (wie Schleiermacher) in der Herrnhuter Brüdergemeinschaft groß geworden. Philosophie hat Bousset auch hier wieder im Rahmen der Wirkungsgeschichte des Christentums erreicht.

285 »Insofern bedeutet die religionsgeschichtliche Schule einen entscheidenden Schritt zu einem besseren Verständnis des Neuen Testaments. Denn wenn nach der Religion gefragt wurde, so wurde im Grunde nach dem existentiellen Sinn der theologischen Aussagen des Neuen Testaments gefragt. Das tritt übrigens auch darin zutage, daß statt »Religion« gerne »Frömmigkeit« gesagt und die Christologie als Christusfrömmigkeit aufgefaßt wurde« (R. Bultmann, *Geleitwort zur fünften Auflage von W. Bousset, Kyrios Christos, Gött*ingen 1964, S. VI).

KAPITEL VI

Rudolf Bultmann und Martin Heidegger

LITERATUR: *Anz, W.*, Bedeutung und Grenze der existentialen Interpretation, in: *B. Jaspert* (Hrsg.), Rudolf Bultmanns Werk und Wirkung, Darmstadt 1984, S. 348-358. – *Baasland, E.*, Historische Theologie und Methodologie. Eine historiographische Analyse der Frühschriften Bultmanns (Oslo 1980), Tübingen 1986 (n,v.). – *Backhaus, G.*, Kerygma und Mythos bei David Friedrich Strauß und Rudolf Bultmann (Kerygma und Mythos 12), Hamburg 1956. – *Bartsch, H.-W.* (Hrsg.), Kerygma und Mythos I, 4. Aufl. (1960). II (1952). III (1954). – *Boutin, M.*, Relationalität als Verstehensprinzip bei Rudolf Bultmann (BEvTh 67), München 1974 (Lit.!). – *Brown, J.*, Subject and Object in Modern Theology, London 1955. – *Brunner, E.*, Theologie und Ontologie – oder Die Theologie am Scheidewege (1931), in: Heidegger und die Theologie. Beginn und Fortgang der Diskussion (ThB 38), Hrsg. G. Noller, München 1967, 125-135. – *Bultmann, R.*, Glauben und Verstehen I (gewidmet M. Heidegger), Tübingen [5]1964. – *Ders.*, Die Geschichtlichkeit des Daseins und der Glaube. Antwort an Gerhardt Kuhlmann (1930), in: Heidegger und die Theologie. Beginn und Fortgang der Diskussion (ThB 38), Hrsg. G. Noller, München 1967, 72-94. – *Ders.*, Neues Testament und Mythologie. Das Problem der Entmythologisierung der neutestamentlichen Verkündigung, in: Kerygma und Mythos I, Hamburg [4]1960, 1-48. – *Ders.*, Zu J. Schniewinds Thesen das Problem der Entmythologisierung betreffend, in: ibid., S. 122-138. – *Buri, F.*, Theologie zwischen – oder mit Jaspers und Heidegger, in: SThU 30 (1960) 83-94. – *Colette, J.*, Kierkegaard, Bultmann et Heidegger, in: RSPhTh 49 (1965) 597-608. – *Cushman, R. E.*, Is the Incarnation a Symbol?, in: ThTo 15 (1958) 167-182. – *Dieckmann, B.*, »Welt« und »Entweltlichung« in der Theologie Rudolf Bultmanns, München-Paderborn-Wien 1977. – *Eisenhuth, H.-E.*, Ontologie und Theologie, Göttingen 1932. – *Evang, M.*, Rudolf Bultmanns Berufung auf Friedrich Schleiermacher vor und um 1920, in: *B. Jaspert* (Hrsg.), Rudolf Bultmanns Werk und Wirkung, Darmstadt 1984, 3-24. – *Funk, R. W.*, Language as Event. Bultmann and Heidegger. Language, Hermeneutic, and Word of God. The Problem of Language in the N. T. and Contemporary Theology, New York 1966. – *Gadamer, H.-G.*, Martin Heidegger und die Marburger Theologie, in: O. Pöggeler (Hrsg.), Heidegger. Perspektiven zur Deutung seines Werks, 1969, 169-178. – *Gethmann-Siefert, A.*, Das Verhältnis von Philosophie und Theologie im Denken Martin Heideggers, München 1974. – *Hartlich, Chr.*, und *Sachs, W.*, Kritische Prüfung der Haupteinwände Barths gegen Bultmann, in: Kerygma und Mythos II (1952) 113-125. ~ *Dies.*, Thielickes Ansätze zur Lösung des Entmythologisierungsproblems, in: ibid., 126-149. – *Heim, **K.***, Ontologie und Theologie (1930), in: Heidegger und die Theologie. Beginn und Fortgang der Diskussion (ThB 38), Hrsg. G. Noller, München 1967, 59-71. – *Ittel, W.*, Der Einfluß der Philosophie M. Heideggers auf die Theologie R. Bultmanns, in KuD 2 (1956) 90-108. – *Jaspers, K.*, Wahrheit und Unheil der Bultmannschen Entmythologisierung, in: Kerygma und Mythos III, Hamburg 1954, 11-46. – *Jaspert, B.*, (Hrsg.), Karl Barth – Rudolf Bultmann. Briefwechsel 1922-1966 (Karl Barth, Gesamtausgabe Vi), Zürich 1971. – *Johnson, R. F.*, More on Heidegger and Bultmann, in: Encounter 18 (1957) 209-211.-*Jonas, H.*, Heidegger und die Theologie (1964), in: Heidegger und die Theologie. Beginn und Fortgang der Diskussion (ThB 38), Hrsg. G. Noller, München 1967, 316-340. – *Jüngel, E.* und *Trowitzsch, M.*, Provozierendes Denken. Bemerkungen zur theologischen Anstößigkeit der Denkwege Martin Heideggers, in: Wirkungen Heideggers, Hrsg. R. Bubner u.a. (Neue Hefte f. Philosophie 23), Göttingen 1984, 59-74. – *Kuhlmann, G.*, Zum theologischen Problem der Existenz. Fragen an Rudolf Bultmann (1929), in: Heidegger und die Theologie. Beginn und Fortgang der Diskussion (ThB 38), Hrsg. G. Noller, München 1967, 33-58. – *Link, W.*, »Anknüpfung«, »Vorverständnis« und die Frage der »theologischen Anthropologie« (1935), in: Heidegger und die Theologie. Beginn und Fortgang der Diskussion (ThB 38), Hrsg. G. Noller, München 1967, 147-193. – *Löwith, K.*, Phänomenologische Ontologie und protestantische Theologie (1930), in: Heidegger und die Theologie. Beginn und Fortgang der Diskussion (ThB 38), Hrsg. G. Noller, München 1967, 95-124. – *Lögstrup, K. E.*, Kierkegaards und Heideggers Existenzanalyse und ihr Verhältnis zur Verkündigung, Berlin 1950. – *Luck, U.*, Heideggers Ausarbeitung der Frage nach dem Sein und die existential-analytische Begrifflichkeit in der evangelischen Theologie. Das Problem der ontologischen Konsequenzen der existentialen Interpretation (1956), in: Heidegger und die Theologie. Beginn und Fortgang der Diskussion (ThB 38), Hrsg. G. Noller, München 1967, 226-248. – *Macquarrie, J.*, An Existentialist Theology. A Comparison of Heidegger and Bultmann, New York, London 1955.1973. – *Moe, O.*, Bultmann og Strauss. Noen bemerkninger til spersmalet om kristendommens »avmytologisering«, in: TTK 22 (1951) 123-127. – *Mürchen, H.*, Zur Offenhaltung der Kommunikation zwischen der Theologie Rudolf Bultmanns und dem Denken Martin Heideggers, in: *B. Jaspert* (Hrsg.), Rudolf Bultmanns Werk und Wirkung, Darmstadt 1984, 234-252. – *Müller, G.*, Martin Heideggers Philosophie als Frage an die Theologie, in: ThZ 15 (1959) 357-375. – *Müller-Lauter, W.*, Konsequenzen des Historismus in der Philosophie der Gegenwart, in: ZThK 59 (1962) 226-255. – *Noller, G.*, Sein und Existenz. Die Überwindung des Subjekt-Objekt-Schemas in der Philosophie Heideggers und in der Theologie der Entmythologisierung, München 1962. – *Ders.*, Ontologische und theologische Versuche zur Überwindung des anthropologischen Denkens (1961), in: Heidegger und die Theologie. Beginn und Fortgang der Diskussion (ThB 38), Hrsg. G. Noller, München 1967, 290-315. – *Ders.*, Vorwort, in: Heidegger und die Theologie. Beginn und Fortgang der Diskussion (ThB 38), München 1967, 7-29. – *Ott, H.*, Denken und Sein. Der Weg Martin Heideggers und der Weg der Theologie, Zürich 1959. – *Quelquejeu, B.*, Hermeneutique bultmannienne et analytique existentiale heideggerienne, in: RSPhTh 49 (1965) 577-596. – *Pöggeler, O.*, Heidegger und die hermeneutische Theologie, in: E. Jüngel, J. Wallmann, W. Werbeck (Hrsg.), Verifikationen (FS G. Ebeling), Tübingen 1982, 475-498. – *Robinson, J. M.*, Heilsgeschichte und Lichtungsgeschichte, in: EvTh 22 (1962) 113-141. – *Robinson J. M.* und *Cobb, J. B.*, Der spätere Heidegger und die Theologie, Zürich-Stuttgart 1964. – *Schaeffler, R.*, Die Wechselbeziehungen zwischen Philosophie und katholischer Theologie, Darmstadt 1980. – *Schmidt, M.*, Die Zusammenarbeit von Martin Heidegger und Rudolf Bultmann unter konfessionskundlichem Gesichtspunkt, in: MdKI 28 (1977) 45—51. – *Schniewind, J.*, Antwort an Rudolf Bultmann. Thesen zum Problem der Entmythologisierung, in: Kerygma und Mythos I, Hamburg [4]1960, 77-121. – *Schnübbe, O.*, Der Existenzbegriff in der Theologie Rudolf Bultmanns, Göttingen 1959. – *Sticht, F. W.*, Die Bedeutung Wilhelm Herrmanns für die Theologie Rudolf Bultmanns, Diss. theol. Berlin 1965. – *Theune, H. J.*, Vom eigentlichen Verstehen. Eine Interpretation der hermeneutischen Fragestellung Bultmanns auf dem Hintergrund der Existentialanalyse Martin Heideggers, in: EvTh 13 (1953) 171-188. – *Weber, L.*, Heidegger und die Theologie, 1980.

1. Geistesgeschichtlich-genealogische Einordnung R. Bultmanns nach dessen Selbstzeugnissen

Zur Erläuterung (Schaubild rechts*):*

Über Heideggers Beziehung zu Paulus, Augustin und Luther äußert sich Bultmann in einem Brief vom 13. 5. 1955 (zitiert nach G. Ittel, Der Einfluß der Philosophie M. Heideggers auf die Theologie R. Bultmanns, in: KuD 2 (1956) 90-108, 92 Anm. 9). – In seinem Brief vom 11.-15. 11. 1952 an K. Barth äußert sich Bultmann über die Genealogie der Existenzphilosophie: »Umgekehrt hat die Ex.-Phil. von der Theologie bzw. vom NT ihrerseits gelernt, das Phänomen der Existenz in den Blick zu bekommen, wie es aus der Bedeutung, die Paulus, Augustin, Luther und Kierkegaard für Heidegger und Jaspers (auch schon für den Grafen Yorck) gehabt haben, hervorgeht« (zit. nach B. Jaspert [Hrsg.], Karl Barth – Rudolf Bultmann. Briefwechsel 1922-1966, S. 186). – Über die Diskussion mit Marburger Philosophen berichtet Bultmann in seinen »Autobiographischen Bemerkungen«: »Bereichert waren diese Jahre durch den sehr lebhaften Austausch zwischen Theologen und Philosophen – so wie früher zur Zeit Wilhelm Herrmanns, Hermann Cohens und Paul Natorps. Das war besonders der Fall, als Martin Heidegger in Marburg lehrte: 1923 bis 1928. Ich pflegte bald einen Austausch mit ihm, wie ich es früher mit Nicolai Hartmann getan hatte und wie ich es später mit Erich Frank und Julius Ebbinghaus tun sollte. Auch mit den Philosophiedozenten, die sich für Theologie interessierten – Hans-Georg Gadamer, Gerhard Krüger und Karl Löwith –, gab es eine fruchtbare Zusammenarbeit ...« (zit. nach: ibid., S. 317). – Über die religionsphilosophische Diskussion zwischen W. Herrmann und P. Natorp, Bultmann und R. Otto berichtet M. Evang (1984).

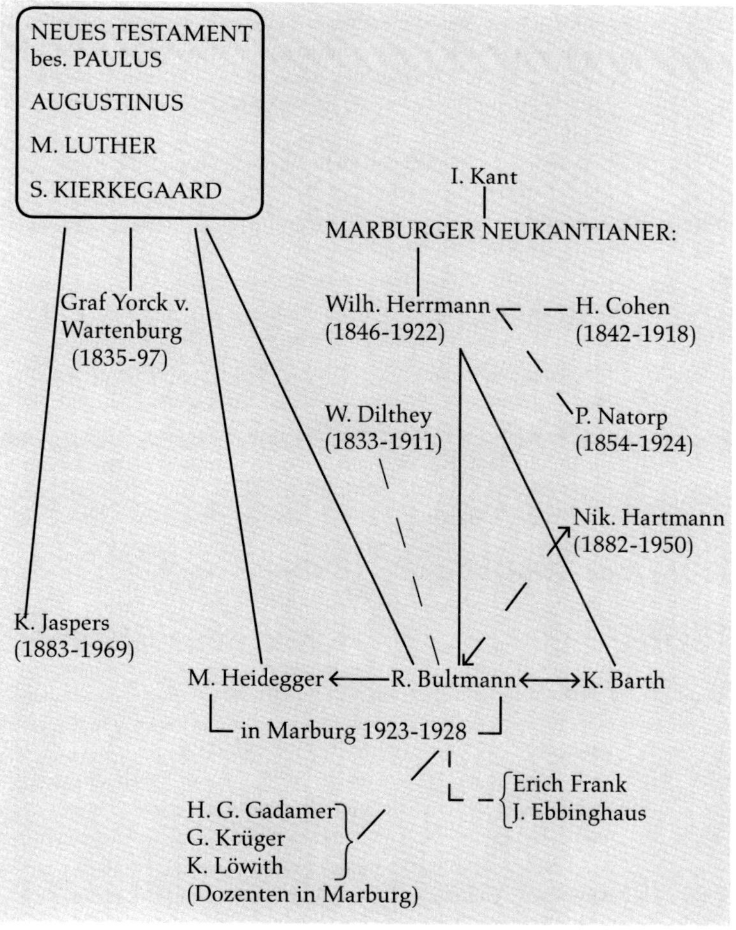

2. Zur Chronologie der Beziehung zwischen M. Heidegger und R. Bultmann in der Marburger Zeit

März 1919.	E. Husserl schreibt an R. Otto, er habe durch seinen Assistenten Heidegger Ottos Buch »Das Heilige« kennengelernt. In dem Brief wundert sich Husserl, daß unter den Schülern Ottos Evangelische katholisch und Katholiken (wie Heidegger) evangelisch würden (Pöggeler, S. 491).
WS 1920/21	Heidegger liest in Freiburg über »Einleitung in die Phänomenologie der Religion« (der 2. Teil der Vorlesung führt anhand von Paulusbriefen die urchristl. Religion vor als »Modell faktisch-historischer Lebenserfahrung«). Heidegger sagt (so Löwith), er sei ein christlicher Theologe (Akzent auf »logos«) (Pöggeler, S. 491). – Beschäftigung mit dem jungen Luther.
SS 1921	Heidegger liest in Freiburg über »Augustinus und der Neuplatonismus« (Heidegger zieht Luthers Kreuzestheologie der Heidelberger Disputation heran).
WS 1923/24	1. Semester Heideggers in Marburg (im Vorlesungsverzeichnis erscheint sein Name erst ab SS 1924). Heidegger liest »Einführung in die Phänomenologie«.
23 12. 1923	In einem Brief an H. v. Soden berichtet Bultmann, daß M. Heidegger an seinem Seminar teilnimmt (*vgl. Erläuterung 1*).
SS 1924	Heidegger liest über »Augustinus« (2-st.), sein Seminar geht über »Phänomenologische Übungen für Fortgeschrittene: Die Hochscholastik und Aristoteles«.
4. 7. 1924	Bultmann lädt K. Barth brieflich zu einem Vortrag Heideggers ein, der am 25. 7. stattfinden soll. Am 18. 7. bekräftigt er den Wunsch, Barth möge nach Marburg kommen: »Übrigens würde auch Heidegger großen Wert auf Ihr Kommen legen« (ed. B. Jaspert, S. 33).
WS 1924/25	Heideggers Seminar geht über »Übungen zur Ontologie des Mittelalters«.
24. 1. 1925	Bultmann schreibt an K. Barth über einen Gastvortrag, den er (Bultmann) in Göttingen halten will: »Zu diesem Zweck werden mit mir auch einige Marburger Studenten u. Heidegger kommen … Gestern redete Brunner hier über den Menschen im humanist. u. im reformator. Sinn. Sehr schwach, geradezu blamabel. Heidegger hat ihn fürchterlich mitgenommen …« (ed. B. Jaspert, S. 35). Der Vortrag war am 6. 2. in Göttingen.
19. 7. 1925	Brief Bultmanns an K. Barth, er erwähnt Petersons neueste Aufsätze: »Endlich ein Gegner, mit dem die Diskussion sich lohnt! Wir werden sie von Marburg aus jedenfalls aufnehmen,

	u. ich hoffe, auch Heidegger mobil zu machen, damit die Phänomenologie dabei auf den rechten Ort gestellt wird« (ed. B. Jaspert, S. 46).
25. 7. 1925	Wichtiger Vortrag Heideggers, in dem er den Inhalt von»Sein und Zeit« vorwegnimmt.
WS 1926/27	Heidegger liest über »Ausgewählte Probleme der Logik (Begriff und Begriffsbildung)«, 2-st. Bultmann besucht diese Vorlesung, und im Tübinger Nachlaß liegt ein von Bultmann geschriebenes (45 S.) Referat dieser Vorlesung (Nachlaß Nr. 2119; die Datierung durch A. Bultmann-Lemke ist unzutreffend).[286]
SS 1927	Bultmann und Heidegger halten ein gemeinsames Seminar über Luthers Galater-Kommentar (B. Jaspert, S. 92). Heidegger und Bultmann studieren eine Zeitlang regelmäßig samstags Johannesevangelium (Pöggeler, S. 492)
ab 1927	Hervorhebung des Existenzbegriffs in der Theologie R. Bultmanns.
1927	Vortrag Heideggers »Phänomenologie und Theologie«, vollständig publiziert erst Frankfurt 1970 mit dem 2. Teil: »Einige Hinweise auf die Hauptgesichtspunkte für das theologische Gespräch über ›Das Problem eines nichtobjektivierenden Denkens und Sprechens in der heutigen Theologie‹« (S. 37-46).
1927	Heideggers »Sein und Zeit« erscheint.
SS 1928	Heidegger liest über »Theologie und Philosophie« (unpubl. Vorlesung).
SS 1928	Heidegger notiert zu seiner letzten Marburger Vorlesung die Frage, ob nicht »der echte Metaphysiker religiöser ist denn die übrigen Gläubigen, Angehörigen einer ›Kirche‹ oder gar die ›Theologen‹ jeder Konfession« (Pöggeler, S. 493)
8. 6. 1928	Brief Bultmanns an K. Barth mit Auseinandersetzung über die Bedeutung der (Existenz-)Philosophie; wichtiger Einschnitt im Verhältnis Barth/Bultmann.
ab 1929	Martin Heidegger wieder in Freiburg.
8.-11. 3. 1935	Heidegger besucht noch einmal Marburg (A. Bultmann) Lemke, S. 203).

286 An dieser Stelle bedanke ich mich für freundliche Hinweise, die mir Herr Prof. Dr. E. Baasland (Oslo) in einem Brief vom 12.11.1985 gegeben hat (betreffend vor allem die erste vorlesung Heideggers in Marburg im WS 1923/24, die Datierung vom Nachlass Nr. 2119 und Hinweis auf Nachlass Nr. 1850). Vgl. die o. g. deutsche Ausgabe der Dissertation Baaslands.

Erläuterungen:

1) Der entscheidende Passus in dem Brief vom 23. 12. 1923, welcher das erste Zeugnis über den Kontakt Bultmann/Heidegger ist, lautet: »Das Seminar ist für mich diesmal besonders lehrreich, weil unser neuer Philosoph Heidegger, ein Schüler Husserls, daran teilnimmt. Er kommt aus dem Katholizismus, ist aber ganz Protestant, was er neulich in der Debatte nach einem Vortrag Hermelinks über Luther und das Mittelalter bewies. Er hat nicht nur eine treffliche Kenntnis der Scholastik, sondern auch Luthers u. brachte Hermelink einigermaßen in Verlegenheit; er hatte offenbar die Frage tiefer erfaßt als dieser. – Es war mir interessant, das (sic!) Heidegger – auch sonst mit der modernen Theologie vertraut u. besonders ein Verehrer Herrmanns – auch Gogarten und Barth kennt u. besonders den ersteren ähnlich einschätzt wie ich.«[287] Interessant ist besonders der Hinweis auf Heideggers Verhältnis zu Herrmann.
2) Nach dem, was wir bisher wissen, ist die intensivste Phase der Beziehung Bultmann/Heidegger 1926/27 (Besuch der Vorlesung durch Bultmann; gemeinsames Seminar), also in der Zeit, in der Heidegger »Sein und Zeit« zum Abschluß gebracht hat. – Man hat sicher mit Recht bemerkt, daß der spätere Heidegger für Bultmann keine annähernd vergleichbare Rolle mehr gespielt hat.

3. Theologische Grundfragen Bultmanns, die im Verhältnis zu Heidegger eine Rolle spielen

a) Bultmanns Theologie ist im Ansatz idealistisch-philosophisch deutbar, da es ihm um eine Annahme der Botschaft in Freiheit geht. Dieses schließt ein Aufgeben des Denkens

287 Zitiert nach dem handschriftlichen Nachlaß Bultmanns an der Universität Tübingen, Faszikel Nr. 1850 (Briefe Bultmanns an H. v. Soden) mit freundlicher Genehmigung der Univ. Tübingen. – Jetzt finde ich diesen Abschnitt auch publiziert bei *A. Bultmann Lemke,* Der unveröffentlichte Nachlaß von Rudolf Bultmann. Ausschnitte aus dem biographischen Quellenmaterial, in: B. Jaspert (Hrsg.), Rudolf Bultmanns Werk und Wirkung, Darmstadt 1984, S. 194-207, S. 202.

aus und damit eine Unterwerfung unter jede nicht persönlich verifizierbare Lehre.

b) In seiner Hinwendung zur Philosophie folgt Bultmann grundsätzlich einem Anliegen liberaler Theologie. In seinem Aufsatz »Die liberale Theologie und die jüngste theologische Bewegung« von 1924 sagt Bultmann: »Wir, die wir von der liberalen Theologie herkommen, hätten keine Theologen werden oder bleiben können, wenn uns in der liberalen Theologie nicht der Ernst der radikalen Wahrhaftigkeit begegnet wäre, wir empfanden die Arbeit der orthodoxen Universitätstheologie aller Schattierungen als einen Kompromißbetrieb, in dem wir nur innerlich gebrochene Existenzen hätten sein können.«[288] Bultmann wendet sich Heideggers Philosophie um dieser Redlichkeit willen zu. Das wird sich besonders zum Thema »Begriffsklärung« zeigen.

c) Bultmann wird durch die Philosophie Heideggers fasziniert, weil er die Überwindung des Subjekt-Objekt-Schemas als eine theologische Notwendigkeit empfunden hat. Denn das Denken im Subjekt-Objekt-Schema ist feststellend und vorstellend gewesen; beides verbietet sich gerade auch nach dem Ansatz dialektischer Theologie. Bultmanns Antwort auf diese Frage ist: Von Gott reden kann man nur, wenn man gleichzeitig auch vom Menschen redet. Auf diese Weise wird eine Verobjektivierung Gottes vermieden. Denn man kann nicht sachgemäß von Gott reden, es sei denn über Glauben, Sündenvergebung und Gnade.

d) Bultmanns Problem bei der Hinwendung zu Heidegger ist damit das Problem theologischer Sprache überhaupt. Die entscheidende Frage seines Ansatzes war und ist die, ob philosophische Sprache hier ihrem »Gegenstand« angemessen ist oder nicht. Ist es notwendig und angemessen, auf diese Weise »erschöpfend« philosophisch-systematisch vom Menschen zu reden, um das, was Glauben ist, zu erfassen? Und: Wo wird diese Frage entschieden?

---

288 *R. Bultmann,* Die liberale Theologie und die jüngste theologische Bewegung, in: Glauben und Verstehen. Gesammelte Aufsätze I, Tübingen 51964, S. 2f.

4. Die Notwendigkeit der Klärung der »Begriffe«

Ein Blick in das Vorlesungsverzeichnis der Zeit der gemeinsamen Marburger Jahre Bultmanns und Heideggers zeigt, daß Heidegger regelmäßig Lehrveranstaltungen zum Thema »Begriffe«, bzw. »Begriffsbildung« abgehalten hat.[289] Im WS 1926/27 besucht Bultmann selbst eine entsprechende Übung Heideggers (s.o.).

Ebenso sieht auch Heidegger in seinem Vortrag über »Phänomenologie und Theologie« (1927) die Klärung der Grundbegriffe als die wichtigste Funktion der Philosophie für die Theologie an. Bultmann hat nicht nur eine Reihe von Begriffsartikeln im ThW verfaßt und damit die ersten Bände dieses Werkes auch theologisch mit geprägt und hier konkret seine Vorstellungen von theologischen »Begriffen« zum Ausdruck bringen können,[290] er hat auch seine »Theologie des Neuen Testaments« in erster Linie nach Zentralbegriffen angelegt.[291] Mit großer Regelmäßigkeit kommt er auf die Funktion der Begriffe zu sprechen, wenn es um das Verhältnis von Philosophie und Theologie geht. Dabei lassen sich folgende Aspekte unterscheiden:

a) Bultmann unterscheidet strikt zwischen der »alten«, früheren Philosophie und der »neuen«. Dieses Schema – auf-

289 Heidegger liest im SS 1926 über »Die Grundbegriffe der antiken Philosophie« (4-st.), im SS 1925 über »Geschichte des Zeitbegriffs« (4-st.), im WS 1927/28 hält er eine »Übung für Anfänger«: Über die Begriff und Begriffsbildung« (2-st.).

290 Zum Konzept dieses Werkes vgl. u.a. *G. Friedrich,* Von der Arbeit am Theologischen Wörterbuch zum neuen Testament in Kiel, in: Christiana Albertina 13 (1972) 5-10.

291 Dieses betrifft besonders die Darstellung der paulinischen und johanneischen Theologie (vgl. Inhaltsverz. S. XI-XIV). In diesem Lichte wird auch ein Satz wie dieser auf S. 191 verständlich: »Vielmehr erhebt das theologische Denken des Paulus nur die im Glauben als solchem enthaltene Erkenntnis zur Klarheit bewußten Wissens. Ein Gottesverhältnis, das nur Gefühl, nur ›Frömmigkeit‹ und nicht zugleich ein Wissen um Gott und Mensch in Einem wäre, ist für Paulus nicht denkbar. Der Akt des Glaubens ist zugleich ein Akt des Erkennens, und entsprechend kann sich das theologische Erkennen nicht vom Glauben lösen« (Theologie des Neuen Testaments [4]1961, 191).

klärerischen Charakters – leitet alle Aussagen zur Begrifflichkeit. Denn je nach Philosophie haben Begriffe eine andere Funktion (vgl. die beigefügte Übersicht).

b) Eine jede Philosophie stellt für die positiven Wissenschaften (zu denen auch u. a. die Theologie gehört) die Begrifflichkeit zur Verfügung. Diese Begrifflichkeit unterliegt freilich einem bestimmten Verschleiß, d.h. sie wird unreflektiert und unkritisch und geht in die Alltagssprache über,[292] so daß am Ende nur noch unklare und unsaubere Begriffe zur Verfügung stehen.

c) An diesem Punkt aber greift die neue Philosophie ein, die ganz anders, nämlich an der Analyse des Daseinsverständnisses des Menschen, orientiert ist, und unterzieht die herkömmlichen Begriffe einer Kritik. Sie prägt neue Begriffe,

---

292 Vgl. dazu *Bultmanns* Äußerung über die »alltägliche, traditionelle Begriffsbildung« unten in Anm. 13 und folgenden Textabschnitt: »Kann das glaubende Hören auf das Wort Gottes nur das in der verstehenden Entscheidung gewirkte Werk des Heiligen Geistes sein, so kann sich das Verstehen des Textes nur in der methodischen Interpretation vollziehen, und die diese leitende Begrifflichkeit kann nur in der profanen Besinnung gewonnen werden, die das Geschäft philosophischer Existenz-Analyse ist. Damit gerät nun in der Tat die exegetische Arbeit in Abhängigkeit von der philosophischen. Aber es wäre eine Illusion, zu meinen, daß je eine Exegese unabhängig von einer profanen Begrifflichkeit getrieben werden könnte. Jeder Exeget ist von einer ihm durch die Tradition zugegangenen Begrifflichkeit – durchweg unreflektiert und unkritisch – abhängig; und jede traditionelle Begrifflichkeit ist in irgendeiner Weise von einer Philosophie abhängig. Es gilt aber, nicht unreflektiert und unkritisch zu verfahren, sondern sich Rechenschaft abzulegen über die die Auslegung leitende Begrifflichkeit und ihren Ursprung. Man mag also ohne Angst formulieren: es handelt sich um die Frage nach der ›richtigen‹ Philosophie … Die ›richtige‹ Philosophie ist ganz einfach diejenige philosophische Arbeit, die sich bemüht, das mit der menschlichen Existenz gegebene Existenzverständnis in angemessener Begrifflichkeit zu entwickeln. Sie stellt also die Frage nach dem Sinn von Existenz nicht als existentielle Frage, sondern fragt in existentialer Analyse, was Existenz überhaupt meine, und weiß, daß die existentielle Frage nur im Existieren selbst beantwortet werden kann« (Entmythologisierung und Existenz-Philosophie, in: Kerygma und Mythos II 1952, 192).

die dem Daseinsverständnis angemessen sind.[293] Diese Begriffe stehen indes in einem kritischen Verhältnis zur Naturwissenschaft und Technik heutigen Verständnisses.

d) Dieser gereinigten, auf die Existenz des Menschen bezogenen Begrifflichkeit soll sich die Theologie heute bedienen. Nur so wird sie auch Wissenschaft.[294] Unterläßt die

---

293 »In dem angegebenen Sinn »wiederholt« also die Theologie, und sie muß es tun, wenn in dem christlichen Glauben … nicht eine magische Verwandlung vor sich geht, die den Glaubenden aus dem Dasein herausnähme. Sie muß das tun, wenn in der gläubigen Existenz die vorgläubige aufgehoben ist. Ist im Glauben die vorgläubige Existenz existentiell-ontologisch überwunden, so heißt das nicht, daß die existential-ontologischen Bedingungen von Existieren vernichtet sind. Theologisch ausgedrückt: der Glaube ist nicht eine inhärierende neue Qualität, sondern eine stets neu ergriffene Möglichkeit des Daseins, wenn Dasein im steten Ergreifen seiner Möglichkeiten existiert. Der Glaubende ist kein Engel geworden, sondern simul peccator, simul iustus. Deshalb haben alle christlichen Grundbegriffe einen ontologisch bestimmenden vorgläubigen und rein rational faßbaren Gehalt. Alle theologischen Begriffe enthalten das Seinsverständnis, das das menschliche Dasein als solches von sich hat, sofern es überhaupt existiert. Also soll die Theologie in der Tat von der Philosophie lernen … Was »Liebe« im christlichen Sinne bedeutet, kann ich begreiflich klar nur auf dem Grunde der »Sorge«-Struktur des christlichen Daseins entwickeln« (*R. Bultmann*, Die Geschichtlichkeit des Daseins und der Glaube, in: G. Noller, Hrsg., Heidegger und die Theologie. Beginn und Fortgang der Diskussion, München 1967, 72-94, S. 78 f.).

294 »Was ich nicht zugeben kann, ist dies, daß die theologische Explikation der gläubigen Existenz nicht auf die philosophische Daseinsanalyse zurückgreifen dürfe. Ich behaupte vielmehr: eben das muß die Theologie tun, wenn sie überhaupt die gläubige Existenz begrifflich klären will, d.h. aber wenn sie Wissenschaft und nicht bloß Predigt sein will« (*R, Bultmann*, Die Geschichtlichkeit des Daseins und der Glaube, in: G. Noller, ibid., S. 80). – »Dabei wurde die Arbeit der Existenzialphilosophie, die ich durch meine Diskussionen mit Martin Heidegger kennengelernt hatte, von entscheidender Bedeutung für mich. Hier fand ich die Begriffe, mit denen es möglich wurde, angemessen von menschlicher Existenz und damit auch von der Existenz des Glaubenden zu sprechen. Durch meine Bemühung, die Philosophie für die Theologie fruchtbar zu machen, bin ich jedoch immer mehr in Opposition zu Karl Barth geraten …«

Theologie diese Orientierung an der Philosophie, so bleibt sie entweder der alten, unsauberen Denkweise verhaftet (wie K. Barth)[295], oder sie betreibt dilettantisch Philoso-

(Autobiographische Bemerkungen *Rudolf Bultmanns*, in: ed. B. Jaspert, Karl Barth – Rudolf Bultmann, Briefwechsel [Karl Barth-Gesamtausgabe V 1], Zürich 1971, S. 320).

295 »Wichtiger ist, daß Sie auf die (latente, aber radikale) Auseinandersetzung mit der modernen Philosophie verzichtet haben u. naiv die alte Ontologie aus der patristischen u. scholastischen Dogmatik übernehmen. Was Sie sagen (u. oft nur sagen wollen), sprengt die Begrifflichkeit, u. Unklarheit u. Unsauberkeit sind nicht selten die Folge. Sie verachten souverän die moderne philosophische Arbeit, also vor allem die Phänomenologie. Was hat es für einen Sinn, gelegentl. zu sagen, der Dogmatiker müsse auch über die philosoph. Arbeit orientiert sein, wenn die Darstellung diese Orientierung vermissen läßt, ja wenn die Seiten 403-407 zeigen, daß die philosophische Arbeit überhaupt nicht ernst genommen wird, nämlich als unter der Verantwortung der Wahrheitsfrage stehend? Mir scheint, Sie sind geleitet durch die Besorgnis, die Theologie möge sich in Abhängigkeit von der Philosophie bringen lassen. Sie suchen dem zu entgehen dadurch, daß Sie die Philosophie ignorieren. Der Preis, den Sie dafür zahlen, ist der, daß Sie faktisch einer vergangenen Philosophie verfallen. Denn da der Glaube der Glaube eines Glaubenden, d.h. eines existierenden Menschen ist (ich kann auch sagen: da der Gerechtfertigte Sünder ist), kann auch die Dogmatik nur in existentialontologischen Begriffen reden; diese aber werden (aus einem ursprünglichen Daseinsverständnis entsprungen) von der Philosophie ausgearbeitet. Wenn nun die kritische Arbeit der Philosophie, die sich dauernd, u. gerade jetzt mit erneuter Bewußtheit u. Radikalität, vollzieht, ignoriert wird, so ist die Folge, daß die Dogmatik mit den unkritisch übernommenen Begriffen einer alten Ontologie arbeitet. Das aber ist bei Ihnen der Fall. ist, daß die Dogmatik mit einer Philosophie, sofern sie systematisch ist, nichts zu tun haben darf; ebenso richtig aber auch, daß sie von einer Philosophie, die kritische (ontologische) Forschung ist, lernen muß. Denn nur dann bleibt sie frei u. bedient sich der Philosophie als der ancilla theologiae; sonst wird sie zur Magd u. jene zur Herrin. Tertium non datur: entweder Magd oder Herrin. Das von Ihnen beabsichtigte Ignorieren ist nur ein scheinbares. – Selbstverständl. bezieht sich hier Herrschaft oder Knechtsdienst auf die Begriffsbildung. Aber wenn Dogmatik eine Wissenschaft sein soll, so ist es doch wohl für sie unerläßlich, nach der sachgemäßen Begrifflichkeit zu fragen« (Brief *R. Bultmanns* an K. Barth vom 8. 6. 1928 = Karl Barth – Rudolf Bultmann, Briefwechsel,

phie auf eigene Faust – und die ist dann auch danach[296] oder sie betreibt überhaupt ein Scheinmanöver.[297]

e) Alltagssprache und Predigt (die übliche) sind nach Bultmann von »gesunkenem philosophischem Gut« bestimmt. Begrifflich expliziert wird es in ihnen aber nicht. Das ist vielmehr die spezielle Aufgabe der Theologie (als Wissenschaft).[298] Sie

---

ed. B. Jaspert, Karl Barth Gesamtausgabe V 1, Zürich 1971, S. 80f.).

296 »Auch die Predigt ist ja von einem bestimmten Daseinsverständnis geleitet, so wenig sie es begrifflich explizit zu machen braucht. Die Theologie aber hat es explizit zu machen, da sie über die Reinheit und Verständlichkeit der Predigt zu wachen hat. Sie kann ihre Aufgabe nur erfüllen, wenn sie nach den Begriffen fragt, die das Sein des Daseins möglichst sachgemäß und »neutral« zum Ausdruck bringen. Wenn sie dabei die Philosophie nicht befragt, so ist das ein Scheinmanöver. Denn entweder ist sie dann von einer alten philosophischen Tradition unkritisch abhängig; oder sie treibt eben selbst Philosophie, und die ist dann gewöhnlich danach!« (*R. Bultmann,* Die Geschichtlichkeit des Daseins und der Glaube. Antwort an Gerhardt Kuhlmann, in: ZThK NF 11 (1930) 339-364, S. 349f.). – Dazu Anm. 1 S. 349: »Auch die Predigt redet in Begriffen, und sie ist in der Regel von einer Theologie abhängig. Sie kann von einer sachgemäßen oder von einer nicht sachgemäßen Theologie abhängig sein. Sofern nun die Predigt selbst oder auch eine biblische Schrift (denn von ihr gilt das gleiche) wissenschaftlich-theologischer Interpretation unterworfen wird, hat diese kritisch zu verfahren und gegebenen Falls durch kritische Analyse zwischen sachgemäßen und nicht sachgemäßen Aussagen zu scheiden.«

297 Vgl. Anm. 11.

298 »Der Verf. (Lohmeyer) treibt keine Theologie, sondern vielleicht Philosophie. Er ist jedenfalls einer bestimmten Denkweise der philosophischen Tradition verfallen. Wird er mir etwa vorwerfen, ich sei eben einer andern Philosophie verfallen? Diesen Vorwurf könnte ich tragen. Versteht man nämlich Philosophie als ein System aller Wahrheiten, alles Wissens vom Seienden, so kann sich die Theologie mit einer solchen Philosophie freilich nicht vertragen. Denn sie kann sich weder ihren Gegenstand noch dessen sachgemäße Behandlung von der Philosophie anweisen lassen. Versteht man aber Philosophie als kritische Wissenschaft vom Sein, d.h. als Wissenschaft, die alle positiven Wissenschaften, die vom Seienden handeln, auf ihre Begriffe vom Sein hin zu kontrollieren hat, so tut allerdings die Philosophie der Theologie einen unentbehrlichen Dienst. Denn da Theologie als Wissenschaft in Begriffen redet, ist sie immer abhängig von der alltäglichen, tradi-

tut das freilich nicht aus eigenen Mitteln, sondern dazu benötigt sie die Hilfe der Philosophie.[299] Die (neue) Philosophie wirkt daher durch die Theologie, die sich ihrer bedient, klä-

---

tionellen Begriffsbildung ihrer Zeit, also immer abhängig von der Tradition früherer Philosophie. Sie hat kein dringenderes Interesse als von der jeweils lebendigen Philosophie ihrer Zeit zu lernen, da diese eben das kritische Geschäft der Analyse der alltäglichen traditionellen Begriffsbildung zu leisten hat. Insofern ist die Theologie immer abhängig von der Philosophie, d.h. aber in Wahrheit: die Philosophie tut der Theologie ihren alten Dienst als ancilla theologiae. Sobald aber die Theologie meint, von der Philosophie Aufschluß über ihren Gegenstand zu gewinnen, bringt sie sich im Inhalt ihrer Sätze in Abhängigkeit von der Philosophie; das Verhältnis kehrt sich um, und die Theologie wird zur ancilla philosophiae … tiefes gemeinsames Interesse …: wenn die Begriffe, die eine religiöse Gemeinschaft beschreiben, aus ihrem Ursprung in der Erfassung der menschlichen Existenz selbst verstanden werden« (*R. Bultmann*, Bespr. zu E. Lohmeyer, Vom Begriff der religiösen Gemeinschaft, 1925, und zu: *ders.*, Von urchristlicher Gemeinschaft, ThBl 1925, S. 135ff. – erstmals publiziert in: G. Noller, Hrsg., Heidegger und die Theologie. Beginn und Fortgang der Diskussion, München 1967, Vorwort S. 12f.).

299 (Zu F. Gogartens Schrift ›Entmythologisierung und Kirche‹, 1953) »Hier ist deutlich gemacht, daß es nicht Abhängigkeit von einer philosophischen Lehre Heideggers bedeutet, wenn man von seiner Existenz-Analyse lernt, weil in dieser das gleiche Problem angegriffen ist, das der Theologie aufgegeben ist und das sie – etwa seit Ernst Troeltsch – bewegt, nämlich das für die Theologie durch das geschichtliche Verständnis der Bibel akut gewordene Problem der Geschichte. Im Bestreben, den Bezug des menschlichen Seins auf die Geschichte und damit das geschichtliche Verstehen zu klären, und damit aus dem traditionellen »Subjekt-Objekt-Schema« herauszukommen, kann die Theologie von Heidegger lernen … Wenn es schon allgemein gilt: ›Wer sich kritisch auf die Begriffe besinnt, die er gebraucht, ganz gleich, ob das theologische oder physikalische sind, kommt damit in die Nähe der Philosophie und bedient sich ihrer Arbeit‹ (Gogarten), so liegt es heute nicht an willkürlicher Wahl oder an individuellem Belieben, wenn theologische Arbeit von der modernen philosophischen Arbeit lernt, sondern es ist in der geschichtlichen Situation begründet, in der hier wie dort die Einsicht in die Fragwürdigkeit des bis heute die Wissenschaft beherrschenden Denkens aufgebrochen ist« (Zur Frage der Entmythologisierung, Antwort an Karl Jaspers, in: Kerygma und Mythos III, 1954, 49-59, S. 50)

rend ein auf die alltägliche religiöse Sprache und auch auf die Predigt,

f) Klärung der Begriffe aber in einer »sachgemäßen« Theologie ist heute nur existentialphilosophisch möglich. – Der positive Ertrag ist vor allem : Verkündigung wird verständlich und radikal wahrhaftig[300] – und das entspricht dem oben unter 3 a genannten aufklärerischen Anliegen. »Erst auf dem Hintergrund ihrer philosophisch-geklärten Grundbegriffe kann die Offenbarung als erfahrbares und zugleich alle Erfahrung erneuerndes neu lichtendes Geschehen begriffen werden.«[301] Bultmann verfolgt daher mit seinem Programm auch durchaus ein praktisch-theologisches Ziel. Nach seinen eigenen Worten: »So nimmt die Philosophie auch die christliche Verkündigung ... nicht in den Blick, und doch gibt sie allein die Möglichkeit, begrifflich zu verstehen, was so etwas sei wie »Verkündigung«, »Wort«, »Anrede«, »Hören«, – ohne daß sie je eine konkrete Verkündigung verstehen lehrt.«[302]

Das Bild, das sich aus den verschiedenen Äußerungen Bultmanns ergibt, ist in einer Übersicht zusammenzufassen:

(Zur Erläuterung: Der Grundvorgang ist immer von links nach rechts zu denken; die Philosophie liefert die Begriffe, und von ihr her werden sie dann auch wieder kritisiert.)

---

300 Über das Verhältnis zur Predigt vgl. die in Anm. 11 genannten Texte.

301 *A. Gethmann-Siefert*, Das Verhältnis von Philosophie und Theologie im Denken Martin Heideggers (Symposion 47), Freiburg/München 1974, S. 144.

302 *R. Bultmann*, Die Geschichtlichkeit des Daseins und der Glaube. Antwort an Gerhardt Kuhlmann, in: Heidegger und die Theologie. Beginn und Fortgang der Diskussion (Hrsg. G. Noller), München 1967, 72-94, S. 73 f.

Die Bedeutung der philosophischen Begriffsbildung für Predigt und Theologie nach R. Bultmann:

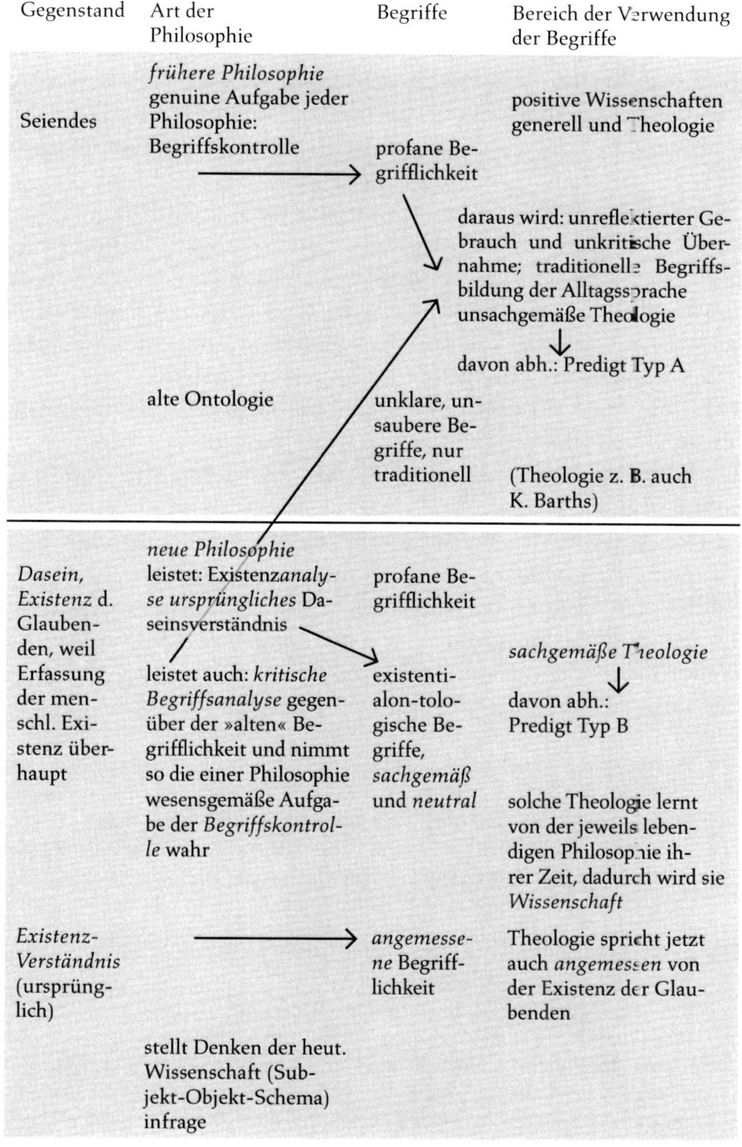

5. Das Verhältnis von Philosophie und Theologie nach R. Bultmann

»Daß aber *jede* Theologie für die Explikation ihrer Begriffe auf ein vortheologisches, in der Regel durch eine philosophische Tradition bestimmtes Daseinsverständnis zurückgreift, davon kann sich ... anhand einer alten oder neuen Dogmatik leicht überzeugen ... immer müssen Begriffe, in denen das »natürliche« Dasein sich und seine Welt versteht, die Interpretation leiten ...«[303]. Dieser programmatische Text Bultmanns aus dem Jahre 1930 enthält zwei wichtige Aussagen: Philosophie und Theologie sind grundsätzlich aufeinander bezogen, und: aus der Philosophie kommt ein vortheologisches natürliches Daseinsverständnis. Hieran schließen sich einige Fragen, die in der Diskussion eine große Rolle gespielt haben:
a) Ist die enge Bindung der Theologie an die Philosophie im Sinne einer Abhängigkeit zu denken? Baut die Theologie auf der Philosophie auf? Muß Theologie in jedem Falle Philosophie befragen?

Die Antwort der Befragten: Heidegger und Bultmann bestätigen sich gegenseitig, daß Bultmann keine Theologie auf Heideggers Philosophie aufbaue,[304] und beide betonen auch die prinzipielle Differenz von Theologie und Philosophie.[305] Weder ihren Gegenstand noch sachliche Belehrung erhält die Theologie von der Philosophie.[306] Doch andererseits ist die

303 *R. Bultmann*, ibid., S. 80f.

304 Brief *M. Heideggers* vom 6. 11. 1954: »Bultmann baut keine Theologie auf meiner Philosophie auf.« – Brief *Bultmanns* vom 11. 11. 1954: »Ich baue in der Tat keine Theologie auf Heideggers Philosophie auf.« (zit. nach *G. W. Ittel*, Der Einfluß der Philosophie M. Heideggers auf die Theologie R. Bultmanns, in: KuD 2 [1956] 90-108, S. 91).

305 Vgl. dazu: *E. Jüngel* und *M. Trowitzsch*, Provozierendes Denken. Bemerkungen zur theologischen Anstößigkeit der Denkwege Martin Heideggers, in: R. Bubner u.a. (Hrsg.), Wirkungen Heideggers (Neue Hefte für Philosophie 23), Göttingen 1984, 59-74, S. 63 m. Anm. 15 und mit dem Hinweis auf M. Heidegger, Nietzsche II, 1961, 132.

306 Vgl. Anm. 13, 1. Absatz des Zitats.

Philosophie für die Theologie unentbehrlich,[307] und weil Theologie sich begrifflich ausdrücken muß, entgeht sie der Philosophie nicht. Die einzige Frage ist, ob sie sich einer überholten oder der neuen Philosophie anschließt.[308] Theologie muß die (richtige) Philosophie befragen, sie muß von ihr lernen,[309] sie muß sich sogar ganz auf sie einlassen und darf sich nicht mit einzelnen »philosophischen Brocken« begnügen.[310] Diese »richtige« Philosophie ist die Existenzphilosophie, da nur hier sachgemäß die Trennung von Subjekt und Objekt überwunden ist.[311] Zwar scheint Bultmann ein Zugeständnis zu machen: »Selbstverständlich muß es nicht Heidegger sein, bei dem man lernt. Meint man, es anderwärts besser lernen zu können, dann ist es gut. Nur: gelernt werden muß es«[312], doch aus einer anderen wichtigen Äußerung geht hervor, daß es auf jeden Fall das »existentiale Philosophieren« sein muß, auch wenn man nicht die Fach-Philosophie, sondern nur die Dichtung befragen sollte.[313] Statt von der Existenz kann man auch von der Geschichtlichkeit des Menschen reden.

307 Vgl. Anm. 13, Ende des 1. Absatzes im Zitat.

308 Vgl. die Zitate in Anm. 11 und Anm. 10; ähnlich Anm. 14.

309 Vgl. das Zitat in Anm. 8.

310 »Daß in der Suppe aller Theologen auch ›philosophische Brocken‹ schwimmen, – das ist es ja, was mich zwingt, der philosophischen Arbeit für die Theologie grundsätzliche Bedeutung zuzuschreiben. Denn ich halte es für unzulässig, sich unkritisch mit einigen ›philosophischen Brocken‹ zu begnügen« (*R. Bultmann*, Brief an K. Barth vom 11.-15. 11. 1952, in: B. Jaspert, Hrsg., Karl Barth – Rudolf Bultmann. Briefwechsel 1922-1966, Nr. 94, S. 187f.).

311 Vgl. das Zitat in Anm. 7.

312 *R. Bultmann*, in: Kerygma und Mythos III 50.

313 »Nun scheint mir die Situation heute die zu sein: der Mensch lebt durchweg in dem von der objektivierenden Wissenschaft entworfenen Weltbild; es ist ihm aber mehr und mehr zum Bewußtsein gekommen (oder beginnt zum Bewußtsein zu kommen), daß er seine eigene Existenz nicht aus jenem Weltbild verstehen kann. Das russische Experiment, das gleichwohl und in radikaler Konsequenz zu tun, offenbart eben in seinen Konsequenzen dem »westlichen« Menschen die Absurdität dieses Unterfangens. Der moderne Mensch, der für seine Arbeit das Weltbild der Wissenschaft nötig hat, empfindet doch immer stärker den Charakter seines Seins, den die Existenz-Philosophie als »Geschichtlichkeit« bezeich-

Um das Verhältnis von Theologie und Philosophie positiv zu beschreiben, scheut Bultmann schließlich nicht davor zurück, die alte Metapher von der *philosophia ancilla theologiae* zu gebrauchen, und zwar wiederholt[315] – ein Verfahren, das nun wirklich nicht neuzeitlich genannt zu werden verdient, das aber erstaunlicherweise unwidersprochen blieb. Bultmann halst sich so die Problematik dieser Metaphern und der damit gemeinten Sache auf, denn wie es so in Dramen zu geschehen pflegt: Wo das Verhältnis Magd – Herrin gegeben ist, kann man nie ganz sicher sein, wer wirklich die Magd, wer wirklich die Herrin ist. Hat etwa die Magd die Herrin, die sich als solche dünkte, durch ihre Pfiffigkeit, Jugendlichkeit und Munterkeit geblendet? Kann man sich auf Mägde einlassen, ohne sich von ihnen so bestimmen zu lassen, daß bestimmte Perspektiven auszufallen drohen? Diese Fragen sind immer wieder gestellt worden, und wir werden sehen, wie Bultmann sich ihnen gestellt hat.

b) Bedeutet der Rekurs auf das natürliche, vortheologische Daseinsverständnis nicht eine Art »natürliche Theologie«, was sich dann leicht mit dem Vorwurf des Katholisierens verbinden kann? Bultmann scheut sich doch selbst nicht, von einem »Wissen aus dem ›lumen naturale‹« zu sprechen,[316] und

---

net. Und darin beruht die außerordentliche Bedeutung, die dieser Philosophie heute zukommt. Für diese Philosophie ist er faktisch aufgeschlossen, weil sie ihm ein Verständnis seiner selbst eröffnet. Selbstverständlich braucht es nicht Heidegger zu sein und schließlich überhaupt nicht die Fach-Philosophie. Es kann ebenso die Dichtung sein, in der das Fragen und Entdecken des existentialen Philosophierens existentiell lebendig ist" (R. Bultmann, Brief an K. Barth vom 11.-15. 11. 1952, in: B. Jaspert, Hrsg., Karl Barth – Rudolf Bultmann. Briefwechsel 1922-1966, Nr. 94, S. 171).

314 *R. Bultmann,* Die Geschichtlichkeit des Daseins und der Glaube. Antwort an Gerhardt Kuhlmann, in: G. Noller (Hrsg.), Heidegger und die Theologie. Beginn und Fortgang der Diskussion, München 1967, 72-94, S. 80.

315 Vgl. die oben in Anm. 10 und 13 zitierten Texte.

316 Vgl. dazu *R. Bultmann,* Die Geschichtlichkeit des Daseins und der Glaube. Antwort an Gerhardt Kuhlmann, in: G. Noller (Hrsg.), Heidegger und die Theologie. Beginn und Fortgang der Diskussion, München 1967, 72-94, S. 84: »Das Wissen um das, was Offenbarung überhaupt ist, das Wissen des Menschen um sein Angewie-

die Theologie läßt sich von der Philosophie an »das Phänomen« weisen, dessen Struktur die Philosophie aufdeckt, die Philosophie entdeckt »die Natur« des Menschen.[317] Gerade an dieser Stelle der Diskussion wird erkennbar, wie stark das Verhältnis Philosophie/ Theologie mit Konsequenzen aus der lutherischen Rechtfertigungslehre verbunden werden kann. Zur Beantwortung der aufgeworfenen Fragen sind eine Reihe von Modellen entwickelt worden:

I) Das Verhältnis von Philosophie und Theologie entspricht dem von »formal« und »material«. Die Philosophie erstellt eine nur formale Existenzanalyse »neutralen« Charakters, während die Theologie die material-inhaltliche Füllung gibt. Man beachte: Hier ist nicht von »forma« und »materia« im scholastischen Sinne die Rede, wo die »forma« das Bestimmende, Gestaltgebende ist, sondern im Sinne des 19. Jh., wo das »Nur-Formale« dem »Inhaltlichen« gegenübersteht. Bultmann bekräftigt selbst ausdrücklich diese Möglichkeit des rein formalen Vorgehens, und damit meint er besonders: Bei rein formaler Analyse wird das Verhältnis Gott – Mensch ausgeblendet.[318] »Formal« bezieht sich dabei

sensein auf Offenbarung (bzw. dessen Bestreitung) ist allerdings ein Wissen aus dem »lumen naturale«. Und zu diesem Wissen bedarf es der »Aufklärung« des Evangeliums nicht, so gewiß auch aus dem Hören des Evangeliums Aufklärung über das natürliche Dasein faktisch erwachsen kann, die von der Philosophie angeeignet werden kann, – ebenso wie die faktische Freundschaft ja auch das »Vorverständnis« von Freundschaft aktualisieren und seine begriffliche Explikation fördern kann.«

317 Vgl. dazu die differenzierte Diskussion in *R. Bultmann*, Neues Testament und Mythologie. Das Problem der Entmythologisierung der neutestamentlichen Verkündigung, in: Kerygma und Mythos I 41960, 15-48, S. 35: Zwar sei die moderne Philosophie de facto nicht denkbar ohne das Neue Testament, doch das Existenzverständnis der modernen Philosophie erhalte seine sachliche Begründung nicht durch seinen historischen Ursprung. Im übrigen aber sei die entscheidende Frage, ob und wie die Natur des Menschen *verwirklicht* werden könne.

318 *R. Bultmann*, Entmythologisierung und Existenz-Philosophie, in: Kerygma und Mythos II, 1952, 191-195, 194f.: »Daß es aber nicht möglich sei, in philosophischer Besinnung von dieser Grundentschei-

auf die Bedingung der Möglichkeit, daß sich der Mensch je gläubig oder ungläubig verhalten kann. – Erst Wilhelm Link blieb es vorbehalten, diese Verwendung von *forma* und *materia* philosophisch so zu reflektieren, daß sie für den Gebrauch bei Bultmann nun als passend erscheinen.[319] Alle anderen haben an diesem Modell von Form und Inhalt reichlich Kritik geübt, die Reihe reicht von K. Löwith bis U. Luck.[320] Das Hauptargument: Form und Inhalt sind so nicht trennbar.

II) »Wiederholung« und Umprägung der philosophischen Daseinsanalyse auf der Ebene der Theologie. Den von S. Kierkegaard in die Diskussion eingebrachten Ausdruck der Wiederholung verwendet Bultmann häufiger, wenn er beschreiben will, auf welche Weise die philosophische Daseins-

dung aus eine ›rein formale‹ Existenzanalyse zu entwerfen, scheint mir ein unberechtigtes Vorurteil zu sein … Die Möglichkeit der Diskussion ist hier dadurch gegeben, daß jedes existentielle Selbstverständnis innerhalb der Möglichkeiten menschlicher Existenz liegt und also jede in einem existentiellen Selbstverständnis gründende existentiale Analyse allgemein verständlich ist. Daher ist auch die Aufgabe sinnvoll, eine formale Existenzanalyse zu erarbeiten … Gewiß schließt die reine Existentialanalyse das Urteil ein, »daß es möglich sei, menschliches Dasein zu analysieren ohne den Blick auf das Verhältnis ›Mensch — Gott‹«. Aber ist denn eine Analyse des menschlichen Daseins im Blick auf Gott überhaupt eine sinnvolle Möglichkeit, wenn anders das Verhältnis Mensch – Gott nur Ereignis in der konkreten Begegnung des Menschen mit Gott sein kann?« — Vgl. auch R. Bultmann, op. cit. Anm. 31, S. 73.

319 *W. Link*, »Anknüpfung«, »Vorverständnis« und die Frage der »theologischen Anthropologie«, in: Heidegger und die Theologie, Hrsg. G. Noller, München 1967, 147-193, S. 149-152 (I. Grundsätzliche Erörterung des Verhältnisses von forma und materia). Zentraler Punkt bei Link ist die freie Bewegung der materia auf die forma hin.

320 Vgl. dazu: *K. Löwith*, Phänomenologische Ontologie und protestantische Theologie, in: Heidegger und die Theologie, Hrsg. G. Noller, München 1967, S. 95-124; *U. Luck*, Heideggers Ausarbeitung der Frage nach dem Sein und die existential-analytische Begrifflichkeit in der evangelischen Theologie. Das Problem der ontologischen Konsequenzen der existentialen Interpretation, in: ibid., S. 226-248; *E. Brunner*, Theologie und Ontologie – oder: Die Theologie am Scheidewege, in: ibid., 125-135.

analyse im gläubigen Selbstverständnis »aufgehoben« ist. Die philosophische Analyse wird nicht zerstört, sondern ist »aufgehoben« im Neuen, weil Gläubigwerden keine magische Verwandlung ist,[321] und andererseits ist die Theologie wegen der Begrifflichkeit auf sie angewiesen.[322] Bultmann betont, daß existentiale Analyse aufgrund ihres Welt-Begriffs auch die Rede von Gott zumindest nicht ausschließt, also kein hermetisch geschlossener Atheismus sein muß.[323]

Dann aber bleiben die Strukturen des Daseins erhalten, weil auch der Glaubende Mensch bleibt. Das Gläubigsein verwirklicht bestimmte Möglichkeiten der Existenz auf charakteristische Weise, Erfahrungen des Menschseins werden erschlossen.[324] Das Maß, in dem dann de facto Da-

321 Vgl. dazu den in Anm. 8 zitierten Text.

322 Dazu: *R. Bultmann*, Die Geschichtlichkeit des Daseins und der Glaube. Antwort an Gerhardt Kuhlmann, in: Heidegger und die Theologie. Beginn und Fortgang der Diskussion, Hrsg. G. Noller, München 1967, S. 72-94, S. 76f.: »In gewissem Sinne ›wiederholt‹ also die Theologie allerdings die philosophische Analyse, sofern sie nämlich ihre Grundbegriffe als Existenzbegriffe nur explizieren kann aufgrund eines Verständnisses des ›Seins‹ des Daseins, und insofern sie für die Analyse des Seinssinnes auf die Philosophie angewiesen ist …«

323 »Denn die existentiale Interpretation des menschlichen Seins sagt ja gerade, daß das menschliche Subjekt (das menschliche Sein, könnte ich auch sagen) gar nicht ohne seine Welt ist, also auch nicht ohne Gott, sofern der Philosoph es für erlaubt hält, von Gott zu reden, daß also das Selbstverständnis zugleich das Verstehen von (Gott und) Welt ist. Wie können Sie demnach die existentiale Interpretation des menschlichen Seins immer wieder als ›Anthropologie‹ diskriminieren? (Heidegger hat übrigens ausdrücklich gesagt, daß seine Analyse des menschlichen Seins keine Anthropologie sei.)« (R. Bultmann, Brief an K. Barth vom 11.-15. 11. 1952, in: B. Jaspert, Hrsg., Karl Barth – Rudolf Bultmann. Briefwechsel 1922-1966, Nr. 94, S. 186f.).

324 »… daß mich das Wort der Verkündigung gar nicht in einer freischwebenden Situation als etwas Zufälliges trifft, sondern als einen, der in einer bestimmten Geschichte steht. Es weist mich in nichts anderes als meine Geschichte. Dies sieht Herrmann zunächst ganz richtig; er hält den Gedanken nur nicht fest. Aber es ist ganz richtig: Das Wort setzt voraus, daß ich in jenen Erlebnissen lebe … Aber alle diese ›Erlebnisse‹ … – sie werden uns eigentlich erst erschlossen im Wort der Verkündigung …« (Zur Frage der Christologie, 1927, in: GuV I 109).

seinsanalyse durch die gläubige Erfahrung uminterpretiert wird, ist freilich erheblich, wie etwa an der Umdeutung von Heideggers »Tod«durch Bultmanns Offenbarungsbegriff deutlich wird:[325] Offenbarung ist Tod für den natürlichen Menschen, und Liebe überwindet den Tod. – G. Noller hat schließlich darauf hingewiesen, daß entscheidende Grundbegriffe bei Heidegger schon in »Sein und Zeit« anders verstanden werden als bei Bultmann – also die Relation des produktiven Mißverständnisses zusätzlich zu dem, was sowieso als Erkenntnisgewinn durch den Glauben angenommen wird?[326] Nach Bultmanns Selbstverständnis ist die Bibel nicht nur die Möglichkeit, Existenz zu verstehen, sondern auch das Wort, das Existenz schenkt. An anderer Stelle spricht Bultmann von der Freude als »überwundener« Modifikation der daseinskonstitutiven Angst.[327]

III) Philosophische Daseinsanalyse ist auch für den Glaubenden relevant, weil er *simul iustus et peccator* ist. Eben aus diesem Grunde ist die vorgläubige Existenz, nicht aber sind die Bedingungen von Existieren überwunden.[328] W. Link hat gezeigt, daß Bultmanns Reden von daher verstanden werden kann, dieses reformatorische Verständnis der Rechtfertigung auszusprechen. Eben weil der Glaube keine inhärierende neue Qualität ist, bleibt in allen theologischen Begriffen das Seinsverständnis erhalten, das das Dasein als solches kennzeichnet.[329] Daher gilt: »Das theologische Anliegen bei der Übernahme der Ontologie für das gläubige Dasein ist das frohe Bekenntnis zur menschlichen Unbegründbarkeit des Evangeliums und das demütige Bekenntnis zu unserem Menschsein ... Daß er auch als Glaubender keinen Ruhm hat, das drückt er aus durch

325 Vgl. dazu: *R. Bultmann*, op. cit. Anm. 37, S. 93.

326 Vgl. dazu *G. Noller*, Vorwort zu op. cit. Anm. 37, S. 28 unter Hinweis auf Aufsätze und Dissertation.

327 *R. Bultmann*, op. cit. Anm. 37, S. 94.

328 Vgl. das Zitat in Anm. 8.

329 *W. Link*, »Anknüpfung«, »Vorverständnis« und die Frage der »theologischen Anthropologie«, in: Heidegger und die Theologie (Hrsg. G. Noller), München 1967, 147-193, S. 164f.

das Bekenntnis, daß er unter die Formen menschlichen Daseins fällt. Das Reden von der Neutralität steht hier nicht im Dienst des Daseins, um dessen Wirklichkeit und Recht zu vertreten, sondern im Dienst der Botschaft vom freien Kommen Gottes, um das menschliche Rühmen zu vernichten … so ist das Bekenntnis Bultmanns zur Neutralität der Strukturen nicht das des Menschen zur Größe, Würde, Wirklichkeit des Daseins, sondern das demütige Bekenntnis zum restlosen Ende des Daseins vor Gott…«[330] Es gehe Bultmann nicht um den »vorbereiteten«, sondern um den »schlichten« Menschen.[331] Philosophie ist für ihn das Bekenntnis zu unserem Menschsein, wie es vor Gott offenbar ist.[332]

Das dem Menschen von Natur aus Gegebene ist nicht irgendwie »auch schon hoffnungsvoll«. Das Vorverständnis von Offenbarung ist nicht gegeben durch auffindbare göttliche Reste und Wirklichkeiten, »sondern einfach und wiederum ganz ›naiv‹ durch das Leben selbst«[333]. – Trifft diese Deutung W. Links zu – und er kann sich dafür zumindest auf eine Äußerung Bultmanns berufen (vgl. Anm. 43) –, so wird deutlich, daß nicht nur Emil Brunner (vgl. Anm. 35), sondern insbesondere auch Karl Barth Bultmann ständig mißverstanden haben. Bultmann hätte von ihrer Seite her als reformatorischer Theologe gewertet werden können. Freilich gibt es auch noch andere Argumente Barths gegen Bultmann, die wohl ernster zu nehmen und zutreffend sind (vgl. unten Anm. 119).

IV) Das Modell von der Philosophie als säkularisierter Theologie und als möglicher Konkurrenz zur Theologie. – Bultmann selbst erwägt den Gedanken, daß neutestamentliche Theologie vielleicht nur die unklare und mythisch eingekleidete Vorgängerin der Philosophie sei,[334] und die

330 *W. Link*, a.a.O., S. 166 und 169.
331 *W. Link*, a.a.O., S. 173.
332 *W. Link*, a.a.O., S. 175.
333 *W. Link*, a.a.O., S. 180.
334 »Es könnte in der Tat so scheinen, daß das christliche Seinsverständnis ohne Christus vollziehbar ist, daß im Neuen Testament

Übereinstimmungen mit der Philosophie seit Dilthey lassen ihn fragen, ob nicht eine weitgehende Identität mit dem Neuen Testament vorhanden sei.[335] Doch statt dieses zu beanstanden, meint er, sollte man lieber darüber erschrecken, daß die Philosophie von sich aus schon sehe, was das Neue Testament sage.[336] Bultmann gibt zu, daß die Philosophie seit Kierkegaard ohne das Neue Testament nicht denkbar sei – dennoch ist das Existenzverständnis der modernen Philosophie *sachlich* eigenen Rechts, und

---

nur ein Seinsverständnis erstmals entdeckt und mehr oder weniger klar ausgesprochen ist, verhüllt im Gewände der Mythologie, das im Grunde das natürliche Seinsverständnis des Menschen ist, wie es die Philosophie zur Klarheit erhebt, dabei nicht nur seine mythologische Hülle abstreifend, sondern auch die Gestalt, die es im Neuen Testament gewonnen hat, berichtigend und konsequenter ausarbeitend. Die Theologie wäre dann – was sich ja auch geistesgeschichtlich verstehen ließe – die Vorgängerin der Philosophie, aber eben durch die Philosophie überholt und jetzt nur noch eine unnötige und lästige Konkurrentin der Philosophie« (*R. Bultmann,* Neues Testament und Mythologie, in: Kerygma und Mythos I 41960, S. 32).

335 »In der auf Dilthey folgenden philosophischen Arbeit scheint das bestätigt zu werden. Kierkegaards Interpretation des christlichen Seins konnte von Karl Jaspers in die Sphäre der Philosophie transportiert werden. Vor allem scheint Martin Heideggers existentiale Analyse des Daseins nur eine profane philosophische Darstellung der neutestamentlichen Anschauung vom menschlichen Dasein zu sein: der Mensch, geschichtlich existierend in der Sorge um sich selbst auf dem Grunde der Angst, jeweils im Augenblick der Entscheidung zwischen der Vergangenheit und der Zukunft, ob er sich verlieren will an die Welt desVorhandenen, des ›man‹, oder ob er seine Eigentlichkeit gewinnen will in der Preisgabe aller Sicherungen und in der rückhaltlosen Freigabe für die Zukunft! Ist nicht so auch im Neuen Testament der Mensch verstanden?« (R. Bultmann, Neues Testament und Mythologie, in: Kerygma und Mythos I 41960, S. 33).

336 »Wenn man gelegentlich beanstandet hat, daß ich das Neue Testament mit Kategorien der Heideggerschen Existenzphilosophie interpretiere, so macht man sich – fürchte ich – blind für das faktisch bestehende Problem. Ich meine, man sollte lieber darüber erschrecken, daß die Philosophie von sich aus schon sieht, was das Neue Testament sagt« (*R. Bultmann,* Neues Testament und Mythologie, in: Kerygma und Mythos I 41960, S. 33).

daß es sich um säkularisierte christliche Inhalte handelt, zeigt nur, daß die christliche Position nicht auf einem veralteten Offenbarungsbegriff aufruht, nichts Mysteriöses oder Supranaturales ist.[337] – Die Kritik hat darüber hinaus R. Bultmann vorgeworfen, Gott und Sein seien hier in unerträglicher Konkurrenz zueinander.[338]

Die Lösung dieser gefährlich anmutenden Konkurrenz ermöglicht Bultmann sich mit Hilfe seines Offenbarungsbegriffs und der Rechtfertigungslehre. Offenbarung bedeutet hier: Glaube und Liebe sind nichts Fremdes, sondern sind das dem Menschen natürliche, schöpfungsgemäße Verhalten. Rechtfertigungslehre: Diese Natur steht dem Menschen indes nicht frei zur Verfügung, sie ist nicht durch philosophische Erkenntnis zu *verwirklichen,* sondern nur dadurch, daß der Mensch von sich selbst und von seiner Eigenmächtigkeit befreit wird durch Gottes Tat. – Man kann sagen: Der entmythologisierende Offenbarungsbegriff legt das eigentliche Zentrum in der Rechtfertigungslehre frei.

Wenn man also nach Bultmann erschrecken soll über das, was Philosophie bereits sieht, dann ist das ein möglicherweise heilsames Erschrecken, das Bultmann wünscht, damit man dadurch dessen gewahr werde, was denn nun

337 »Die Frage ist nicht die, ob die Natur des Menschen ohne das Neue Testament entdeckt werden könne. Denn faktisch ist sie freilich nicht ohne das Neue Testament entdeckt worden; es würde die moderne Philosophie ja gar nicht geben ohne das Neue Testament, ohne Luther, ohne Kierkegaard. Aber damit ist nur ein geistesgeschichtlicher Zusammenhang bezeichnet, und das Existenzverständnis der modernen Philosophie erhält seine sachliche Begründung nicht durch seinen historischen Ursprung. Umgekehrt beweist die Tatsache, daß der neutest. Glaubensbegriff säkularisiert werden kann, daß die christliche Existenz nichts Mysteriöses, Supranaturales ist« (*R. Bultmann,* Neues Testament und Mythologie, in: KM I 1-48, S. 35).

338 Vgl. dazu vor allem: *A. Gethmann-Siefert,* Das Verhältnis von Philosophie und Theologie im Denken Martin Heideggers (Symposion 47), München 1974, S. 158 f. mit Verweis auf G. Noller und H. Diem.

das Christliche sei. Das gewünschte Erschrecken verunmöglicht insbesondere einen supranaturalistischen Offenbarungsbegriff. – Vor allem aber wird deutlich, daß sich – wie schon in Modell III – Bultmann als konsequenter Vertreter reformatorischer Theologie[339] erweist, wenn er darangeht, das Verhältnis von Philosophie und Exegese zu bestimmen.[340]

6. Die konkreten Auswirkungen der Berührung mit der Philosophie M. Heideggers in der Exegese R. Bultmanns

Da die Diskussion über Bultmanns Programm weitgehend systematisch geführt worden ist, fehlt eine zusammenfassende Übersicht der konkreten Auswirkungen ebenso wie eine genealogische Darstellung, die das allmähliche Eindringen von Gedanken Heideggers zwischen 1924 und 1928 nachzeichnet.

339 Die Position Bultmanns wird noch einmal deutlich anhand der Problematik einer »natürlichen Theologie«: »Mir scheint, kurz gesagt, eine ›natürliche Theologie‹, die, nicht vom Glauben aus entworfen, gleichwohl die Glaubenstheologie begründen (unterbauen) will, illegitim und unmöglich zu sein; legitim und notwendig dagegen eine ›natürliche‹ Theologie, die vom Glauben aus das ›natürliche‹ (vorgläubige) Dasein verständlich macht, so wie Paulus es Röm. 1,18 – 3,20 unternimmt« (*R. Bultmann*, Die Geschichtlichkeit des Daseins und der Glaube, in: G. Noller (Hrsg.), Heidegger und die Theologie. Beginn und Fortgang der Diskussion, München 1967, 72-94, S. 81 f.).

340 Völlig richtig formuliert *G. Backhaus* (Kerygma und Mythos bei David Friedrich Strauß und Rudolf Bultmann, Hamburg 1956, S. 64f.): »Nicht in der Erkenntnis liegt das Skandalon, sondern in der Entscheidung, die von uns gefordert wird, also in der Preisgabe des Willens an Gott. Aus dem falschen sacrificium intellectus, wie es der Glaube einstmals verlangte, wird eine Preisgabe des Willens, und das heißt: eine Preisgabe der Person an Gott. Nicht das Denken soll aufgegeben, sondern der Wille soll *hin*gegeben werden.« Das bedeutet: *Das entscheidend Christliche ist nicht an einem Konflikt Philosophie/Theologie auszumachen, sondern am Willen und an der Hingabe.*

Beides kann hier nur ansatzweise geleistet werden. Bultmann selbst verweist auf die Notwendigkeit einer Klärung auf exegetischem Feld.[341]

a) An zwei Äußerungen Bultmanns von 1926 und von 1928 läßt sich exemplarisch verdeutlichen, in welchem Maße Heideggers Terminologie innerhalb von zwei Jahren bei der Erörterung desselben Gegenstandes (der paulinische σῶμα-Begriff)[342] eingedrungen ist:

1926: »Paulus will, wenn er von der Totenauferstehung redet, von uns, d. h. von unserer Wirklichkeit, unserer Existenz reden, von einer Realität, in der wir stehen ... Der Leib ist der Mensch, der Leib bin ich; und dieser Mensch, dieses Ich ist Gottes ... Gerade dieses irdisch Schwache ist gemeint, wenn Gott mein Herr sein will ...«[343]

1928: »Ein wirkliches Verständnis des paulinischen wie des griechischen Begriffs ist also nur möglich durch die Frage nach dem den Texten zugrundeliegenden Daseinsverständnis, die geleitet ist durch die grundsätzliche Besinnung auf die mögliche ontologische Bedeutung von σῶμα überhaupt ... σῶμα bezeichnet das Sein des Menschen, sofern es seiner Verfügung entnommen ist, das geschichtliche Sein, das nach der

341 »Beharren Sie gleichwohl bei Ihrer Behauptung, daß die Theologie, wenn sie sich in jene lernende Abhängigkeit von der Philosophie begibt, sich den Zugang zum NT versperrt, so müßte ich mit Hartlich und Sachs sagen, daß der Streit auf dem Felde der Exegese ausgetragen werden müßte ...« (*R. Bultmann*, Brief an K. Barth vom 11.-15. 11. 1952, in: B. Jaspert, Hrsg., Karl Barth – Rudolf Bultmann. Briefwechsel 1922-1966, Nr. 94, S. 186). – Gemeint sind die beidenAufsätze von *Chr. Hartlich* und *W. Sachs* »Kritische Prüfung der Haupteinwände Barths gegen Bultmann« und »Thielickes Ansätze zur Lösung des Entmythologisierungsproblems«, die *H. W. Bartsch* in Kerygma und Mythos II (S. 113-125.126-149) unter der Überschrift »IV. Die Rückführung der Diskussion in das Gebiet der Exegese« publiziert hat (Hamburg 1952).

342 Anregung durch Prof. *E. Baasland*/Oslo (Brief v. 12. 11. 1985).

343 *R. Bultmann*, Karl Barth, »Die Auferstehung der Toten« (1926), in: GuV I 38-64, 52 f.62. Bultmann schließt sich hier Barth an.

Meinung des Paulus die beiden Möglichkeiten hat, durch Gott oder durch die Sünde bestimmt zu sein …[344]

1926 spricht Bultmann zwar auch schon von Existenz, doch 1928 vom Daseinsverständnis, von der ontologischen Bedeutung, der Verfügung, dem geschichtlichen Sein und dessen Möglichkeiten. Der Gewinn bei dieser Veränderung: theologische Tiefe, gedankliche Durchdringung und Darstellung eines Zusammenhanges zu anderen Aussagen des Neuen Testaments. Der dadurch erkaufte Nachteil: Das Geflecht dieser Systematisierung ist keine Rekonstruktion des paulinischen Zusammenhanges – denn es wäre ja auch denkbar, das Verhältnis zwischen Leib und Gott/Sünde mit paulinischen oder doch Paulus nahestehenden Kategorien zu rekonstruieren (z. B. anhand der Metaphorik in Rom 6,12-14 mit Herrschen, Gehorchen, Waffen usw.). Das ist auch wohl nicht intendiert; gewollt ist eine theologisch-anthropologische Darstellung mit der modernen Begrifflichkeit, weil so Theologie erst zu einer ehrlichen Wissenschaft wird. Die schlichten Aussagen von 1926 stehen den paulinischen sehr viel »näher«.

b) Weitere Kategorien Heideggers, die bei Bultmann eine große Rolle spielen: Eigentlichkeit und Uneigentlichkeit, das Man, die »Welt«, Schuld,[345] Selbstverständnis, Aus-sein-auf,

344 *R. Bultmann,* Die Bedeutung der »dialektischen Theologie« für die neutestamentliche Wissenschaft (1928), in: GuV I 114-133, 130f.

345 Vgl. dazu: *M. Boutin,* Relationalität als Verstehensprinzip bei Rudolf Bultmann, München 1974, 542-549 und dazu erhellend aus S. 548f.: »Bultmanns Sündenbegriff kann also nicht direkt auf die von Heidegger herausgestellte existenziale Struktur des Schuldigseins zurückgeführt werden, sondern nur durch diese erhellt werden, jedoch nur mit Hilfe der im Gott-Mensch-Verhältnis aufgewiesenen Struktur menschlichen Seins als eines von Gott zur Eigentlichkeit Bestimmtseins. Diese Struktur könnte man sogar mit dem Heideggerschen Ausdruck »Inständigkeit« bezeichnen, insofern der ›Bestand‹ des Menschen auch nach Bultmann nicht in der Substanzialität einer Substanz gründet. Es wäre jedoch mißverständlich, in Heideggers Begriff der Schuld irgend eine ‚philosophische Säkularisierung‹ des christlichen Sündengedankens oder dessen ›Nachklang‹ sehen zu wollen. Sicherlich wäre es besser gewesen, wenn Heidegger ein weniger ›ethisch‹ vorgeprägtes und ›beladenes‹

Ruf, Geschichtlichkeit, Bedeutsamkeit, Zeitlichkeit, Existenz, Sorge, Entscheidung[346] usw.

Anhand des Begriffes Sorge[347] sei dieses näher verdeutlicht: Nach M. Heidegger ist Dasein, ontologisch verstanden, »Sorge«. Sorge ist fast so etwas wie Intentionalität. ist Aus-sein-auf, Sich-vorweg-sein und damit eine Möglichkeit für das Ganz-sein-können des Daseins;[348] Zeitlichkeit und Sorge hängen eng miteinander zusammen. – R. Bultmann äußert sich vor allem an zwei wichtigen Stellen zum Thema Sorge: in seinem Art. »merimnao« des ThW[349] und in seiner Theologie des Neuen Testaments. Die Orientierung an Heidegger ist hier bis in die Einzelheiten nachzuprüfen: »Auch das Neue Testament kennt das menschliche Dasein als ein von der Sorge bewegtes«, in »natürlicher Weise« ist jeder Mensch »auf etwas aus«,[350] Sorge ist »der Blick auf die Zukunft«[351], ist eine »ontologische Struktur des Menschseins«[352], ist »Charakteristikum

Wort als ›Schuld‹ gewählt hätte, um das Phänomen der ›Nichtigkeit des Grundseins‹ (S+Z 285) »des Daseins zu charakterisieren. Ein vorschneller Vergleich mit dem christlichen Sündenbegriff hätte sich dann sicherlich leichter vermeiden lassen.«

346 Vgl. dazu wiederum *M. Boutin*, a.a.O., 549-567.

347 Dazu demnächst ausführlicher die Arbeit meines Heidelberger Doktoranden *P. Huschke* (»Die Freiheit von der Sorge im Neuen Testament«), der auch diesem Verhältnis Bultmann/Heidegger einen Abschnitt widmet.

348 *M. Heidegger*, Sein und Zeit, S. 57.196.266.274.285.310.326.

349 ThW IV 593-598.

350 *R. Bultmann*, a.a.O., 595.

351 *R. Bultmann*, a.a.O., 596.

352 *R. Bultmann*, Theologie des Neuen Testaments, Tübingen 41961, 227: »Diesessein Sein aber ... ist nie in der Gegenwart als ein erfülltes gegeben, sondern liegt immer vor ihm, bzw. es ist immer ein Aus-sein-auf und kann sich dabei finden oder aus der Hand verlieren, sich gewinnen oder verfehlen. Damit ist gegeben, daß der Mensch gut oder böse sein kann … Ist somit die ontologische Struktur des Menschseins, wie Paulus es sieht, geklärt, so sind damit doch erst die Voraussetzungen für seine ontischen Aussagen über den Menschen gegeben, auf denen sein eigentliches Interesse ruht. Es zeigte sich schon, daß er manche anthropologischen Begriffe, die zunächst einen formal-ontologischen Sinn haben, mitunter in einem ontisch qualifizierten Sinn gebraucht … Darin

des menschlichen Lebens«[353], ist »allgemein menschlich«[69354], ist »Aussein auf …«[355]. Ebenso interessant sind indes die Abweichungen von Heidegger. Sie vollziehen sich nach dem oben in 5 III u. IV dargestellten Schema der Rechtfertigungslehre: Das Neue Testament wehrt die Sorge ab, wo der Mensch meint, »sein Leben selbst sichern zu können«[356], wo es eigenmächtige Haltung wird.[357] Christlich ist, wenn der Mensch die Sorge um sich Gott anheimstellt.[358] Sorgen wird dann als Eigenmächtigkeit abgelehnt wie Begierde und Sich-Rühmen.[359] – Angesichts dieser sehr eingreifenden Interpretation Bultmanns könnte man sagen: Das Verhältnis religionsgeschichtlicher antiker Texte zum Neuen Testament wiederholt sich im Verhältnis moderner Philosophie zu moderner Theologie. –

---

zeichnet sich ab, daß Paulus der Meinung ist: der Mensch hat immer schon sein eigentliches Sein verfehlt.«

353 *R. Bultmann,* ThW IV 594,10.

354 *R. Bultmann,* ThW IV 594,31.

355 *R. Bultmann,* Theologie des Neuen Testaments 41961, 227 und 226: »Endlich dient uxoiuväv zur Bezeichnung des sorgenden Ausseins-auf.« (Aus 1 Kor 7 gehe freilich hervor, daß sich dieses in sehr gegensätzlicher Weise realisieren könne). Wichtig ist im Vergleich zu S. 226 und S. 227 der »Theologie des Neuen Testaments«, daß die ontologische Struktur nicht allein am Begriff u^Qiuväv festgemacht wird.

356 *R. Bultmann,* ThW IV 596,41 und auch 596,1.

357 *R. Bultmann,* Theologie des Neuen Testaments 41961, 242. Beachtenswert ist hier und auch in ThW IV 595, 28 die Verknüpfung mit dem anderen Existential der »Angst«.

358 *R. Bultmann,* Theologie des Neuen Testaments 41961, 320: »Diese ist das Frei-und Offensein für die Zukunft, da der Glaubende die Sorge um sich selbst und damit um seine Zukunft im Gehorsam Gott anheimgestellt hat. Die Sünde des Unglaubens ist ja gerade die, daß er aus sich selbst leben will und seine Zukunft im Wahn des Verfügenkönnens selbst in Sorge nimmt.« – Besonders diese Stelle vermag deutlich zu machen, wie Bultmann systematisch vorgeht. Weder »Hoffnung« noch »Glaube«, bzw. »Unglaube« begegnen im semantischen Umfeld von »Sorgen« im Neuen Testament, auch »Gehorsam« nicht. Dieser Zusammenhang wird von Bultmann erst hergestellt, und das Zentrum ist der »Wahn des Verfügenkönnens«, wobei »Verfügen« wiederum ein Begriff Heideggers ist.

359 *R. Bultmann,* Theologie des Neuen Testaments [4]1961, 226.

P. Huschke konnte schließlich auch zeigen, daß Bultmann und Heidegger bezüglich der Sorge in S. Kierkegaard wieder einmal einen gemeinsamen Urvater haben.[360]

c) Aufschlußreich ist Bultmanns Exegese besonders dort, wo er sich ausdrücklich auf Heidegger beruft:

In dem Aufsatz »Die Eschatologie des Johannes-Evangeliums« von 1928 bringt Bultmann die »Welt« mit dem »man« Heideggers zusammen, »das jeder ist und das keiner ist«[361]. Im Sinne Heideggers wird hier die Überwindung der Spaltung von Subjekt und Objekt zum Wesentlichen am johanneischen Kosmos-Begriff erklärt: Der Mensch steht der Welt nicht gegenüber, sondern er gehört zu ihr, und zwar im Modus der Zugehörigkeit zum »man«, d.h. als Verfallensein. Bultmann legt daher Wert darauf, daß »die Welt« zunächst »die Menschen« sind.[362] Umgekehrt wird dann auch die Zugehörigkeit zu Gott im Sinne der Überwindung der Subjekt-Objekt-Spaltung bestimmt: Gott kennen heißt nicht, »sich (vielleicht richtige) Gedanken über ihn machen; sondern ihn ›kennen‹ heißt,

360 Vgl. dazu Anm. 62; dazu ferner auch: *S. Kierkegaard*, Christentum und Christenheit (= Auswahl aus Kierkegaards Tagebüchern, ed. E. Schlechta, München 1957), Nr. 269 (S. 129); Nr. 378 (S. 180) und bes. Nr. 648 (S. 316f.): »Erst wenn ein Mensch so elend geworden ist, daß er wahrhaftig nur noch einen Wunsch hat, einen Trost: zu sterben – erst da beginnt das Christentum. Wenn es nämlich so mit dem Menschen steht, dann erwacht im Verhältnis zu diesem seinem einzigen Trost eine wiederum einzige Sorge: darf ich hoffen, selig zu werden? – Und was sollte ihn daran hindern? Die Sünde und die Sünder! Ganz richtig, hier beginnt das Christentum ...« Im Verhältnis zu Heidegger beachte man die enge Beziehung zwischen dem Vorlaufen zum Tod und der Sorge, damit die zeitliche Struktur der Existenz!

361 »Und der Mensch steht nicht der Welt gegenüber, sondern er ist Welt; d.h. die Welt ist nicht ein Vorhandenes, »an sich« Seiendes, dem sich der Mensch in theoretischer Betrachtung gegenüberstellen kann ... ›Aus der Welt‹ – im Sinne des bestimmenden Ursprungs: der Mensch kommt zu allem, was er tut, von der Welt her, als einer, der selbst Welt ist. Die Welt ist die Menschheit im Sinne des ›man‹, das jeder ist, und das keiner ist« (in der Anmerkung: Verweis auf *M. Heidegger*, Sein und Zeit I, 126-130, die Analyse des Begriffes »man«) (Die Eschatologie des Johannesevangeliums, 1928, in: GuV I 134-152, 135f.).

362 *R. Bultmann*, a.a.O., 135 mit Anm. 3.

ihn als wirklich erschlossenen sehen, d. h. aber, ihn als Schöpfer anerkennen und sich durch ihn bestimmen lassen«[363]. So ist das Sein in der Welt nicht ein schicksalhafter Zustand, sondern es »ist als ein Wie des menschlichen Seins gedacht: das Sein des Menschen ist Welt-sein«[364]. Während nun Offenbarung das Weltsein in Frage gestellt hat, ist Sünde das Festhalten des Weltseins. Das »Weltsein des Menschen (ist) immer eine ergriffene Möglichkeit seiner selbst (...); kein Naturzustand, sondern ein Verfallensein.«[365]

Wie wird Heidegger in diesem Text verwendet? Man kann sagen:

1. Bestimmte Elemente des JohEv werden mit Hilfe seiner Philosophie sehr stark akzentuiert, wenn nicht gar überinterpretiert: Das JohEv sagt weder, daß der Mensch schlechthin Welt sei, noch wird anhand dieses Begriffs eine Subjekt-Objekt-Spaltung aufgehoben; im Gegenteil, »Welt« ist sowohl das Gegenüber des schöpferischen, liebenden und richtenden Handelns Gottes und seines Gesandten als auch das Gegenüber zur Gemeinde der Jünger.
2. Der Philosophie Heideggers kommt die latent dualistische Struktur des johanneischen Welt-Begriffs entgegen. Heideggers Werk »Sein und Zeit« könnte man nicht unzutreffend wohl eine »Bekehrungsschrift« nennen, die den Menschen bei seiner Verfallenheit an die alte Metaphysik und das damit verbundene Denken im Gegensatz Subjekt-Objekt »abholt« und ein neues Existenzverständnis stiftet. Und umgekehrt weist auch das JohEv seinerseits eine deutlich auf »Bekehrung« bezogene Struktur des Christseins auf, nicht ohne Verwandtschaft zu antiken Philosophenschulen.[366] Und richtig ist auch, daß das In-der-Welt-sein so oder so bleibend die Existenz des Menschen bestimmt, aber eben in

363 *R. Bultmann*, a.a.O., S. 137.
364 *R. Bultmann*, a.a.O., S. 138.
365 *R. Bultmann*, a.a.O., S. 138.
366 Vgl. dazu: *A. D. Nock*, Conversion. The Old and the New in Religion from Alexander the Great to Augustine of Hippo, Oxford 11933, Nachdr. 1963.

verschiedener Weise. Aber wiederum: So ausdrücklich sagt das JohEv das nicht. Eine solche systematisierende Aussage ist aber auch nicht einfachhin »falsch«.

Die Bedeutung der Philosophie Heideggers zeigt sich vielmehr an zwei entscheidenden und zu diskutierenden Punkten: *Erstens* an der Art, in der die Aussagen der neutestamentlichen Schriftsteller »gegen den Strich« gelesen und systematisiert werden, wie ein Zusammenhang hergestellt wird, so daß disparate Aussagen aufeinander bezogen werden, und *zweitens* an der Frage, ob die so erstellte theologische Systematik zugleich auch – mutig und vorbehaltlos – nicht anders als im Anschluß an moderne Anthropologie formuliert werden darf.

Zum *ersten* Punkt: Es ist sicher die Aufgabe jeder Exegese, die nicht positivistisch am Buchstaben kleben will, derartige Zusammenhänge zu ermitteln und sie auch einsichtig zu machen, und zumindest für die Ebene des Endredaktors einer Schrift ist – jeweils bis zum Erweis des Gegenteils – vorauszusetzen, daß er seine verschiedenen Aussagen sinnvoll aufeinander hätte beziehen können. Sicher ist auch, daß ein solcher Zusammenhang nur auf dem Weg über gewisse Abstraktionen sichtbar gemacht werden kann. Die Art und Weise, in der Bultmann zu diesen Abstraktbegriffen kommt, hängt eng mit dem *zweiten* Punkt zusammen: Durch den Anschluß an Heidegger gelingt es Bultmann, seine Exegese sowohl theologisch (Erfassen des Zusammenhangs) als auch wissenschaftlich (geklärtes Begriffssystem) als auch modern (Seinsverständnis der Menschen nach dem 1. Weltkrieg) sein zu lassen. Diese Verbindung positiver Ansätze macht die Faszination aus, die auch von seinem Johanneskommentar ausging.

Wer einwendet, der Anschluß an Heidegger sei zu schnell und blindlings erfolgt, muß sich belehren lassen, daß die Philosophie Heideggers wirkungsgeschichtlich gesehen und auch tatsächlich (vgl. Anm. 52) einige Analogien zu johanneischer und paulinischer Theologie aufweist. Hier wäre übrigens auch einmal zu fragen, welche Bedeutung der dominante Gebrauch johanneischer und paulinischer Theologie in kirchlicher Systematik für die Philosophie des 19. Jh. (vgl. oben S. 19-21) und damit für das Verhältnis von Exegese und Philosophie gehabt hat. Was wäre geschehen, wenn die offizielle Theologie sich an den Synoptikern und der Apkjoh oder an dem Block 2 Petr/Jud orientiert hätte oder wenn man Eph und Kol als nicht-paulinische, selbständige Theologien wahrgenommen hätte? Zudem hat H. Jonas in seinem Gnosis-Buch[367] religionsgeschichtli-

---

367 *H. Jonas*, Gnosis und spätantiker Geist I. Die mythologische Gnosis, Göttingen 1934, 31964. – H. Jonas freilich bezieht sich ausdrücklich auf Heidegger, so daß spätestens dann, wenn Bultmann Texte nach diesem Verständnis als historische Stütze für die Berechtigung seiner Theologie gebraucht, ein Zirkel hergestellt wird, was freilich nach den dieser Richtung eigenen Prämissen kein Hindernis für historische Forschung ist. Vgl. dazu die beiden folgenden Passagen: Abschnitt 10 ist überschrieben: »Philosophische Hilfsmittel aus der allgemeinen Daseins-Erkenntnis«. – Dann heißt es: »Das Ziel ist, die Struktur der betreffenden Daseinsverfassung zu derjenigen philosophischen Verständlichkeit zu bringen, die dann selber als Verständnisquelle die Peripherie des gegenständlichen Äußerungsbereiches zu erleuchten vermag. Hierfür aber muß solche Verständlichkeit, d.h. das Prinzip derselben, schon im Ansatz enthalten sein: der Ausgang muß von einer bereits verfügbaren philosophischen Daseinserkenntnis hergenommen werden, wenn diese auch nicht inhaltliche Resultate bereitstellt, sondern im wesentlichen die Art und Weise des Befragens von Dasein aus seinem Logos her« (a.a.O., 15). Das heißt: Der Historiker geht von einer eigenen Daseinserkenntnis aus, die zumindest den Befragungsrahmen für das antike Phänomen liefert. – »Unser Unternehmen wird also nach Möglichkeit auf eine schon ausgearbeitete Ontologie des Daseins zur Gewinnung ihrer Fragehinsichten zurückgreifen. Wir schulden noch die Erklärung, daß für uns diese Rolle die Existenzanalyse Martin Heideggers übernehmen soll, die uns Wesentlichkeit und Ergiebigkeit der ihr entnehmbaren hermeneutischen Kategorien durch ihre eigene Radikalität zu verbürgen scheint. Von ihrem Begriffsertrag, wie ihn vor allem das Werk »Sein und Zeit« darbietet, werden wir für unsere Zwecke immer wieder Gebrauch machen. Um aber über diese Anwendung einer bestimmten systematischen Philosophie keinen Zweifel aufkommen zu lassen, erklären wir noch das eigentlich Selbstverständliche, daß sie uns nicht etwa der Stein der Weisen ist, mit dessen gleichförmiger Anwendung jedes geschichtliche Sein auf die endgültige Formel zu bringen ist, sondern eine Möglichkeit der Geschichtsbefragung, für die man sich, wissend um ihren notwendigen Versuchssinn, also mit Überzeugung und »Ironie«

che Grundlagen für Bultmanns Verständnis des JohEv gelegt. Bultmann selbst hat sich In seinem Kommentar zum JohEv dafür auch sehr oft auf die Mandäer berufen.[368] Man darf es sich vor allem nicht zu leicht machen damit, Bultmanns religionsgeschichtlich »abgesicherten« Rekurs auf Heidegger zu verwerfen.

Auf M. Heideggers spätere Arbeit »Was ist Metaphysik?« rekurriert Bultmann ausdrücklich in seinem Johanneskommentar: »So wäre auch die Frage des Philosophen: Warum ist nicht Nichts? durch diesen Satz beantwortet: Im Anfang war das Wort.«[369] »Logos« wird dabei mit Offenbarung gleichgesetzt, und bevor Bultmann auf Heideggers Frage eingeht, kommt er zu dem abschließenden Satz: »Welt und Zeit sind nicht aus ihnen selbst zu verstehen, aber aus dem in der Offenbarung redenden Gott« (ibid.), um später fortzufahren: »es ist nicht aus dem Zeitlosen abzuleiten, wie es zu Welt und Zeit kam; ihr Dasein ward durch göttliche Tat Ereignis«[370]. Als der sich offenbarende Gott ist Gott außerweltlich. Bultmann zielt mit dieser Interpretation deutlich auf eine Strukturanalogie von Schöpfung und Erlösung:

Schon die Schöpfungsaussage macht deutlich, daß die freie

---

zugleich, entschieden hat. Es mögen andere und bessere entwickelt werden« (a.a.O., S. 90). Betont werden dann das Geworfensein, die Angst in der Welt, das Nichtweltliche im Menschen; typisch sind Sätze wie dieser: »Im primären Blick dessen, was eine ursprüngliche Entweltlichungstendenz nach ihrer daseinsmäßigen Verwurzelung überhaupt sein kann, ist notwendig irgendwie gesichtet die allgemeine existenziale Grundkorrelation Dasein-Welt; »Welt« also als ein existenziales Phänomen des Daseins, und dieses selbst entdeckt in seiner Grundbewegtheit des Verfallens, seinem wesentlichen Benommen- und Aufgesogensein von der Welt. Die Befremdlichkeit der Entdeckung des völligen eigenen Überfremdetseins bricht auf als Un-Heimlichkeit in der Welt«. – Außer Heideggers Einfluß ist übrigens auch der Schopenhauers zu ermitteln (Bedeutung des Willens und des sich selbst regenden Lebens).

368 Zur hermeneutischen Funktion des Mandäer-Arguments bei R. Bultmann vgl. meinen für die TRE vorbereiteten Artikel »Mandäer«.

369 *R. Bultmann*, Das Evangelium des Johannes, Göttingen10=17 (erschienen 1941), S. 18 mit Anm. 4.

370 *R. Bultmann*, a.a.O., 19.

göttliche Tat, die von außerhalb der Welt her kommt, die in keiner Weise aus ihr ableitbar oder von ihr her zu begründen ist, den entscheidenden »Sprung« ins Dasein (beachte die Verwendung dieses Begriffs hier!) stiftet. So wird es auch bei der Erlösung sein. Die »Antwort« auf den Philosophen erfolgt daher auch in diesem Fall ähnlich wie bei den Rechtfertigungsaussagen: Was die Welt nicht von sich aus vermag, bewirkt die freie Tat Gottes, und diese ist »die Offenbarung«. Wieder ist »Offenbarung« nichts Inhaltliches, Lehrhaftes, sondern eine Tat. So ist ja auch der Glaube – zumindest ähnlich wie im Pietismus – nicht Annahme einer Lehre, sondern Entscheidung (vgl. Anm. 55).

7. Zusammenfassung: Die Bedeutung der Philosophie M. Heideggers für R. Bultmann

a) Bultmann verdankt Heidegger nicht nur eine Reihe entscheidender Begriffe zur Erfassung des systematischen Gehalts exegetischer Aussagen, sondern auch die innere Verflechtung dieser Begriffe im Sinne einer Systematik.

b) Bultmann erblickt in Heideggers Philosophie einen entscheidenden Beitrag zum modernen Thema der Subjektivität, und zwar einen Beitrag, der dem Anliegen der Reformation sehr nahe kommt: Durch Heideggers Ansatz, das Dasein des Menschen als In-der-Welt-sein zu bestimmen, wird für Bultmann die der Welt frei gegenüberstehende und »selbstherrliche« Subjektivität aufgehoben. Es gibt kein freies Gegenübersein, sondern nur ein Immer-schon-darin-sein. So ist der Mensch schon immer ein verfallener oder betroffener. Es geht nicht nur negativ darum, daß der Mensch keine »absolute« Existenz hat, vielmehr ist auch in positiver Hinsicht Offenbarung nicht mehr ein gegenständliches Gegenüber (im Sinne der alten Metaphysik), sondern ein Sich-Auftun, Sich-Erschließen, mitten im Dasein selbst. Dieses Sich-Erschließen nach Art des Aufbrechens besitzt auch eine Strukturanalogie im zeitgenössischen Expressionismus (etwas bricht auf, tut sich auf, bricht verwandelnd hervor). – Nur wenn Offenbarung so verstanden ist, bleibt sie nicht irgendein Gegenstand, sondern kann sie menschliches Dasein selbst zutiefst betreffen.

c) Nur dann also, wenn theologische Aussagen zugleich solche über den Menschen sind, betreffen sie ihn wirklich, bleiben sie nicht außerhalb. Die hermeneutische Frage, was denn die Bibel mit mir/mit uns zu tun habe, geht Bultmann auf dem Weg über philosophische Anthropologie an.

d) Weil der Glaubende zugleich gerecht und sündig ist, weil also Glaube ihn nicht substantiell verändert, deshalb kann philosophische Daseinsanalyse auch noch und weiterhin das Dasein des Glaubenden umfassen. Doch die Rechtfertigungslehre ist nicht nur die Bedingung der Rezeption von Philosophie, sie ist zugleich der archimedische Punkt, von dem her alles Philosophische kritisiert und, wenn es Frage war, beantwortet wird.

e) Das eigentlich Christliche wird bei Bultmann nicht an einer Opposition von Philosophie und Theologie erkennbar, sondern an der Entscheidung des Menschen, sich glaubend Gottes Handeln anzuvertrauen. Philosophie und Theologie sind überhaupt kein Gegensatz, sondern die profane Daseinsanalyse verhält sich zur Theologie wie Möglichkeit zu Wirklichkeit. (Das scholastische Begriffspaar von *potentia* und *actus* sehe ich hier für weitaus geeigneter an als das von Bultmann gebrauchte scholastische Begriffspaar von *ancilla* und *domina).* »Heidnisch« ist nicht die Philosophie, sondern die Selbstherrlichkeit des Menschen, und diese beiden Größen (Selbstherrlichkeit und Glaube) sind für Bultmann verschieden.

f) Bultmann vergleicht nicht einfach – gewissermaßen blauäugig – das Daseinsverständnis des Neuen Testaments mit dem der modernen Philosophie. Vielmehr weiß er: Erstens ist das Seinsverständnis des Neuen Testaments in Kontrast und Übereinstimmung zu dem der Gnosis darstellbar, zweitens ist die moderne Philosophie selbst in der Wirkungsgeschichte des Neuen Testaments zu begreifen. Das bedeutet genealogisch gesehen eine doppelte Affinität von Theologie und Philosophie: Weder sind die Schriften des Neuen Testaments ohne den bereits philosophischen Hintergrund der Gnosis denkbar, noch ist moderne Philosophie ohne den theologischen Hintergrund des Neuen Testaments denkbar. In Wahrheit geht es daher um einen etwas längeren Dialog, in dem Philosophie und Theologie wechselseitig die Voraussetzung bildeten:

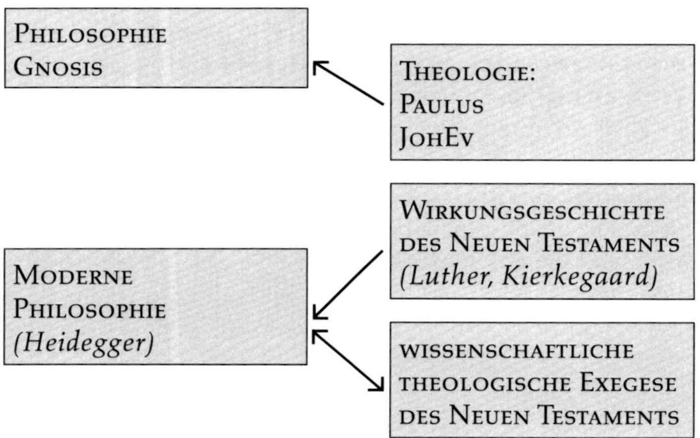

Dabei korrigiert, bzw. erfüllt Theologie jeweils die Rede der Philosophie.

Überdies gab H. Jonas Bultmann die Gewißheit, daß die Philosophie der Gnosis weithin ein Daseinsverständnis hatte, das dem Heideggers sehr, sehr ähnlich war.[371]

g) Strukturell ähnlich sind Philosophie und Theologie durch die »Bekehrung«, d.h. durch das zentrale Motiv der Entscheidung zur Eigentlichkeit. Unterschiedlich ist die Antwort beider auf die Frage, wie der Mensch zu seiner Eigentlichkeit gelange:

h) Bultmann kann die mögliche Pluralität, die bei Heidegger zur Verwirklichung des Daseins besteht, so nicht übernehmen. Für ihn gibt es nur ein einziges richtiges Daseinsver-

371 Vgl. Anm. 82 und besonders Bultmanns Vorwort zu dem Buch von H. Jonas.

ständnis, das des Glaubens an Gott. Dem entspricht: Bultmann denkt von der Theologie her, nicht aber baut er auf dem Fundament der Philosophie auf. Entsprechend ist auch »Liebe« nicht nur eine Möglichkeit, sich zu verhalten, sondern die Möglichkeit eigentlichen Daseins. Denn da es dem Liebenden nicht mehr um sich selbst geht, ist Liebe die Kehrseite der Rechtfertigung. Nur der Glaubende/Liebende ist frei. Das aber weist in eine größere, fundamentalere Unterschiedlichkeit, die nicht mehr einfach so zu erklären ist, wie wir bislang vorgegangen sind. Aus dem bisher Gebotenen mußte der Eindruck entstehen, Bultmann habe gewissermaßen nur Heidegger durch die traditionelle Rechtfertigungslehre lutherischer Prägung korrigiert. In Wirklichkeit stellt sich der theologiegeschichtliche Sachverhalt differenzierter dar:

8. Der systematisch-theologische Hintergrund der Heidegger-Rezeption Bultmanns: S. Kierkegaard und W. Herrmann

Von R. Bultmann selbst stammt der Satz: »Weil ich bei Herrmann gelernt habe, war ich für Heidegger vorbereitet. Dieser hat übrigens auch von Herrmann gelernt und schätzte ihn hoch.«[372] »Bei Bultmann wird W. Herrmanns Menschenver-

372 »Daß W. Herrmann die christliche Botschaft anthropologisiert habe, scheint mir schon durch die Rolle, die bei ihm der Begriff des Vertrauens spielt, widerlegt zu werden. Gewiß: Seine Begrifflichkeit war unzureichend für das, was er sagen wollte. Aber eben, weil ich bei Herrmann gelernt habe, war ich für Heidegger vorbereitet. Dieser hat übrigens auch von Herrmann gelernt und schätzte ihn hoch (bes. z. B. seinen Aufsatz über die Buße des evangelischen Christen).« (Brief an K. Barth vom 11.-15. 11. 1952, zitiert nach B. Jaspert, Karl Barth – Rudolf Bultmann. Briefwechsel 1922-1966, S. 188). Gemeint ist W. Herrmanns Aufsatz in ZThK 1 (1891) 28-81 = Ges. Aufsätze (ed. F. W.Schmidt), Tübingen 1923, 33-85. Es handelt sich bei diesem Aufsatz um eine äußerst subtile historische wie systematische Darstellung des reformatorischen Verständnisses von Buße. Was konnte für Heidegger an diesem Auf-

ständnis mit Hilfe des ontologischen Existenzbegriffs Martin Heideggers zu begrifflicher Klarheit erhoben.«[373] Bultmann weiß an Herrmann nur zu tadeln, daß dieser kein dialektischer Theologe ist.[374] – In W. Herrmann begegnet uns eine besondere Verbindung von Luthertum und Kantianismus, bzw. Neukantianismus Marburger Prägung, die als solche wiederum für das Verhältnis von Theologie und Philosophie wichtig ist. Im folgenden werden aus dem reichen und interessanten Ansatz W. Herrmanns nur die Elemente genannt, die für Bultmanns Heidegger-Rezeption wichtig geworden sind:
I. Grundgesetz des religiösen Bereiches ist die Nicht-Objek-

---

satz interessant sein? 1. Es geht um eine sorgsame phänomenologische Analyse der Bewußtseinserfahrungen bei der Buße (Bedeutung der Begegnung mit der sittlichen Macht des Guten; Rolle des Erlebnisses, der Angst, der Gewißheit. So wird von Luther gesagt, er habe die Kräfte des Glaubens und der Liebe als »Vorgänge in dem eigenen Bewußtsein« erleben wollen, S. 42). – 2. Herrmann betont, daß der Glaube keine einmalige Qualität, sondern ein »immer neues Innewerden Gottes« ist. So ist der Glaube nichts Objektivierbares, sondern ein Phänomen des Daseins, und zwar in der Buße als der Wendung zur Eigentlichkeit (so würde Heidegger das von Herrmann Beschriebene ausdrücken). – 3. Wichtig ist die Analogie zwischen Buße und Hinwendung zur Eigentlichkeit in der Philosophie Heideggers. – 4. Der Artikel enthält ausführliche kontroverstheologische Passagen, die für den Katholiken Heidegger Klarheit darüber bringen mußten, daß seine Art zu philosophieren mehr Affinität zur protestantischen als zur katholischen Theologie hatte. – Neuere Lit. über W. Herrmann findet man bei *B. Dieckmann,* »Welt« und »Entweltlichung« in der Theologie Rudolf Bultmanns, 1977, S. 51 Anm. 35 (bes. die Arbeiten von Tri. Mahlmann; H. Timm; P. Fischer-Appelt). Hinzuweisen ist besonders auf *F. W. Sticht* (1965) und auf die beiden Bände mit Aufsätzen *W. Herrmanns* »Schriften zur Grundlegung der Theologie« (ThB 36), München 1966. – W. Herrmann (6. 12. 1846 – 2. 1. 1922) war von 1879 bis 1917 Prof. f. Systematische Theologie in Marburg.

373 O. Schnübbe, Der Existenzbegriff in der Theologie Rudolf Bultmanns. Ein Beitrag zur Interpretation der theologischen Systematik Bultmanns, 1959, 15.

374 R. Bultmann, GuV I 107 (H. habe das Moment des Gehorsams gegenüber der Verkündigung übersehen und daher sowohl die eschatologische Stellung Jesu verkannt als auch die Tatsache, daß der Glaube nur im Wort der Verkündigung gründe).

tivierbarkeit dieses Bereiches. Hier geht es um geschichtliches Dasein, das nicht objektiv erkennbar ist.[375] Denn diese Innerlichkeit widerstrebt jeder Vergegenständlichung durch Wissenschaft; alles, was die Wissenschaft anfassen kann, ist tot. Die innere Sammlung aber steht der gesetzmäßig gestalteten Welt gegenüber. So kommt es, daß zwischen Glaube und Wissen keine Verbindung besteht. Der Glaube ist so auf eigene Füße gestellt und kann durch Wissenschaft auch nicht bedroht werden. Es ist besonders das Verdienst I. Kants, den Glauben von einer unwürdigen Abhängigkeit von Wissenschaft befreit zu haben, er hat die sinnlose Verbindung von Wissen und Glauben mit den Messern seiner Kritik zerschnitten.[376] Ein durch Wissenschaft konzessionierter Glaube wäre Unglaube.
Die dialektische Theologie setzt an dieser Nicht-Objektivierbarkeit ebenso an, wie Bultmann sie mit dem Modell Heideggers über die Uberwindung der Subjekt-Objekt-Spaltung verbinden konnte.

II. Daher ist der Glaube unabhängig von der Historie, d.h. er muß sich nicht auf historische Einzeltatsachen der Vergangenheit stützen, besteht nicht in der Annahme, daß dieses oder jenes Ereignis sich so zugetragen habe, wie es die Schrift berichtet.[377] Auf dieser kantianischen

---

375 »Können wir aber die Religion nur erkennen, sofern sie zu unserem eigenen Leben gehört, so ist unsere Vorstellung von ihrem Wesen ein Ausdruck unserer eigenen Religion. Viel mehr als von allem geschichtlichen Leben gilt es von der Religion, daß man keine objektive Erkenntnis von ihr haben kann« (W. Herrmann, Religion [1905] = Schriften z. Grundlegung der Theologie, Hrsg. P. Fischer-Appelt I 283).

376 Vgl. dazu den Aufsatz W. Herrmanns: Kants Bedeutung für das Christentum (1884), in: P. Fischer-Appelt (Hrsg.), Schriften zur Grundlegung der Theologie I 104-122.

377 »Wer das empfunden hat, kann der historischen Kritik an den neutestamentlichen Schriften getrosten Herzens freien Raum lassen … Es ist ein verhängnisvoller Irrtum, wenn man sich durch historische Forschung den Grund des Glaubens feststellen lassen will. Der Grund des Glaubens soll fest sein, die Resultate historischer Arbeit sind in beständigem Fluß … Indem die ernste historische Arbeit am Neuen Testament solche Ansprüche vernichtet, zerbricht sie falsche

Voraussetzung beruht für Bultmann die Möglichkeit zu radikalster historischer Kritik, die dennoch den Glauben in seiner Substanz nicht anficht, ja für ihn bedeutungslos ist. Bultmann führt dieses bereits in seiner »Geschichte der synoptischen Tradition« durch und bezieht es später auf alle mythischen Aussagen des Neuen Testaments. Weil der Glaube reine und freie Innerlichkeit ist, dient die Destruktion historischer Einzelfakten nur dazu, die Schlacke vom Gold zu trennen.

III. Glaube ist jedoch etwas Geschichtliches. »Geschichte ist der Ort, wo Religion sich allein ereignen kann. Religion ist die Art, wie Geschichte allein wahr werden kann.«[378] Die später bei Bultmann durchgeführte Scheidung von Historie (historische Einzelfakten) und Geschichte (Raum für die Realisierung des Glaubens) liegt auch bei W. Herrmann vor. In Kritik an I. Kant und an Aufklärung und J. G. Fichte[379] betont W. Herrmann, daß nicht das »Ewige« der Ort der Rettung ist, nicht die geschichtslose Wahrheit, sondern das alltägliche Leben, in dem uns Gott aufsucht.[380] Auch im Gegensatz zum Neukantianismus ist die Geschichte, nicht das Bewußtsein, der Ort der Religion, vor allem deshalb, weil hier auch die Sittlichkeit realisiert wird.[381] Im Gegensatz zur Summe historischer Fakten

---

Stützen des Glaubens, und das ist ein großer Gewinn« (*W. Herrmann*, Der Verkehr des Christen mit Gott, 5.61908, S. 60f.; mein Exemplar wurde von Otto Bultmann 1914 erworben).

378 *P. Fischer-Appelt* (Hrsg.), Wilhelm Herrmann. Schriften zur Grundlegung der Theologie I, Einleitung. S. XXXIX.

379 *W. Herrmann*, Warum bedarf unser Glaube geschichtlicher Tatsachen? (1884, 21891) (= P. Fischer-Appelt, Hrsg., Schriften zur Grundlegung der Theologie I 81-103, S. 88-93).

380 »Und jene richtige und wertvolle Erkenntnis des jungen Schleiermacher, daß Religion Geschichte ist und von Geschichte lebt, hat noch heute mit allerlei rationalistischen und mystischen Denkgewohnheiten zu kämpfen« (*W. Herrmann*, Unser Glaube an Gott [1911] = Schriften zur Grundlegung der Theologie, Hrsg. P. Fischer-Appelt II 255).

381 »Der Grundfehler von Natorps Auffassung der Religion scheint mir darin zu liegen, daß er bei allem feinen Verständnis für

ist Geschichte die angeeignete, die zur eigenen inneren Wirklichkeit gewordene Zeit;[382] die Vergangenheit ist Moment gegenwärtigen Lebens geworden.[383] Herrmann gelangt hier zu einem ganz eigenen Begriff von Faktum (ibid.), der an die spätere Rede Bultmanns über das »Daß« erinnert. Wie später bei Heidegger und Bultmann spielt die Dimension der Zeit hier die entscheidende Rolle, Gottes Verhältnis zur Zeitlichkeit: »Nicht der Ewige rettet, sondern der Gott, der des Zeitlichen und Ewigen mächtig ist.«[384] Über den glaubenden Menschen heißt es daher:

Kundgebungen der Religion sich für verpflichtet hält, die Religion im menschlichen Bewußtsein überhaupt aufzusuchen und nicht in der Geschichte, die wir alle in einer individuell bestimmten Weise mitleben« (*W. Herrmann,* Die Auffassung der Religion in Cohens und Natorps Ethik [1909] = Schriften z. Grundlegung der Theologie, Hrsg. P. Fischer-Appelt II 232). – Vor allem: »Die Wirklichkeit der Natur beruht auf dem Naturgesetze; die Wirklichkeit der Geschichte beruht auf dem Sittengesetze. Das Naturgesetz erzwingt seine Anerkennung von jedem nicht irrsinnigen Menschen; das Sittengesetz fordert seine Anerkennung von dem freien Willen. In der Natur zu leben ist das Selbstverständliche; in der Geschichte zu leben ist unsere Aufgabe« (*W. Herrmann,* Die Wahrheit des Glaubens [1888]. = Schriften zur Grundlegung der Theologie, Hrsg. P. Fischer-Appelt I 143).

382 »Der wirkliche Glaube ist allerdings untrennbar von der Geschichte, aber von der Geschichte, die er selbst durchlebt hat. Nimmer aber dürfen wir uns gefangennehmen lassen von einer Geschichte, die gar nicht unsere eigene ist. Das droht zu einem Abfall von Gott zu werden« (*W. Herrmann,* Unser Glaube an Gott [1911] = Schriften zur Grundlegung der Theologie, Hrsg. P. Fischer-Appelt II 253).

383 »Aber hier in der Religion ist es uns nicht um eine geschichtslose Wahrheit zu tun, sondern um das Faktum unserer Rettung von der Welt. Und dieserTatsache versichern wir uns nur im Hinblick auf Tatsachen unserer Geschichte. In dieser Welt müssen uns Ereignisse nahetreten, die uns den Mut zu dem Glauben geben, daß die Fürsorge Gottes den Bereich unseres zeitlichen Lebens durchdringt … Wir müssen die Vergangenheit, aus der unsere Existenz hervortritt, als ein Element unseres gegenwärtigen Lebens in Betracht ziehen« (*W. Herrmann,* Warum bedarf unser Glaube geschichtlicher Tatsachen? [1884, 21891] = Schriften zur Grundlegung der Theologie, Hrsg. P. Fischer-Appelt I 102).

384 *W. Herrmann,* Warum bedarf unser Glaube geschichtlicher Tatsa-

»Er soll nicht mit Flügeln gen Himmel steigen, soll nicht nach außerordentlichen Entzückungen trachten, aber er soll die Wirklichkeit anschauen und sich zu Herzen nehmen, in welche er täglich gestellt ist. Fänden wir nicht in ihr die Offenbarung Gottes als den Felsen, der uns trägt, oder als den Stein des Anstoßes, an dem wir zerschellen, so würden wir sie überhaupt nicht finden.«[385]

IV. Autonomie-Problematik: Christentum besteht nicht in der Annahme einer dem Menschen fremden Lehre, sondern in der Gewinnung eines neuen Selbstverständnisses des eigenen Daseins. Hier reicht Herrmann am nächsten an Bultmann heran, das betrifft sowohl die Begriffe von Existenz und Dasein als auch das Verständnis von Offenbarung.[386] Denn wenn sich die »Tiefen des eigenen Daseins« öffnen, bricht, wie oben dargestellt, Offenbarung nicht als etwas Fremdes, Gegenständliches auf, sondern betrifft ganz unmittelbar den Menschen selbst. Es geht um Vertiefung der eigenen Existenz, um eine Art der Bewußtwerdung,[387] nur in dieser Erfahrung wird Gott

---

chen? (1884, 21891) = Schriften zur Grundlegung der Theologie, Hrsg. P. Fischer-Appelt I 101.

385 *W. Herrmann*, Der Begriff der Offenbarung (1887) = Schriften zur Grundlegung der Theologie, Hrsg. P. Fischer-Appelt I 131.

386 »Der Glaube ist dann nicht eine vom Menschen aufgebrachte Anstrengung, etwas seiner eigenen Existenz Fremdes sich anzueignen. Er bedeutet vielmehr die zu ihrer Wahrheit kommende Existenz des Menschen selbst. Die Offenbarung bedeutet nicht, daß dem Menschen etwas ihm innerlich Fremdes gesagt wird, damit er ihm folge. Die Offenbarung, durch die die Religion begründet wird, empfängt der Mensch vielmehr damit, daß sich ihm die Tiefen seines eigenen Daseins öffnen« (*W. Herrmann*, Christlich-protestantische Dogmatik [21909], Einleitung = Schriften zur Grundlegung der Theologie, Hrsg. P. Fischer-Appelt I 311 f.).

387 »Der Weg zur Religion liegt für jeden Menschen in dem Verlangen nach Wahrhaftigkeit seines eigenen inneren Lebens. Diesen Weg scheinen die Vertreter der orthodoxen Dogmatik nach ihrer Theorie gänzlich verloren zu haben. Denn von dem Gehorsam gegen die Überlieferung erwarten sie alles, von der Vertiefung in den Gehalt der eigenen Existenz nichts … bemerken nicht, daß sie fortwährend in ihrem eigenen Selbstbewußtsein eine Wirklichkeit be-

wirklich.[388] So ist Offenbarung nicht Annehmen von Lehren, sondern »Vernehmen eines Gotteswortes, das zu uns selbst geredet wird«[389]. Offenbarung ist nicht Vergrößerung des Kreises dessen, was wir für wirklich halten, sondern neue Wirklichkeit selbst, das, was uns selbst erneuert.

V. Die Begriffe »Existenz« und »Dasein« werden auch in anderen Äußerungen Herrmanns soweit vorgeprägt, daß nur noch der Begriff der »Eigentlichkeit« zu fehlen scheint, um den Boden für Bultmann und Heidegger bereitet zu haben.[390] Beide Begriffe sind insbesondere in den späteren Schriften Herrmanns charakteristisch mit dem Lebensbegriff verknüpft, den Herrmann wohl auch in Auseinandersetzung mit H. Bergson aufnahm.[391] Dem späteren Begriff der Eigentlichkeit entspricht, wenn Herrmann Religion

---

haupten, die von keiner Wissenschaft als solche erwiesen werden kann« (*W. Herrmann*, ibid., 354f.).

388 »Eine Wirklichkeit wird Gott uns nicht durch das, was andere von ihm sagen, sondern durch die Erfahrung seines Wirkens auf uns selbst« (*W. Herrmann*, Unser Glaube an Gott [1911] = Schriften zur Grundlegung der Theologie, Hrsg. P. Fischer-Appelt II 247).

389 *W. Herrmann*, Christlich-protestantische Dogmatik, 21909, Einleitung = Schriften zur Grundlegung der Theologie, Hrsg. P. Fischer-Appelt I 353).

390 »Ein Leben in Wahrheit ist in uns begründet, wenn die Religion so aus dem in uns bewahrten Grunderlebnis unserer menschlichen Existenz oder der Geschichte in uns erwächst« (*W. Herrmann*, Der Widerspruch im religiösen Denken und seine Bedeutung für das Leben der Religion [1911] = Schriften zur Grundlegung der Theologie, Hrsg. P. Fischer-Appelt II 245). – Ferner: (zu E. Troeltsch) »Darauf ist zu erwidern, daß ein völlig unparteiisches Studium der Religion gar nicht möglich ist. Denn als das, was sie für sich selbst sein will, oder in der von ihr behaupteten Wirklichkeit sieht sie nur der, der in seiner eigenen Existenz zu religiöser Lebendigkeit gelangt ist. Was er aber als Religion erlebt, ist völlig verwoben mit dem Individuellen seiner Existenz oder mit seinem geschichtlichen Dasein. (*W. Herrmann*, Religion [1905] = Schriften zur Grundlegung der Theologie, Hrsg. P. Fischer-Appelt I 284f.).

391 Vgl. dazu: *K. Börnhausen*, Die Philosophie Henri Bergsons und ihre Bedeutung für den Religionsbegriff, in: ZThK 20 (1910) 39-77.

bezeichnet als »Erwachen des Menschen zum Bewußtsein seiner individuellen Existenz«[392].

VI. Der Orientierung an der »Geschichtlichkeit« steht gegenüber die Ablehnung der traditionellen Metaphysik.[393] Ähnlich ist die Frontstellung bei Heidegger und Bultmann.

VII. Auf der Seite des Menschen stehen vor allem Erfahrung/Erlebnis mit der Antwort in Entscheidung und reiner Hingabe. Besonders die beiden zuletzt genannten Begriffe sind für Bultmanns Glaubensbegriff wichtig. Glaube ist nach Herrmann für den Menschen die Gabe, »daß ihm etwas begegnet, woran er reine Abhängigkeit in freier Hingabe erlebt«[394]. – Deutlich an Heidegger erinnert auch die Rolle des Todes bei der Diskussion über die Ganzheit des menschlichen Lebens.[395]

VIII. Wie wir sahen, grenzt Bultmann gegenüber Heideggers Pluralität an Möglichkeiten radikal auf eine einzige Möglichkeit eigentlicher Existenz ein: Nur der Glaubende/Liebende ist frei. Diesen Ansatz verdankt Bultmann zweifellos W. Herrmann, auch was die Konvertibilität von Glaube und Liebe angeht.[396]

---

392 *W. Herrmann*, Christlich-protestantische Dogmatik (21909), Einleitung = Schriften zur Grundlegung der Theologie, Hrsg. P. Fischer-Appelt I 316.

393 *W. Herrmann*, Die Metaphysik in der Theologie (1876) = Schriften zur Grundlegung der Theologie, Hrsg. P. Fischer-Appelt I 1-80 und dazu die Dissertation von P. Fischer-Appelt.

394 *W. Herrmann*, Christlich-protestantische Dogmatik (21909), Einleitung = Schriften zur Grundlegung der Theologie, Hrsg. P. Fischer-Appelt I 349.

395 *W. Herrmann*, Religion und Sittlichkeit (1905) = Schriften zur Grundlegung der Theologie, Hrsg. P. Fischer-Appelt I 275 f.

396 »Der Glaube an Gott ist immer nur zu verstehen als ein besonderer Ausdruck sittlicher Gesinnung, also die Liebe zu Gott nur in ihrer Verbindung mit der Nächstenliebe. Wenn wir uns über Religion verständigen wollen, können wir wohl davon ausgehen, daß Religion Überzeugung von der Wirklichkeit Gottes ist. Das bedeutet aber nicht bloß, daß der Mensch irgendwelche unsichtbaren Mächte für wirklich hält, die verborgen hinter den Dingen walten und geheimnisvoll auf sein Leben einwirken. Damit hätte er Dämonenglauben, aber nicht Gottesglauben. Der Gott der Religion

IX. Beachtenswert ist schließlich der Ereignischarakter der Wahrheit.

Nach Herrmann »kommt Existenz zu ihrer Wahrheit«[397], begründet Religion ein Leben »in Wahrheit«[398], Religion ist »Erwachen«, die religiöse Existenz ist das Verlangen nach Wahrheit der menschlichen Existenz,[399] Religion ist die Wahrhaftigkeit des individuellen Lebens,[400] bzw des eigenen inneren Lebens.[401] Das »Leben in Wahrheit« kommt aus dem Grunderlebnis von Existenz oder Geschichte.[402] – Die Affinitäten zum Wahrheitsbegriff bei Heidegger und Bultmann sind unübersehbar.

Es ist deutlich geworden: Die Bedeutung W. Herrmanns für die spätere Heidegger-Rezeption Bultmanns ist kaum zu überschätzen. Sie reicht bis in die Fundamente. Das ist um so beachtenswerter, als W. Herrmann ja auch Lehrer K. Barths

---

ist nicht der höchste Dämon. Sonst wäre Religion das, wofür viele sie halten, vollendeter Aberglaube. Sie ist aber nicht ein Erzeugnis der durch Furcht und Hoffnung gereizten Phantasie, sondern etwas ganz anderes. Das wird leicht verkannt, weil die Regungen der wahrhaftigen Religion die leisesten Kräfte der Geschichte sind, während die Phantasie mit ihren eingebildeten Herrlichkeiten ein mächtiges Getöse macht. Die Religion beginnt nicht damit, daß der Mensch hinter einzelnen Ereignissen etwas Verborgenes, Geheimnisvolles sucht, sondern damit, daß dem Menschen die ganze Wirklichkeit, deren er sich bewußt ist, selbst etwas ganz anderes wird ... die Gottlosigkeit ist vor allem Zerstreutheit … in der Welt nicht ein Vielerlei, sondern eine einheitliche Macht sehen lernen« (*W. Herrmann*, Religion und Sittlichkeit [1905] = Schriften zur Grundlegung der Theologie, Hrsg. P. Fischer-Appelt I 274f.).

397 Vgl. das Zitat in Anm. 101.

398 Vgl. das Zitat in Anm. 105.

399 *W. Herrmann*, Christlich-protestantische Dogmatik, 21909, Einleitung = Schriften zur Grundlegung der Theologie, Hrsg. P. Fischer-Appelt I 344.

400 *W. Herrmann*, a.a.O., 348.354.

401 *W. Herrmann*, a.a.O., 356.

402 *W. Herrmann*, Der Widerspruch im religiösen Denken und seine Bedeutung für das Leben der Religion (1911) = Schriften zur Grundlegung der Theologie, Hrsg. P. Fischer-Appelt II 245.

gewesen ist. W. Herrmanns Wirkung auf seine Schüler hat daher die Rolle einer Wegegabelung.

Einen anderen Charakter hat dagegen die Bedeutung S. Kierkegaards für Bultmann. In Bultmanns Johannes-Kommentar ist Kierkegaard sicher der am meisten zitierte nicht-exegetische Autor.[403] Vor allem erläutert Bultmann anhand von Kierkegaard das Verhältnis der Gleichzeitigkeit zwischen dem Schüler »erster« und »zweiter« Hand (zu Joh 1,14; 4,39.41 f. und 16,6-7): Im Glaubensverhältnis zum Offenbarer hat der Schüler erster Hand nichts voraus. – Kierkegaard wird sodann herangezogen, wenn es Bultmann um das Thema »Ärgernis« und »Widerspruch« geht, das mit Jesus verbunden ist, so für den johanneischen Zeichenbegriff (Ärgernis wie Glaubens-Anlaß), für direkte und indirekte Mitteilung (zu Joh 10,24: Jesus als Zeichen des Widerspruchs) und für die »verborgene Angst vor dem Guten« (Ablehnung Jesu nach Joh 8, weil das Gute innere Freiheit zur Selbsthingabe fordern würde). Schließlich wird Gott als die »Zwischen-Bestimmung« bei allem Lieben benannt (Abschiedsreden). – Der Einfluß Kierkegaards steht mithin eher für das dialektisch-theologische Element. Die Ermittlung seiner Bedeutung für Bultmanns Denken im Ganzen steht noch aus (vgl. die Arbeit von K. Lo gstrup, 1950).

9. Kritik an Bultmanns Verwendung der Existenzphilosophie

a) Karl Barths Kritik[404] zielt auf die erbarmungslose Konsequenz im Verfahren Bultmanns; für Barth ist schon das System

403 *R. Bultmann*, Das Evangelium des Johannes, 1(10)1941 = 16(1959), S. 46 Anm. 2; 148 Anm. 4; 161 Anm. 5; 233 Anm. 2; 275 Anm. 5; 339 Anm. 7; 405 Anm. 3; 431 Anm. 1. – Zum Vergleich: F. Nietzsche wird zitiert S. 289.

404 »Der durchgehende Anstoß, den Sie an mir nehmen, ist offenbar – ich mußte darauf gefaßt sein, es war mir aber in Ihren Marginalien doch überraschend, daß das gerade so pointiert herauskommen werde – mein mangelhaftes Verstehen und Ernstnehmen der Existenzialphi-

selbst suspekt, und die Verankerung des Ansatzes seines Kontrahenten in der reformatorischen Theologie vermag er nicht zu sehen. Auch Emil Brunner[405] verweigert die Gefolgschaft, da er nicht einer bestimmten Philosophie folgen will (auch er erinnert an die Rolle Hegels) und zudem nicht einsehen will, daß der wissenschaftliche Charakter durch Anschluß an philosophische Begrifflichkeit zustandekomme. Er vermag Heidegger und Bultmann damit nicht zuzugeben, daß ihre Philosophie sich als das Ende der bisherigen Metaphysik versteht und daß sie nach Ansicht Bultmanns eine Philosophie darstellt, die der dialektischen Theologie durchaus angemessen ist.

b) Ist die philosophische Daseinsanalyse ihrem Gegenstand wirklich angemessen? Sprengt nicht der theologische Gegenstand die Methode?[406]

---

losophie bzw. ihres verpflichtenden Charakters als Axiom alles heute möglichen theologischen Denkens und Redens. Ich muß mich zu dem Vorwurf bekennen. Ich kann es in dieser Sache tatsächlich nicht anders halten – wie Sie von Ihrer Seite aus offenbar auch nicht – und die sieghafteste Ausbreitung jener Philosophie über den ganzen Erdkreis könnte mir da nicht den geringsten Eindruck machen. Sehen Sie: nachdem ich in jungen Jahren Kantianer bis über die Ohren gewesen bin, nachdem ich es dann ebenso komplett mit Schleiermachers Romantik versucht habe, nachdem es mir später (beim Studium der Theologie des 19. Jahrhunderts) unvergeßlich eindrücklich geworden ist – ich habe eben in einem Seminar über Biedermann einen frischen Geschmack davon! – mit welcher strahlenden Selbstverständlichkeit man einst gemeint hat, bei Hegel das erste und letzte Wort hinsichtlich alles und jedes »Verstehens« gehört zu haben – bin ich zwar kein Feind der Philosophie als solcher, wohl aber jedem Absolutheitsanspruch jeder Philosophie, Erkenntnis-und Methodenlehre gegenüber hoffnungslos zurückhaltend geworden (Brief K. Barths an Bultmann vom 24. 12. 1952, in: B. Jaspert, Hrsg., Karl Barth – Rudolf Bultmann. Briefwechsel 1922-1966, Nr. 95, S. 196f.).

405 E. Brunner, Theologie und Ontologie – oder Die Theologie am Scheidewege (1931), in: Heidegger und die Theologie. Beginn und Fortgang der Diskussion, Hrsg. G. Noller, München 1967, 125-135, S. 126.

406 U. Luck, Heideggers Ausarbeitung der Frage nach dem Sein..., in: Heidegger und die Theologie. Beginn und Fortgang der Diskussion, Hrsg. G. Noller, München 1967, 226-248, S. 247 Anm. 86 als Zitat aus G. Kuhlmann (ZThK NF 10 [19291 42).

U. Luck hat auf diese Anfrage geantwortet: Obwohl der Gegenstand die Methode sprengt, ist gegen das Vorgehen Bultmanns vom Gottesbild der dialektischen Theologie her nichts einzuwenden. Denn weil Gott »schlechthin jenseitig ist, deshalb kann von ihm nur so geredet werden, daß von der Entscheidung des Glaubens her von dem Menschen geredet wird, der diese Entscheidung gefällt und immer wieder zu fällen hat. Die Paradoxie der Offenbarung wird in ihrer vollen Schärfe bis zur letzten Konsequenz durchgehalten und bewährt sich darin, daß die Methode erhalten bleibt – freilich unter Voraussetzung des ›Minuszeichens vor der Klammer‹ das nie in die Klammer hineingenommen werden kann zugunsten einer ›theologischen‹ Methode mit Hilfe des Gottesgedankens«[407],

c) Wird nicht das, was eschatologische Existenz ist, erst ganz und gar vom Evangelium her verständlich?[408] Wie kann Philosophie gewissermaßen Gott vorschreiben, was er zu tun hat, einen Erwartungshorizont von sich aus definieren? Bultmann hat diese Einwände überzeugend zurückgewiesen: Weder sind philosophische Sätze zeitlose Theorie (Bultmann will eben nicht Philosophie überhaupt, sondern die neue Philosophie der Daseinsanalyse), noch ist Philosophie die Basis der Theologie. Bultmann will nur die theologischen Aussagen, die er macht und von denen er auch ausgeht, als Rede über die Existenz formulieren.[409]

Wiederholt hat man freilich Bultmann vorgeworfen, er verstehe Heidegger falsch,[410] und dessen Philosophie sei eben

407 U. Luck, a.a.O., S. 247 Anm. 86.

408 J. Schniewind, Antwort an Rudolf Bultmann. Thesen zum Problem der Entmythologisierung, in: Kerygma und Mythos, Hrsg. H.-W. Bartsch, Bd. I, Hamburg 1960, 77-121, S. 86: »Vielmehr wird an der Begegnung mit Gott allererst einsichtig, was es um eschatologische Existenz, um Erneuerung des Menschen überhaupt ist.«

409 R. Bultmann, Zu J. Schniewinds Thesen das Problem der Entmythologisierung betreffend, in: Kerygma und Mythos, Hrsg. H.-W. Bartsch, Bd. I, Hamburg 1960, 122-138, S. 126 (»... daß ich theologische Aussagen als Aussagen über die Existenz bzw. in die Existenz fasse«).

410 Vgl. dazu: *G. Noller*, Ontologische und theologische Versuche zur Überwindung des anthropologischen Denkens (1961), in: Heide-

gar nicht so, wie er es wolle, von der Theologie in Dienst zu nehmen.

Man wird zugeben müssen, daß Bultmanns Heidegger-Rezeption gewaltsam ist und wirklich nicht durch Heideggers Philosophie zu decken ist. Doch andererseits gelingt es Bultmann durchaus, christlich-theologische Aussagen – mutatis mutandis – für das Daseinsverständnis moderner Philosophie begreiflich zu machen. Theologie konnte hier immerhin mit moderner Philosophie in einen Dialog eintreten, was durch die anschließende Diskussion der Thesen Bultmanns bezeugt wird.

d) Bultmann geht von der Meinung aus, Theologie sei nur dann Wissenschaft, wenn sie sich einer systematischen und analytischen Begrifflichkeit bediene. Diese Begriffe sind für ihn in jedem Fall die einer Philosophie. Er betont, und das ist vielleicht Signal für eine gewaltsam überdeckte Schwäche, daß es hier um Dienst oder Herrschaft gehe, »tertium non datur« (Anm. 10). Das ist jedoch ein cartesianisches Wissenschaftsideal, wonach die Geisteswissenschaften dadurch den Naturwissenschaften ebenbürtig werden, daß sie *clare et distincte* formulieren. Die Berechtigung dieses Modells ist jedoch alles andere als erwiesen. Es könnte ja doch sein, daß die Wahrheit, mit der wir es in diesen Wissenschaften zu tun haben, von ganz anderer Art ist als die eines in sich geschlossenen Begriffssystems.[411] Wird Theologie wirklich nur dadurch Wissenschaft? Oder müßte man nicht an einer anderen Äußerung Bultmanns ansetzen[412] und fragen, ob nicht auch systematische Theolo-

gger und die Theologie. Beginn und Fortgang der Diskussion, Hrsg. G. Noller, München 1967, 290-315.304; M. Boutin, Relationalität als Verstehensprinzip bei Rudolf Bultmann, München 1974, 511-567.

411 Vgl. dazu: *J. Kopperschmidt*, Allgemeine Rhetorik. Einführung in die Theorie der persuasiven Kommunikation, Stuttgart 1973 und K. Berger, Exegese des Neuen Testaments, 21984, S. 89.

412 *R. Bultmann*, Die Geschichtlichkeit des Daseins und der Glaube. Antwort an Gerhardt Kuhlmann (1930), in: Heidegger und die Theologie. Beginn und Fortgang der Diskussion, Hrsg. G. Noller, München 1967, 72-94, S. 75: »... daß Theologie (im Unterschied von der Philosophie) als positive Wissenschaft grundsätzlich historische Wissenschaft ist, indem sie von einem bestimmten Geschehen im Dasein redet.«

gie immer historische Wissenschaft sei (vgl. den Ansatz Schleiermachers), d.h. m.E. kann Theologie als beschreibende, und zwar nicht systematisch-phänomenologisch, sondern historisch-phänomenologisch vorgehend Wissenschaft sein. Dann ist Theologie Wissenschaft nicht durch die Geschlossenheit ihrer Begrifflichkeit, überhaupt also nicht durch eine Sondersprache, sondern sie ist Wissenschaft durch die Nachprüfbarkeit ihrer Aussagen. Wenn Theologie Beschreibung religiösen Verhaltens ist, dann ist sie Wissenschaft, wenn erweisbar ist, ob es sich mit dem religiösen Verhalten, das sie beschreibt, so zugetragen hat, wie sie es beschreibt, oder nicht. Das gilt auch für systematische Theologie, die man sich als Beschreibung des Glaubens der Kirche denken könnte.[413]

Die Bedeutung der Philosophie für die Exegese entscheidet sich daher grundsätzlich schon an dem Verständnis von Theologie. Für Bultmann ist am Ende die Art der Sprache entscheidend für den Wissenschaftscharakter von Theologie. Dagegen wäre zu fragen, ob man nicht Theologie und Religion methodisch stärker scheiden muß und der Theologie ihren Charakter als Wissenschaft schon dann zuerkennen kann, wenn sie sich »am Phänomen« ausweisen kann. Eine sprachliche Systematisierung könnte ja vielleicht schon ein Schritt zu weit sein und eine wirklich konsequente Orientierung am Phänomen gegebenenfalls auch wohl verhindern.

Denn der Historiker benötigt ja auch seinerseits nicht eine festgefügte philosophische Begrifflichkeit, und dennoch muß das, was er herausfindet, nicht eine Sammlung positivistischer Art sein. Er kann, wenn er seinen Gegenstand gedanklich einkreist, seine Alltagssprache aufbieten, mit ihr seinen Gegenstand immer enger einzuzingeln versuchen, sie bis zum äußersten strapazieren, um der Sache gerecht zu werden. Und niemand, der sein Bemühen wahrnimmt, wird ihm die Anerkennung absprechen, sich redlich gemüht zu haben. – Gewiß,

413 Diesen Ansatz möchte ich weiter ausführen in einer auf der Grundlage des im WS 1985/86 an der Universität Heidelberg gehaltenen Collegs »Neutestamentli-che Hermeneutik« zu erstellenden Schrift.

der hier formulierte Standpunkt ist von Bultmann aus gesehen ein überwundener, und doch zeigt das Unbehagen der Exegeten und Historiker gegenüber der Verwendung von Heideggers Sprache für Exegese, daß an ihm etwas sein muß.

Bultmanns Verständnis von Theologie ist freilich nicht – wie es nach dem bisher zu diesem Punkt Gesagten den Anschein haben könnte – vor allem auf die Erfassung des neutestamentlichen Sachverhalts bezogen, sondern Theologie ist Auslegung und Anwendung ineins und für ihn erst darin Theologie. Und eben dazu hilft ihm zeitgenössisches Daseinsverständnis. Auch hier, auf dem Feld der sog. Applikation, gibt es m. E. einen anderen Weg, Theologie (in diesem Fall: praktische Theologie) Wissenschaft sein zu lassen: Eine verantwortbare Analyse von Hörersituation, »Lernziel«, Wirkungspotential des Textes und der Rede, Orientierung an Rhetorik und Rezeptionsbedingungen sind Wege, die in anderen Humanwissenschaften längst praktiziert werden und die, da man mit ihnen kein naturwissenschaftliches Ideal von Wissenschaft verbindet, auch nicht als unsachgemäß verstanden werden.

In summa: Für Bultmann ist Theologie Wissenschaft durch Anschluß an philosophische Begrifflichkeit, und darin ist sie Auslegung und Anwendung zugleich. Dagegen: Man müßte überlegen, ob Theologie nicht auch ebensogut dadurch Wissenschaft sein kann, daß sie als Exegese sorgsam und tiefschürfend beschreibt, als Applikation die Situation analysiert und Rezeptionschancen ermittelt und ermöglicht.

c) Das Kernproblem scheint mir folgendes zu sein: Woher weiß Bultmann, daß die Begriffe gerade des Systems Heideggers auf das Daseinsverständnis des Neuen Testaments passen? Der Erweis fehlt, daß die philosophische Begrifflichkeit (und gerade diese) die theologische Seinsweise ausdrücken kann.[414] Das Problem ist auch hier wieder zwiefach: Einmal geht es um das Zueinander auf der horizontalen Ebene der Gegenwart: Ist der Erweis zu erbringen, daß es sich um zwei kommensurable Daseinsverständnisse handelt? Ist Heideggers Termino-

414 Vgl. auch: *A. Gethmann-Siefert,* Das Verhältnis von Philosophie und Theologie im Denken Martin Heideggers, München 1974, S. 150.

logie auch für das religiöse Dasein erschöpfend? Man erinnere sich nur an die doch etwas schwierige Umdeutung des Todes bei Bultmann. – Zum anderen aber geht es um die vertikale Frage: Entspricht das Daseinsverständnis Heideggers wirklich dem des Neuen Testaments? Wer hier auf die gnostische Literatur verweist, wie sie sich nach Jonas darstellt, verfängt sich in einem unguten Zirkel, da Jonas ausdrücklich auf Heidegger rekurriert (Anm. 82). Bedarf nicht das Daseinsverständnis des Neuen Testamentes einer sehr viel sorgfältigeren und in stärkerem Maße wirklich historischen Rekonstruktion, als Bultmann sie in seiner »Theologie des Neuen Testamentes« vorgelegt hat? Ist nicht Bultmann allzu unbekümmert der Meinung, daß die formalen Bedingungen des menschlichen Selbstverständnisses gleichartig seien? Eine solche Gleichartigkeit ist zu bezweifeln. Heideggers Philosophie trägt deutlich Züge der geistigen Situation nach dem Ersten Weltkrieg.

W. Anz (1984, S. 357f.) fragt mit Recht bezüglich Bultmanns Programm einer (von Heidegger übernommenen) formalen Existenzanalyse: »Aber ist der Gedanke einer formalen, d.h. in der Ablösung von der Vorgabe universal gewordenen Struktur überhaupt nachzuvollziehen? Hat sie nicht immer eine inhaltliche Vorzeichnung in sich? Im technischen Rechnen mit Abläufen läßt sich Struktur ablösen und formalisieren, bezogen auf sich verstehendes Denken aber nicht ... es zeigt sich, daß die Kategorien der existentiell interpretierten Subjektivität nicht ausreichen, um die menschlichen Lebensverhältnisse in ihrem Wahrheitsraum zu belassen, sich aus sich entfalten zu lassen, und daß infolgedessen das in ihnen gegenwärtige Menschliche in seiner theologischen Interpretation untergeht.« Dieser Kritik an der Annahme ungeschichtlicher existentialer Struktur hat man als Neutestamentler nichts hinzuzufügen.

f) Bultmann insistiert immer wieder auf Begriffen. Auch wenn daraus de facto ein kohärentes Begriffsgeflecht wird, bleibt diese Art sprachlicher Erfassung problematisch. Die Dimension der Textganzheit und damit etwa die einer Textdramatik bleibt so unerwähnt. D.h.: Bultmann hat das, was er in seiner Geschichte der synoptischen Tradition wenigstens auch intendierte und was freilich M. Dibelius dann konsequenter durchführte, nicht in seine »Theologie« übernommen.[415] Theologie entsteht nicht aus Begriffen, sondern mit Hilfe von Wortfeldern[416] und Textgattungen. Von daher ist die Angemessenheit von Bultmanns eigener Sprache, wie sie sich etwa in den Aufsätzen in GuV I äußert, noch einmal kritisch zu befragen:

g) H. Jonas hat gemeint: »... der dialektische Charakter der Existenzbegriffe gewährt einen gewissen Schutz gegen die Art objektiver Fixierung, zu der die Begriffe der Substanzontologie neigen. So sind sie weniger dicht, transparenter, angemessener dem Sachfeld der Theologie, insoweit sie menschliches Selbstverständnis auszulegen hat. Bis hierher, glaube ich, bin ich in vollem Einverständnis mit meinem Lehrer und Freunde Bultmann. Eine mögliche Verschiedenheit lauert in der Frage: Wie weit kann die ›Übersetzung‹ legitim gehen? Bis zu welcher Sphäre aufwärts im Universum religiöser Rede? Die Gefahr der ›Angemessenheit‹ eines begrifflichen Schemas liegt darin, daß es den Sinn für das Paradox abstumpfen und eine Vertrautheit erzeugen kann, wo keine erlaubt ist. Die Trennungslinie, die Linie, deren Überschreitung diese Wirkung haben kann, läßt sich vielleicht anzeigen. Wenn sich nach Bultmann die Begriffe Heideggerscher Daseinsanalyse besser zur Explikation des christlichen Verständnisses des Menschen eignen als manche mythologischen Begriffe des Neuen Testaments selbst, so ist der Zusatz nötig: ja, eben wo und soweit

415 M. Dibelius geht es in seiner Formgeschichte in erster Linie um die Darstellung der Formen/Gattungen der Evangelien und ihrer theologischen Nähe zur Verkündigung Jesu. Bei Bultmann steht dagegen im Vordergrund die Rekonstruktion des Weges von der Mündlichkeit zur Schriftlichkeit. In einem eigenen Ansatz (Formgeschichte des Neuen Testaments, Heidelberg 1984) gehe ich noch stärker als Dibelius von der Beschreibung der lit. Form aus und frage nach der historischen Funktion der jetzt vorliegenden Texteinheiten. – Bultmann zeigt auch in seiner Arbeit nach dem Erscheinen der »Geschichte der synoptischen Tradition«, daß ihm an dem Phänomen literarischer Formen und dem Wechselverhältnis von Form und Inhalt nichts gelegen war.

416 Vgl. dazu *K. Berger*, Exegese des Neuen Testaments, 21984, §§ 20-22 (semantische Felder als »intertextuelle Kontexte«).

es sich um den Menschen handelt; jedoch nein, wo es sich um Gott oder das Göttliche handelt. Dort, wo Adäquatheit nicht einmal mögliches Ziel ist, hört die Zuständigkeit des Begriffs auf und muß symbolische Rede beginnen ... Das letzte Geheimnis könnte wohl besser in den Symbolen des Mythos als in den Begriffen des Denkens geschützt sein.«[417]

Das Problem des Nicht-Ausreichens von Bultmanns Sprache ist hier voll erkannt, auch den positiven Hinweis auf die mythische Sprache kann ich nur lebhaft begrüßen. Jedoch die Lösung des Problems, wie sie Jonas vorschlägt, scheint mir nicht akzeptabel zu sein, da die hier vorausgesetzte Scheidung von Göttlichem und Menschlichem nicht möglich ist, weder methodisch noch im Sinne christlicher Theologie. Hier stehen wir also wieder bei der Frage nach dem Gottesbild, die U. Luck aufgeworfen hat (vgl. Anm. 121 f.). – Dazu folgendes:

I. Bultmanns Sprache ist dem von Heidegger wirklich Intendierten nicht angemessen. M. Heideggers »Sein und Zeit« ist doch nurmehr eine Bekehrungsschrift, die den Leser abholt in der Situation des Vorherrschens traditioneller Metaphysik und die sich deshalb noch weithin auf deren Vorgehensweise einlassen muß. Erst in seiner sog. »Kehre« führt Heidegger das wirklich aus, was er mit »Sein und Zeit« programmatisch intendiert. Erst hier wird – sprachlich leider elitär und anfechtbar – durchgeführt, was sich ergibt, wenn man die Subjekt-Objekt-Spaltung aufgibt, und daher auch die Nähe zur Dichtung. Bei Bultmann fehlt ein vergleichbares Bemühen, und leider sind auch Bultmanns Predigten für diese Frage völlig unergiebig. Es blieb bei der Rezeption der Begrifflichkeit und damit nur beim Programmatischen. Die Begrifflichkeit selbst aber ist metaphysisch wie jede frühere philosophische auch. Und insofern bestehen die Vorwürfe zu Recht, die das Neue an dieser Philosophie gegenüber früheren nicht wahrnehmen können und Bultmann die Wiederholung alter Fehler vorwerfen.

417 *H. Jonas,* Heidegger und die Theologie (1964), in: Heidegger und die Theologie. Beginn und Fortgang der Diskussion, Hrsg. G. Noller, München 1967, 316-340, S. 339 f.

II. Das Gottesbild, das der Aufhebung der Subjekt-Objekt-Spaltung wirklich entspricht, ist nicht das des strikt unweltlichen oder jenseitigen Gottes, und Dialektik ist hier ein möglicherweise unangemessenes Verfahren. Damit wird vor allem die Zuordnung des *simul iustus et peccator* lutherischer Prägung zur dialektischen Theologie fraglich und damit die Rettung des Konzeptes Bultmanns vor der barthianischen Theologie.[418]

Positiv heißt das: Gott müßte bei einer wirklich konsequenten Aufhebung der Subjekt-Objekt-Spaltung nicht der »Andere« oder »ganz Andere« sein, sondern der »Nicht-Andere«. Der wirklich unverfügbare Gott ist nicht als der strikt Jenseitige doch wieder lokalisiert, nicht auf sein Fremdsein oder Erhabensein festgelegt, und sein Verhältnis zur Welt und zu den Erlösten ist auch nicht dialektisch zu bestimmen. Gott als der »Nicht-Andere« ist der Gott, der stets dem Menschen »im Rücken« bleibt und daher nicht mit der Kategorie der An-

418 Wenn man davon ausgeht, daß dialektische Theologie wirklich Gottes Unverfügbarkeit als theologisches Programm intendiert, dann bedeutet dieses die Realisierung des philosophischen Programms der Aufhebung der Subjekt-Objekt-Spaltung auf theologischem Gebiet. – Trifft das zu, dann wird es fraglich, ob »dialektische« Aussagen nach der Art von »simul iustus et peccator«noch theologisch legitim sind. Denn Aussagen dieser Art machen mit der Unverfügbarkeit nicht wirklich ernst, versuchen nur, sich durch dialektische Formulierung zu retten, was die Sache nicht klarer macht. Dabei würde Unverfügbarkeit noch nicht Unklarheit bedeuten, jedoch eine andere Sprachebene nötig machen. Eine Wendung wie »simul iustus et peccator« bewegt sich auf der Sprachebene traditioneller metaphysischer Theologie und offenbart deren Aporien in äußerster Zuspitzung und Ehrlichkeit. – Gibt man das zu, dann entfällt die Legitimität des Gebrauchs philosophischer Kategorien, wie wir sie oben unter 5 III und IV für Bultmann eben aus dem Prinzip des »simul iustus et peccator« uns verständlich gemacht hatten. In diesem Sinne wäre dann der Gebrauch der Philosophie durch Bultmann vor K. Barths Einwänden nicht mehr zu retten. – Ebenso ist freilich zu fragen, ob »dialektische Theologie« in ihrer üblichen Art zu reden wirklich ihrem Programm gerecht wird.

dersheit zu erfassen ist.[419] Das bedeutet: Christliche religiöse Erfahrung nach diesem Verständnis ist weder die der Transzendenz noch die der Transzendenz und zugleich der Immanenz, sie äußert sich weder negativ (als »negative Theologie«) noch dialektisch, sondern in Metaphern, Bildern und Gleichnissen. Dazu gehören dann auch die Mythen, von denen Jonas spricht. In dieser Art, Theologie zu treiben – reflektierend wie praktisch – sähe ich nicht nur die Einlösung des eigentlichen Anliegens Heideggers, sondern auch eine seelsorgerlich praktikable Möglichkeit. – Für wissenschaftliche Theologie bedeutet das u.a. die Aufgabe, über die Prinzipien neutestamentlicher Semantik nachzudenken. Dabei halte ich fest, daß das Suchen und Auffinden geeigneter Metaphern nicht nur ein religiöses Phänomen ist, sondern auch ein theologisch verantwortbares und diskutierbares. Unter diesen Voraussetzungen wäre schließlich auch eine vor allem begriffliche Theologie zu vermeiden, wie sie Bultmann vorschwebt. Denn dann ginge es nicht in erster Linie um Abstraktnomina, sondern um präzises »Einsammeln« von Erfahrungen in Metaphern und auch in Texten.[420]

419 Ich greife hier zurück auf eine Anregung aus der Philosophie des Nikolaus v. Cues (»Vom Nichtanderen«, Übers. P. Wilpert, Hamburg 1952), wende diese Kategorie aber anders an als der Cusaner und mit speziellem Blick auf das Gottesverhältnis. Das ist aber ähnlich bei Nikolaus v. Cues der Fall, vgl. S. 134 in der angegebenen Übersetzung von Wilpert.

420 Auch die Ich-Du-Relation, die man als Alternative zum Ansatz Heideggers vorgeschlagen hat, ist – auf das Gottesverhältnis übertragen – eine metaphorische.

KAPITEL VII

Systematischer Schlussteil

Zum Aufbau: Hier soll gezeigt werden, daß es notwendig ist, die verschiedenen Arbeitsschritte des exegetischen Theologen methodisch zu differenzieren, und daß darin Philosophie eine wechselnde Funktion und einen notwendigen, jedoch begrenzten Stellenwert besitzt. Zu diesem Zweck werden wir zunächst die funktionalen Beziehungen von außen her betrachten, gewissermaßen den Rahmen abstecken, innerhalb dessen Exegese und Philosophie in ein Verhältnis zueinander treten und getreten sind (= Teil A). Sodann geht es um die Grundlagen für eine befruchtende Funktion von Philosophie für Exegese (= Teil B). In Teil C werden Gefahren und Irrwege genannt, in die unbedachter und unreflektierter Gebrauch von Philosophie die Exegese geführt hat. Sodann geht es um Phänomene, die das klassische Verhältnis von Philosophie und Exegese, wie es von Kant, bzw. Hegel bis zu Bultmann hin bestand, abgelöst haben (= Teil D). Zum Schluß wird noch einmal das Verhältnis von Exegese und Philosophie als Frage nach theologischer Sprache behandelt. Eine Thesenreihe wird daraus gefolgert (= Teil E).

A. Funktionen der Philosophie für Exegese

Die Fragestellung ist in diesem Teil nicht inhaltlich, sondern funktional: An welchen Stellen innerhalb des Spektrums an Lebensbereichen, in denen Exegese vorkommt, tritt Philosophie auf? Die Antworten ergeben sich historisch und phänomenologisch zugleich:

1. Durch Philosophie deutlich beeinflußte Auslegung ist häufig ein »Nebenkrater liberaler systematischer Theologie«. Schriftauslegung wird damit — abseits dessen, was offiziell und zugegebenermaßen als systematische Theologie gehandelt wird – ein eigenes Feld systematischer Theologie. Eine besondere Rolle spielt dabei die aufklärerische und gegen die Orthodoxie gerichtete Zielsetzung, die historisch-kritischer Exegese seit ihren Anfängen eigen ist.

Nun vollzieht sich ohne Zweifel auch in der Philosophie des deutschen Idealismus ein Stück Systematik und damit ein eminent wichtiges Kapitel christlicher »Dogmengeschichte«. Doch diese Art von Theologie geschieht zumeist bereits weit draußen vor den Toren der theologischen Lehrstühle, Fakultäten und kirchlichen Gremien. Wo dagegen diese Art, Philosophie/Theologie zu treiben sich mit Exegese verbindet, hat man als Theologe gewissermaßen den »verlorenen Sohn« im eigenen Haus, bekommt man die unorthodoxe Art, Systematik zu betreiben, gerade an der empfindlichen Stelle geliefert, an der man sich um die Fundamente aller Lehre – durch Auslegung der Schrift – bemüht.

2. In der Philosophie der Aufklärung und des deutschen Idealismus handelt es sich inhaltlich häufig um »säkularisiertes« Christentum. Das ist großenteils auch biographisch (z. B. durch das bekannte »Tübinger Stift« und seine Sprößlinge) bedingt. Diese Tradition reicht bis zu M. Heidegger, der nicht nur ein Jesuiten-Noviziat begann und der durch offenbar intensive Aneignung von W. Herrmanns Artikel über die Buße auch ein Stück protestantischer Theologie in sich aufnahm (vgl. oben S. 189 f. Anm. 372), sondern der von sich noch in seiner ersten Freiburger Zeit als Philosophiedozent sagt, er sei eigentlich ein christlicher Theologe.[421] Die Gründe für diese Säkularisierung liegen auf theoretischer Ebene in der Diskussion über die Allgemeinheit und Verstandesfähigkeit christlicher Wahrheit einerseits und den partikulären und geschichtlichen Charakter des Christentums andererseits. Die Diskussion geht über die theoretischen Grundlagen einer weltgeschichtlichen Funktion des Christentums.

Indem man ein aller Partikularität entkleidetes Christentum auf dem Weg der Schriftauslegung mit dessen äußerst partikularer und großenteils judenchristlich orientierter Grundlage im Neuen Testament zusammenbrachte, entstand eine Spannung, die reizvoll, anregend, verführerisch und gefährlich war. Um diese Spannung geht es eigentlich in diesem Buch. Denn der Sinn des Kanons des Neuen Testaments war es doch gewesen, die historische Orientierung an der Einmaligkeit Jesu Christi zu bewahren. Und Exegese sollte oder könnte immer Anwalt dieser Einmaligkeit sein.

Die Verführbarkeit durch Philosophie bestand vor allem darin, daß diese als säkularisiertes Christentum immer auch

421 *O. Pöggeler*, Heidegger und die hermeneutische Theologie, in: Verifikationen, FS G. Ebeling, Tübingen 1982, 475-498, S. 491.

elementar christliche Positionen bewahrt hatte, so daß es leicht war, die Aussagen der Schrift irgendwie darin »wiederzuerkennen«.

3. Philosophie ist immer in hohem Maße nicht nur zeitgebunden, sondern auch eine Art Systematisierung des Selbstverständnisses einer bestimmten Zeit. Das ist für den Theologen spätestens dann wichtig, wenn er an die Applikation dessen denkt, was er exegetisch ermittelt hat. Bereits H. Holtzmann hat dieses im Jahre 1900 formuliert:

»Ließen sich aber moderne Denkformen, die geeignet wären, die religiösen Motive und Ideale des Christentums zu einem verständlichen und zugkräftigen Ausdruck zu bringen, überhaupt nicht finden, so würde die Dareinsprache der Philosophie in das exegetische Geschäft, die wir kennen gelernt haben, zu dem tragischen Ergebnis führen, daß die gegenwärtig sich unwiderstehlich vollziehende Krisis des Christentums einen exitus letalis nur noch als eine sog. Frage der Zeit erscheinen ließe, wobei es natürlich ganz gleichgültig ist, ob dieser Sterbeprozeß Jahrhunderte oder Jahrtausende anfülle. Der ökumenische Charakter des Christentums ist dadurch verbürgt, daß es sich allerorts acclimatisierbar erweist, wie denn auch die Bibel alle Sprachen der Völker spricht. Ebenso hängt seine ewige Dauer an einem, bisher wenigstens noch nicht zur Ruhe gekommenen, Anpassungsvermögen an die unaufhaltsam erfolgenden Metamorphosen der innerhalb der civilisierten Teile der Menschheit sich stetig ausweitenden und vertiefenden Weltanschauung. Das ist ein letzter Überzeugungsgewinn, den uns die Versuche, das Auslegungsgeschäft in philosophische Zucht zu nehmen, eingetragen haben.«[422]

Die Frage der missionarisch notwendigen Akkomodation wird hier deshalb auf dem Weg über die Philosophie gelöst, weil diese die »sich stetig ausweitende und vertiefende Weltanschauung« ist. Die Formulierung, daß das Auslegungsgeschäft in »philosophische Zucht zu nehmen« sei, erinnert be-

---

422 *H. Holtzmann*, Die philosophische Periode der Auslegung und Auslegungskunst, in: Protest. Monatshefte 4 (1900) 173-181, S. 181.

reits deutlich an den Vorsatz Bultmanns, daß die Philosophie (Heideggers) die notwendige Begrifflichkeit zu stellen habe (vgl. oben S. 137-141). Und von W. Boussets Gebrauch der Philosophie kann man sagen, daß dabei das Ziel ist, dem neuzeitlichen Autonomiebewußtsein und dem üblichen Wissenschaftsideal zu entsprechen (vgl. H. Kahlert, 1984, S. 201).

Daß es sich bei Philosophie tatsächlich um die vertiefte Weltanschauung einer Zeit handelt, die der Theologe zur Kenntnis nehmen muß, weil er sich für die Menschen interessieren sollte, zu denen er redet, ist unbestreitbar. Offen ist die Frage, ob seine Beschäftigung mit Philosophie auch in der Applikation/Verkündigung selbst erscheinen muß (vgl. dazu Teil E).

4. So schwierig das Verhältnis von Exegese und Philosophie auch theoretisch zu bestimmen sein mag – durch persönlichen Kontakt zwischen Vertretern beider Disziplinen oder durch bedeutende Beeinflussungen oder sogar durch eine Reihe von Fällen, in denen »Personalunion« von Philosoph und Exeget vorlag (A. Schweitzer, P. Ricoeur) ergibt sich ein historischer Kontakt beider Bereiche, der in diesem Buch exemplarisch dargestellt werden sollte.

5. Wo immer der Exeget hermeneutische Reflexion betreibt und sein Tun wissenschaftstheoretisch einordnet, bedient er sich der Kategorien philosophischer Systematisierung. So etwa geschieht es hier in diesem Schlußabschnitt, und so haben wir es bereits regelmäßig auch in den Stellungnahmen zu den einzelnen Beispielen praktiziert.

6. Insofern der Exeget Theologe ist und in der Wirkungsgeschichte christlicher Theologie insgesamt steht, ist ihm Philosophie immer schon durch Berührung mit systematischer Theologie zugekommen. Wenn der Satz richtig ist, daß, grob gesprochen, »Systematik« aus Exegese und Philosophie entsteht, dann gilt auch umgekehrt, daß Exegese nie ganz ohne Systematik und Philosophie entsteht. Denn daß seit ihren Anfängen kirchliche Systematik nicht ohne philosophische

Einflüsse denkbar ist, bedarf keines Nachweises. Immer geht es um jenes »Mehr«, das zum puren Wortlaut der Schrift hinzukommt, wenn Menschen dieses denkerisch verarbeiten und zu systematisieren versuchen.

7. Das in diesem Buch behandelte Verhältnis von Philosophie und Exegese ist jedoch – etwa gegenüber der mittelalterlichen Verschränkung beider Gebiete im Rahmen kirchlicher Lehre – sozialgeschichtlich ein besonderer Fall: Historisch-kritische Exegese wie auch aufklärerische und idealistische Philosophie sind insgesamt Kinder der Aufklärung (und des damit verbundenen Pietismus) und als solche spezifischer Ausdruck des sich emanzipierenden Bürgertums. Diese Emanzipation erfolgt gegenüber der kirchlichen Autorität und Orthodoxie, und die bis heute nachwirkende kritische Distanz vieler Exegeten zur offiziellen Kirche wie auch die sprichwörtliche »Angst des Systematikers vor den neuesten Hypothesen der Exegese« sind Ausläufer dieser Konstellation. Exegese und säkularisierte Philosophie sind also sozialgeschichtlich gesehen Geschwister.

B. Methodische Grundlagen für eine inhaltliche Förderung von Exegese durch Philosophie

Wir fragen danach, wie es sein kann, daß man im Vollzug der Exegese auf philosophische Ansätze zurückgreift und welche Berechtigung in diesem Vorgehen liegen könnte. Als Beispiele mögen dienen: die Anwendung des dialektischen Schemas im Dreischritt auf die früheste Kirchengeschichte (F. C. Baur) und die Verwendung der Ontologie Heideggers für die Ermittlung der Gnosis (H. Jonas) und der Theologie des Johannesevangeliums (R. Bultmann).

1. Der Rückgriff des Exegeten auf Philosophie für das exegetische Geschäft selbst kann aus der Suche nach einem geeigneten *Modell* heraus erfolgen. Das dialektische Schema im Dreischritt ist ein Modell zur Erklärung des Weges vom Juden-

christentum zur frühkatholischen Kirche. Der Exeget greift zu Modellen, wenn er seine am Material gewonnenen Eindrücke »auf den Begriff bringen« will. Einfachere Modelle sind alle Arten von Analogien (Metaphern, abstrakte Begriffe aus moderner Sprache, Gleichnisse).[423] Philosophische Modelle sind mehrgliedrige, abstrakte Modelle, in denen in der Regel Relationen oder Entwicklungen gedacht worden sind. Analog zur Frage der modernen Metaphern- und Gleichnisforschung nach dem »metaphernspendenden Bereich« muß hier – indem man diese Frage gewissermaßen ausweitet – nach dem *modellspendenden Bereich* gefragt werden. Solche Modelle sind notwendig und förderlich – sie taugen soviel, wie sie erweisen. So war das dialektische Modell bei F. C. Baur die erste Möglichkeit, die früheste Kirchengeschichte als einen einheitlichen und doch von Gegensätzen bestimmten Prozeß zu denken.

Die heuristische Funktion des Modells geht bisweilen so weit, daß das Bild nicht nur Eindrücke zusammenfaßt, sondern auch, gewissermaßen nach der Erstanwendung, neue Züge an der zu erforschenden Sache zum Vorschein bringt. Modelle sind daher, wie auch die vergleichsweise »einfacheren« Metaphern und Abstrakta, erkenntnistheoretisch notwendig und nicht nur illustrativ, sondern auch explorativ. Ihre Verwendung ist im günstigen Fall Ausdruck dessen, daß historische Forschung ein »experimentierendes« Vorgehen ist, das jede Chance nutzt, um den Reichtum des Gegenstandes zu erschließen. Auch die systematische Theologie hat sich immer wieder philosophischer Modelle bedient (vgl. etwa Trinitätslehre). Und wie beim metaphernspendenden Bereich bezüglich der Gleichnisse, so gilt auch hier, daß die Verwendung als Modell für Theologie und Exegese selbst wieder Rückwirkungen auf den Spenderbereich hatte (z. B. Trinitätslehre/Philosophie; M. Heideggers Vortrag von 1927).

Freilich ist zuzugeben, daß bei weitem nicht alle Exegeten den Charakter ihrer Philosophie in dieser Weise eingeschätzt

423 Zu dem hier vorausgesetzten Verständnis von Metapher und Gleichnis vgl. *K. Berger*, Formgeschichte des Neuen Testaments, Heidelberg 1984, S. 25-62.373-376.

haben. Diese – im Grunde relativierende – Einsicht ist in der Regel erst Sache der nachfolgenden Forschung gewesen. Sie erkannte die Begrenztheit des jeweiligen Ansatzes und verstand es, Chancen und Grenzen gerade der Verquickung von Exegese und Philosophie für jeden Einzelfall zu ermitteln. H. Holtzmann unternimmt das in seinem Artikel (vgl. Anm. 2) ebenso wie die auf Bultmann folgende Diskussion. Bultmann selbst meinte in der Tat nicht, sich nur eines Modells zu bedienen, er wollte mehr: Die Philosophie Heideggers bot ihm Zugang zu einem Daseinsverständnis, an dessen universaler Gültigkeit er nie Zweifel gehabt hat.

Wenn man aber die Rolle der Philosophie auf die eines Erklärungsmodells begrenzt, so ist damit zweierlei gewonnen: Einmal ist die Philosophie nicht *ancilla theologiae.* Eine solche Unterordnung, wie Bultmann sie meint vornehmen zu dürfen, hat im heutigen Verständnis von Wirklichkeit keine Chance für Plausibilität. Philosophie ist – nicht ohne tragisches, weil engherziges und gouvernantenhaftes Zutun der Kirchen – zu einem selbständigen Daseinsbereich geworden. Wenn man vom *modellspendenden Bereich* redet, ist der Eigenständigkeit dieses Bereiches und der Unmöglichkeit, ihn einfach zu »taufen«, Rechnung getragen. – Zum anderen ist, wenn man sich diesen Modellcharakter in Zukunft bewußt macht, einer gewissen Selbstüberschätzung exegetischer Philosophen bezüglich der gefundenen »Wahrheit« vielleicht etwas Einhalt geboten. Vor allem sollte man dann auch sagen, welcher Philosophie man sich bedient, um den Hörern das Verständnis zu erleichtern (vgl. z. B. S. 175 Anm. 134).

2. Im Gefolge davon sehe ich eine wichtige Funktion von Philosophie für praktizierte Exegese darin, philosophische Modelle, die in der Exegese verwandt wurden, selbst wieder zu kritisieren. Das gilt insbesondere dann, wenn dieses empirisch-exegetisch schwer möglich ist oder den Exegeten gar nicht auffällt. Als akutes Beispiel betrachte ich die notwendige Kritik an dualen Entscheidungssystemen. Solche sind etwa Judenchristen/Heidenchristen oder Individuum/Kollektiv oder Kleinlitera-

tur/ Hochliteratur oder Form/Inhalt oder alt/neu (originell/ übernommen) oder Tun/Erleiden oder Freiheit/Notwendigkeit. Die Folge dieser Entscheidungsdualismen sind zumeist Schwarz-weiß-Gegensätze, krasse Alternativen, mangelnde Differenziertheit und die Unfähigkeit, einbeziehende Systeme zu entwerfen. Man kann häufig zeigen, daß diese insbesondere gegen Ende des 19. Jh. auf die Spitze getriebene Tendenz zur Hypothesenbildung auf dem Felde historischer Hypothesen in Sackgassen führt. So sind häufig die Alternativen, unter denen man das Neue Testament befragt, selbst offenkundig ungeeignet (Beispiel: Freiheit oder Prädestination in Rom 9-11). Die herangetragenen Alternativen selbst sind zu befragen, und häufig liegt in ihrer Auflösung schon ein erster Schritt zu fruchtbareren Hypothesen. Gerade das skizzierte dualistische Denken (nicht A, sondern B) ist nicht nur ein Ausläufer (schlichtesten) dialektischen philosophischen Denkens, sondern zugleich auch zu verstehen auf dem Hintergrund des Konkurrenzdenkens insbesondere der Gesellschaft des 19. Jh. – Gewiß, »nicht – sondern« ist eine elementare Weise menschlichen Denkens und als solche notwendig. Hier sollte lediglich darauf gewiesen werden, daß gerade wegen dieser Struktur des Denkens duale Entscheidungssysteme leicht eingängig sind und plausibel wirken. So hat es Generationen gedauert, bis die Alternative Judenchristentum/Heidenchristentum zugunsten des differenzierteren Modells palästinisches Judenchristentum/hellenistisches Judenchristentum/Heidenchristentum abgelöst worden ist.

3. Philosophische Reflexion soll, so hört man oft, dazu führen, daß der Exeget sein Interesse an der Sache, sein Vorverständnis und Daseinsverständnis, sein Weltbild kritisch reflektiert und ebenso kritisch damit umgeht. Das soll nicht nur sein Selbstverständnis, sondern auch dessen historisch und materiell bedingte Basis in konkreter Geschichte umfassen. Diese Forderung wird oft erhoben und muß deshalb hier nicht eigens dargestellt werden. Sie geht – trotz Verwandtschaft – noch weit hinaus über die oben geforderte Einsicht in die Begrenztheit des Modells. – Daß die hier soeben vorgestellte

Reflexion notwendig und theoretisch richtig ist, sei völlig unbestritten. Nur praktisch ist allein damit noch nichts gewonnen außer einer häufig zu konstatierenden Vermischung von Hermeneutik, Exegese und Applikation. Hier ist Entscheidendes noch offen, wie in Teil E zu zeigen sein wird.

C. Die Gefahren philosophisch orientierter Exegese

Trotz der unbestrittenen Notwendigkeit, daß der Exeget sich mit Philosophie befassen muß – allein schon, um sein Tun wissenschaftstheoretisch einzuordnen –, hat die praktische Verquickung von Exegese und Philosophie zu einer Reihe von Mißständen und Irrwegen geführt:

1. Gerade weil es sich in dem hier behandelten Zeitraum um säkularisiertes Christentum in philosophischer Gestalt handelt, ist die Gefahr, auf diesem Wege das kritische Eigenpotential des Textes zu übergehen, besonders groß. Wegen der frappanten »Geeignetheit« der Philosophie ist die Verführung groß, die Verschränkung raffiniert und entsprechend schwer zu entwirren. Hier lauern freilich im Hintergrund einige schwer zu beantwortende Fragen: Wie denn das Eigenpotential des Textes, noch dazu ein kritisches, besser erhoben werden könne als dadurch, daß ich mit einem philosophisch reflektierten Daseinsverständnis eben mich selbst mit ins Spiel brächte? Aber wieweit muß das Daseinsverständnis systematisiert sein – existiert es als systematisiertes?

2. Die Verbindung von Exegese und Philosophie ist problematisch, wenn die bloße Modellfunktion philosophischer Erkenntnis nicht durchschaut ist, wenn das Modell nicht relativiert wird und das Ganze dann dem der kirchlichen Landschaft nun einmal eigenen Sog nach Orthodoxiebildung anheimfällt, wie man es für die Schule R. Bultmanns beobachtet hat.[424]

424 Vgl. dazu: *R. H. Gundry*, Recent Investigations into the Literary Genre Gospel, in: Longenecker, R. N./Tenney, M. C. (Hrsg.), New

3. Philosophische Exegese ist problematisch, wenn eine Unterscheidung wenigstens methodischer Art zwischen Hermeneutik (philosophische Reflexion über den Auslegungsvorgang in allen seinen Aspekten), Exegese (Bemühen, dem kritischen Eigenpotential und der anregenden oder abweisenden Fremdheit des Textes näherzukommen) und Applikation (Analyse der Wirkungsmöglichkeiten und Umsetzung in einen wirkungsfähigen je modernen Text) nicht vollzogen wird. Diese Gefahr sehe ich durchgehend in den Publikationen R. Bultmanns und vieler seiner Schüler. Dabei wäre doch die Bedeutung von Philosophie für jeden der drei Schritte verschiedenartig: *Hermeneutik* ist selbst ein philosophisch-systematisches Verfahren. *Exegese* bedient sich bisweilen philosophischer Modelle. Und *Applikation* kann nicht geschehen ohne Kenntnis dessen, was als Weltanschauung philosophisch systematisiert worden ist. Daß Applikation aber selber philosophisch (in philosophischer Sprache und als Philosophie formuliert) sein müsse oder sich besonders häufig solcher Modelle bedienen müsse, ist offen, erscheint mir aber grundsätzlich als fraglich, nicht zuletzt wegen des sprachlichen Charakters des allergrößten Teils moderner Philosophie. Sokrates, Plato, Pascal und oftmals auch Kierkegaard sind da schon Ausnahmen.

D. Ablösung philosophischer Exegese durch Nachfolgephänomene

Die »Erben« der Philosophie sind ihre zwischen 1880 und 1925 geborenen Töchter: Soziologie, Psychologie und Strukturalismus. Die Übergänge von der Philosophie her sind durch bestimmte Namen markiert: Der Name E. Troeltsch steht für Soziologie (der Anteil idealistischer Philosophie, insbesondere Hegels, ist hier noch mit Händen zu greifen), Max Scheler steht für Psychologie (Scheler ist neben Heidegger Schüler

Dimensions in New Testament Study, Grand Rapids/Mich. 1974, S. 97-114.

Husserls), die Wiener Schule (Wittgenstein, G. Frege) steht für Strukturalismus (Beziehungen zum Kantianismus und zu moderner Logik). Die Wendung zur »Empirie« ist unverkennbar, jedenfalls ist die verarbeitete Wirklichkeit nicht mehr vor allem »Geschichte« (bzw. Weltgeschichte), bei E. Troeltsch vielleicht noch am meisten. Gegenüber dieser Wendung zur empirisch fundierten und dann philosophisch reflektierten Humanwissenschaft zu Beginn dieses Jahrhunderts erscheinen Heidegger und Bultmann noch fast als fossile Relikte vergangener Zeiten. Die neuere Exegese hat dieses seit eineinhalb Jahrzehnten bemerkt, und sie bezieht häufig ihre Modelle nun aus diesen Wissenschaften. Der Wunsch, Christentum modern auszulegen (vgl. die schon im Jahre 1900 von H. Holtzmann bemerkte »Akkomodation«) und Theologie als diskutable Wissenschaft erscheinen zu lassen (interdisziplinäres Gespräch), ist ebenso Triebfeder wie das uneingeschränkt lobenswerte Bemühen, vor keiner Art von Wirklichkeit die Augen zu verschließen. Die Analogien zum »Gebrauch« der Philosophie durch Exegese sind auf den ersten Blick überraschend, werden aber im Blick auf die historische Genese verständlich. Kann man aus der nicht immer glücklichen Verbindung von Exegese und Philosophie etwas zu lernen versuchen? Jedenfalls ergeben sich folgende Anfragen:

1. Ungebrochen ist der Optimismus, mit dem man darauf vertraut, daß moderne Modelle wirklich auf die antike Realität »passen«. Der Mangel an Vorsicht und Selbstbescheidung ist häufig ebenso bemerkenswert wie der Verzicht darauf, den empfindlichen Bereich zu untersuchen, in dem sich das Passendsein entscheidet. Der Einzelnachweis wird zumeist ersetzt durch die Gesamtstimmigkeit.

2. Die Mühsal der philologischen und religionsgeschichtlichen Rekonstruktion wird umgangen; Aktualisierung durch direkten Anschluß an moderne Kategorien honorieren zweifellos auch die Leser höher. Daß der antike Text und das dahinterstehende Verständnis von Wirklichkeit insgesamt an-

ders und bis auf weiteres als fremdartig zu betrachten seien – diese Regel historischer Arbeit wird zu wenig beachtet. Die Grundannahme muß die Andersartigkeit des Gegenstandes sein, sonst wird die Bemühung um die Schrift ihres kritischen Potentials beraubt.

An einem Beispiel sei das erläutert: Statt daß man ohne weitere philologische und historische Voruntersuchung (oder nur mit sehr sparsamer und nicht zentraler) direkt einen Satz des Neuen Testaments mit moderner psychologischer Systematik verbindet und »erklärt«, sollte man sich in der Tat um historische Psychologie[425] bemühen. Darunter verstehe ich:

Wie haben antike Menschen im Umkreis des Neuen Testaments selbst ihr menschliches Erleben und Verhalten verstanden? Welche Wirklichkeit war für sie etwa verbales Verhalten? Am Beispiel des Bumerang-Phänomens bei ungerechter Rede (ein böses Wort, geäußert gegen einen Unschuldigen, trifft den Sprecher selber) kann man zeigen, daß das antike Weltbild nicht nur den Aufbau der Welt, Gott und Geister betrifft, sondern bis in schlichte Alltäglichkeiten hinein, bis hin zur Einschätzung einfachster Regungen gänzlich verschieden ist von unserem. Eine Kontinuität anthropologischen Selbstverständnisses sehe ich als nicht gegeben an. Für das Neue Testament ist das besonders auch deshalb wichtig, weil es hier eine Fülle von Texten aus dem Bereich charismatischen und visionären Erlebens gibt, das sich modernen Kategorien in besonderer Weise widersetzt, weil den Forschern selbst die schlichteste Anschauung fehlt.

Was hilft es, eine antike Äußerung zu beurteilen – unter Verwendung empirisch gewonnener moderner Einteilungen –, wenn zunächst alles dafür spricht, daß die »Seele« antiker Menschen anders »funktionierte«?

3. Das Kurzschließen des biblischen Textes mit modernen empirischen Wissenschaften ist eine besondere Art der Ver-

425 Die Ansätze bei *J. H. v. d. Berg*, Metabletica, Göttingen 1960, sind noch zaghaft.

mischung von Exegese und Applikation, die ich für verfehlt halte, wenn sie systematisch und nicht nur versuchsweise erfolgt. Unbestritten ist: Jede historische Rekonstruktion bedarf der Modelle, und das macht auch die Fruchtbarkeit der Verbindung der Nachfolgephänomene von Philosophie mit neutestamentlicher Exegese aus. Doch man will – ähnlich wie es R. Bultmann mit der Philosophie erging – mehr; die Entdeckerfreude vereitelt die Distanznahme. – Die Applikation direkt zu den modernen Humanwissenschaften hin soll, so verstehe ich viele Beiträge der Exegese dieser Jahre, weniger historische Rekonstruktion sein als vielmehr den modernen, wissenschaftsorientierten Menschen erreichen. Es geht um eine Art Einheit der Wahrheit (moderne Wissenschaft und Theologie). Dem typisch protestantischen Bestreben nach Aktualisierung der Botschaft wird darin weit mehr Rechnung getragen als dem »humanistisch-philologischen« Ideal der angemessenen Rekonstruktion. Beides muß sich nicht ausschließen, aber *es ist methodisch zu scheiden,* und diese Scheidung unterbleibt in der Regel. Weshalb dieses unterbleibt, das ist wiederum auch philosophiegeschichtlich zu ermitteln: Es handelt sich, plakativ gesagt, um die Spannung zwischen dem hermeneutischen Ansatz F. Schleiermachers auf der einen und H. G. Gadamers auf der anderen Seite. Die Diskussion um die Bedeutung des »Vorverständnisses« ist neu aufzunehmen.

4. Die durchschlagende Wirkung von Psychologie und Soziologie in der modernen Exegese und ihre suggestive, frappante Überzeugungskraft sind durchaus mit der Bedeutung hegelianischer Ansätze im 19. und heideggerianischer in der ersten Hälfte des 20. Jahrhunderts vergleichbar. Die Ursachen für diese Wirkungen sind jeweils auch sozialgeschichtlich beschreibbar. Während es bei der Rezeption Hegels und Bultmanns »Linke« und »Rechte« gibt, die »reine Philosophie« also ambivalent zu gebrauchen war, ist die Rezeption von Psychologie und Soziologie in den beiden großen Konfessionen eng verbunden mit der oppositionellen Haltung

der Rezipienten zum bestehenden »System«. Die Opposition richtet sich nicht primär gegen die Orthodoxie innerhalb der Kirchen (wie es beim Gebrauch der Philosophie der Fall war), sondern ist vor allem politisch, ja weltpolitisch orientiert.

5. Der Anschluß der Exegese an Philosophie ist seit dem beginnenden 19. Jahrhundert immer wieder erfolgt, um Theologie als Wissenschaft zu begründen. Ich sehe nicht, daß die moderne Rezeption von Psychologie und Soziologie sich davon unterschiede. Fraglich ist nur:

a) Wenn es um Applikation geht: Muß sie auf diesem Wege und für einen wissenschaftsgläubigen, der Wissenschaft verhafteten Menschen erfolgen? Ist dieses überhaupt der Bereich, mit dem Religion es bei Menschen zu tun hat? Ist der Konflikt mit und die Konkurrenz zu den modernen Humanwissenschaften wirklich das erste Problem bei der Applikation neutestamentlicher Texte?
b) Wenn es um *Exegese*/historische Rekonstruktion geht: Ist die Wissenschaftlichkeit von Theologie primär dadurch erwiesen, daß sie jeweils systematisch eine andere Wissenschaft regel- oder systemartigen Charakters »vorschaltet«? Kann sie sich als historische Wissenschaft mit Hilfe dieser so beschaffenen Krücken nur systemartig äußern? Diese Fragen bringen uns zu unserem letzten Punkt (E).

6. Auch gegenüber den neuen humanwissenschaftlichen Ansätzen wird jedoch Philosophie immer eine zumindest eminent kritische Funktion bewahren müssen und können. Sie dient nicht nur der wissenschaftstheoretischen Einordnung des Tuns, sondern ebenso muß sie darauf aufmerksam machen, daß auch den Humanwissenschaften und ihrem für Theologen häufig verführerischen Reiz häufig sehr schlichte, philosophisch beschreibbare Modelle und Vorentscheidungen zugrundeliegen. Diese sollte sie sichtbar machen und so dem Positivismus wie dem direkten »Anschließen« wehren.

E. Das Verhältnis von Exegese und Philosophie als Anfrage an das theologische Verständnis von Sprache

1. Systematische Philosophie ist notwendig als Artikulation des Selbstverständnisses einer bestimmten Zeit. Ihr Begriffsgefüge ist einheitlich und in sich abgestimmt. Sie gilt aber nicht für immer, sondern kann abgelöst und ersetzt werden, da sie nur für eine bestimmte Gruppe und eine bestimmte Zeit gilt.

2. Auch Hermeneutik ist eine Wissenschaft dieser Art. Sie ist umfassende Systematisierung und Begründung der Umgangsweisen mit Text und Applikation. Sie stellt einen Zusammenhang her und ist relativ auf ein bestimmtes Verständnis von Wirklichkeit hin. Die programmatischen Aufsätze Bultmanns haben diesen Charakter. Hermeneutik ist nicht mit Applikation identisch. Sie beschreibt sie nur und stellt sie im Zusammenhang dar. Eben wegen dieser auf den Zusammenhang gerichteten Intention systematisierender Wissenschaften (z. B. auch zur wissenschaftstheoretischen Einordnung) müssen auch die Begriffe einheitlich und klar sein.

3. Der Gegenstand systematischer Philosophie und systematischer Hermeneutik hat selbst nicht Systemcharakter, sondern er ist in aller Regel lebendig, kontingent, nicht von sich aus als regelhaft einsehbar, doch in Wechselbeziehung zu den Systematisierungen stehend. Applikation der Schrift war und ist immer schon ein vielfältiges, lebendiges Geschehen. Daß darin – zeitbedingt – bestimmte Tendenzen vorherrschen, ermöglicht eine Systematisierung.

4. Applikation der Schrift geschieht von und für Menschen, die in einer Zeit leben und bestimmte Anschauungen von Welt und Menschen haben. Zu diesem Zweck wird in der Regel die Alltagssprache verwendet. Jeder Versuch einer Systematisierung auf diesem Gebiet wäre grotesk.

5. Ebenso wird die Alltagssprache verwendet in allen historisch-beschreibenden Wissenschaften (z. B. Literaturgeschichte, Gegenwartsgeschichte, Individualpsychologie, Kirchengeschichtsschreibung) – von gewissen Fachausdrücken abgesehen. Eine – bis auf die zur Vereinfachung dienenden Fachausdrücke – nicht systematisierte, sondern begrifflich offene Sprache ist offensichtlich besser geeignet, einen noch zu erforschenden Gegenstand zu beschreiben. Die Offenheit der Alltagssprache, ihr Reichtum und ihre Verwendbarkeit auf vielen Ebenen ermöglichen es, einen bis dato (relativ) unbekannten Gegenstand unter möglichst vielen Aspekten zu erforschen.

Hier geht es also gerade nicht um die Darstellung der Einheit eines Zusammenhangs, wobei das Neue in der Zuordnung des Bekannten liegt, sondern hier geht es um die Erforschung eines (relativ) unbekannten Einzelgegenstandes. In der Begegnung mit dem Fremden, die immer ein Herantasten ist, wird die Alltagssprache verwendet. Was wir hier an den historischen Wissenschaften als Phänomen beobachten, gilt auch für die alltägliche Applikation, die je und je in der Kirche vollzogen wurde.

6. Wer dagegen die *Applikation* der Schrift in ein bestehendes System (Psychologie und Soziologie als humanwiss. Regelwissenschaften verstanden; Philosophie Heideggers als festes Begriffssystem) hinein vollziehen will, setzt voraus: a) Applikation geschieht für Menschen in ihrer Eigenschaft als Wissenschaftler (was nicht zutrifft, denn bei allen kognitiven Inhalten geht es im Bereich der Religion doch primär um Menschen), b) der Bereich der Schrift ist so wenig fremd, daß man ein modernes Regelsystem passend hinzubringen kann. Statt die Schrift unter Aufbietung aller Mittel einer Sprache zu ertasten, einen bestimmten Text gewissermaßen immer von neuem zu umkreisen, wird die reduzierte Sprache eines Regelsystems angewandt, der Text wird gefangengesetzt und abgedichtet.

7. Von den beobachteten Fällen hat sich Bultmann am rückhaltlosesten der Sprache einer philosophischen Systematik verschrieben. Analogien bestehen vor allem zu den hegelianischen Exegeten zu Beginn des 19. Jh. (vgl. S. 12-16). Bultmann versteht gerade seine Vermengung von Hermeneutik, Exegese und Applikation als theologischen Gewinn, da so in seinen Augen die Isolierung und historische Relativierung der biblischen Texte aufgehoben wurde.

8. Demgegenüber wird nach dem hier vorgetragenen Ansatz gegenüber der verfremdenden historischen Rekonstruktion der Exegese (sie sollte dieses tun, soweit es möglich ist) die Isolierung und Abständigkeit des biblischen Textes in den auf Exegese folgenden Schritten auf zwei Wegen aufgehoben:

a) in der Applikation mit Hilfe der Alltagssprache. Deren Vielfalt hat die größte Chance, dem Gegenstand das »gerade jetzt« im Augenblick der Applikation Notwendige auch abzugewinnen. Der Applikation kommt es auf den Augenblick an, in ihm sollen die Menschen erreicht und bewegt werden;
b) in der systematischen Theologie, die sich sicher ähnlich wie Philosophie und in stetiger Anlehnung an sie abgeklärter Begrifflichkeit bedienen muß. Hier kommt es weniger auf den Augenblick an als auf die relative Dauer: Systematik erstellt immer den gemeinsamen Nenner für eine Gruppe und will als »Symbol« deren Stabilität garantieren. Auch um die Einheit der Gruppe zu wahren, muß die Sprache auf Dauer vor Mißverständnissen geschützt und daher eindeutig sein. Hier kann Philosophie gute Dienste leisten.

In Wiederaufnahme eines oben geäußerten Ansatzes ist jedoch zu fragen, ob systematische Theologie nicht eher metaphorisch vorgehen sollte, wie es die Applikation auch tut, da dieses möglicherweise der Gotteserfahrung unserer Zeit gerechter wird.

Dann hätte Philosophie noch immer eine wichtige Funktion: die der hermeneutischen und wissenschaftstheoretischen Reflexion.

9. Wir haben beobachten können, daß die Verbindung von Exegese und Philosophie seit der Aufklärung eine Verstärkung der kritischen Potenz von Exegese gegenüber dem »Kirchenglauben« bedeutet hat. Die von Anfang an gegen die Übermacht kirchlicher Autorität (man denke auch an die Verquickung von Staat und Kirche im protestantischen Bereich) gerichtete historisch-kritische Exegese hat ihre emanzipatorische Kraft zu verstärken gesucht durch Heranziehen eines systematischen Unterbaus (oder auch Überbaus) aus der bürgerlichen Philosophie. Das war jedenfalls immer in den Anfangsstadien so.

Die Verbindung von Exegese und Philosophie hat, da sie ja überhaupt »Bewegung« im Lager einer konservativen Religiosität bedeutete, anfangs immer die Rolle eines religiösen Bürgerschrecks erfüllt. Das gilt von den des Hegelianismus (Vorwurf des Atheismus und Pantheismus) Verdächtigten bis hin zu R. Bultmann. Es gilt auch für die neueren Nachfolgephänomene. – Jeweils nach einer Weile jedoch ist die Bewegung, die die »neue« Philosophie in Verbindung mit Schriftauslegung verursachte, indes zum Stillstand gekommen. F. C. Baur wurde zum Ahnherrn der »Tübinger Schule«, und R. Bultmanns Ansätze sind heute geradezu Markenzeichen des kirchlich-theologischen Arriviertseins, jedenfalls soweit die Ansätze des Lehrers getreulich bewahrt werden, und das gilt politisch wie auch kirchlich. Weithin gilt das inzwischen auch für Psychologie und Soziologie, da das kirchliche System immer anpassungsfähig genug ist, kritische Bewegungen aufzunehmen oder auch zu vereinnahmen, und sei es durch Eröffnung einer gesicherten Laufbahn. Zudem gibt es im Bereich des Religiösen gerade im europäischen und nordamerikanischen Bereich ein ausgeprägtes Bedürfnis nach Neuheit, nach Paradigmenwechsel – und darin zeigt sich diese Gesellschaft noch immer als eine, die den Denkmustern der Aufklärung verbunden ist. Philosophiegeschichtlich gesehen gehören wir wohl noch immer zu dieser Epoche, und in dieser Hinsicht war eines der Anliegen dieses Buches, aufzuzeigen, wie offensichtlich unüberwindlich die Bedeutung Immanuel Kants ist.

Die Bedeutung Kants bezieht sich dabei durchgehend auf die fast dualistische Trennung von »Materie« (Geschichte; Erfahrung) und »Geist« (Vernunft, Kategorien). – Man vergleiche für diese umfassende Bedeutung auch W. Boussets Worte von 1907: »... wir erleben es, wie Kant mit seiner Philosophie gerade in unserem Zeitalter erst von neuem seinen Siegeslauf recht eigentlich zu beginnen scheint, wir erleben, wie die großen Gestalten des deutschen Idealismus wieder lebendig werden« (Moderne positive Theologie, 1907, S. 4). – Noch für die Bibelhermeneutik P. Ricoeurs kann man feststellen, daß sie von Kant bestimmt ist (P. Gisel, 1974, S. 19).

10. In der hier behandelten Phase seit der Aufklärung sind zugunsten von Wissenschaftlichkeit und Modernität insbesondere dem evangelischen Christentum große Schätze verlorengegangen. Die hier vorgetragenen Überlegungen haben auch den Sinn, zu zeigen, daß die Verbindung von Exegese und Philosophie zwar ein großartiges Stück Dogmengeschichte ist, doch zugleich auch metaphorische und symbolische Redeweise, ja den gesamten Bereich »kommunikativer« Wahrheit in ihrer Geltung äußerst eingeschränkt hat. Die kritischen Bemerkungen sollen dazu helfen, auch ein Stück des seit der Aufklärung aufgegebenen Gutes wiederzugewinnen. Ein Blick auf die Auslegung der Verklärungserzählung (Mk 9,9-13) im »Leben Jesu« D. F. Strauß' (leicht zugänglich bei W. G. Kümmel, Das Neue Testament, Geschichte der Erforschung seiner Probleme, Freiburg, München 1958, S. 150f.) lehrt, daß auch heutige Exegese noch immer ähnlich vollzogen wird: Der Exeget fragt nach »Sinn« und »Intention« der Darstellung, und er vermag diese so wiederzugeben, daß zugleich alles Anstößige beseitigt ist. Schon D. F. Strauß läßt es den Sinn der Erzählung sein, »Jesum als den Vollender des Gottesreichs, als die Erfüllung des Gesetzes und der Propheten, darzustellen«, es gehe um seine »messianische Würde« (zit. nach ibid., S. 151).

Wie Strauß so scheidet auch übliche historisch-kritische Exegese rationalistisch zwischen Form (= Verklärungserzählung) und Inhalt (= Intention oder kerygmatischer Gehalt). Auch Entmythologisierung leistet für sich betrachtet nichts anderes. Das Ärgerliche und Anstößige, daß Jesus verklärt wird, daß Mose und Elija erscheinen und eine Himmelsstimme ertönt, ist bloße »Einkleidung«, auch wenn man es nicht so sagt. Auch heutige Exegese ist noch immer dem aufklärerischen philosophischen Ansatz verhaftet, was sich zum Problem »Form« und »Inhalt« auch in der Wertung religionsgeschichtlicher »Parallelen« zeigt, die man häufig zur – im Grunde auswechselbaren – »Form« zählt.

Hat man aber die philosophischen Voraussetzungen mit ihren Konsequenzen erkannt, so ergibt sich die Möglichkeit einer anderen Fragerichtung. Eine künftige Exegese könnte ich mir bezüglich dieses Punktes so vorstellen, daß sie sich gerade um diese anstößigen Seiten der Texte bemüht. Denn immerhin machen Texte über charismatische Erfahrungen, Wunder und Visionen einen erheblichen Teil des Neuen Testaments aus. Gibt es überhaupt schon ein Instrumentarium, mit dessen Hilfe man versuchen könnte,sorgsam an diese Erfahrungen heranzutreten, sie wissenschaftlich zu »umzingeln«? Offensichtlich hatten selbst schlichte Alltagserfahrungen häufig einen anderen Charakter. So wäre bezüglich der Verklärung zu fragen, was Texte wie Lk 11,34 (»Das Licht des Leibes ist dein Auge«) beitragen könnten zur Rekonstruktion einer ganz anderen Erfahrungsweise von »Licht«, wie sie offenbar auch in der Verklärungsgeschichte vorliegt. – Natürlich ist aber auch vor zu schneller Gleichsetzung mit modernen charismatischen Phänomenen zu warnen, die häufig erst auf eine fragwürdige Bibelexegese aufgesetzt sind. Gerade die bürgerlichen Exegeten waren und sind allergings Menschen, die der Welt, die viele Texte des Neuen Testaments beschreiben, denkbar fern stehen. Das war hinderlich, kann aber auch Chance bedeuten, die Erfahrungswelt dieser Texte sorgsam und ohne Verachtung zu ergründen.

11. Besondere Beachtung verdient, mit welchen sprachlichen und gedanklinchen Mitteln philosophische Exegese dem Bereich des *Irrationalen* begegnet. Zwischen 1870 und 1930 ist diese Auseinandersetzung rationalen Denkens aufklärerischer Tradition mit seinen eigenen Grenzen spürbar. Die Bedeutung des *Gefühls* aus pietistischer Tradition wandelt sich um in eine Hochschätzung des *schöpferischen Urgrunds des Lebens* aus religiösen Gründen. Deutlich wird das sowohl bei Nietzsche und Overbeck (Unangemessenheit der rationalen Wissenschaft für Religion) als auch bei W. Bousset (irrationaler Urgrund als Retorte des Neuen) als auch im Lebensbegriff schon bei W. Dilthey und W. Herrmann (abwehrende Rezeption Bergsons, vgl. oben S. 165) und besonders bei A. Schweitzer (vgl. oben S. 25). Während bei M. Heidegger das Irrationale eine vergleichbar große Rolle spielt, läßt R. Bultmann in seiner Rezeption dieses Ansatzes (»Existenz« statt »Leben«) von dieser Thematik nichts mehr verspüren. Aber es war ohnehin ein fragliches Unterfangen gewesen, Religion vorzugsweise mit dem Bereich des Irrationalen in Verbindung zu setzen. Problematisch ist daran das allzu schlichte Modell einer Zweiteiling in »rational« und »irrational«, und die Verbeugung der Philosophie vor dem Irrationalen hat böse Früchte getragen.

Abschliessende Thesen:

1. Sei der Aufklärung wird das Verhältnis von Exegese und Philosophie bestimmt durch die Frage nach dem Verhältnis von Vernunftwahrheit und Geschichte. Die Antwort auf diese Frage fiel in aller Regel zugunsten der Vernunftwahrheit aus; die Berichte wurden häufig als historisch unglaubwürdig und im übrigen für den Glauben als irrelevant ermittelt.
2. Analog dazu ist eine strikte Trennung zwischen Form und Inhalt immer wieder vollzogen worden, und zwar wiederum zuungunsten der konkreten und kontingenten Form. Problematisch ist vor allem, wie man dazu gelangte, den

Inhalt gegenüber der Form gerade so beschreiben zu können, wie es geschah.

3. Die Verbindung von Christentum und Vernunftwahrheit und die teilweise oder ganze Identifizierung von Glaube und Vernunft resultieren aus dem Bestreben des sich emanzipierenden Bürgertums, seinen Glauben als »wissenschaftlich« zu erweisen. Dem entsprach eine begrifflich abgeklärte Theologie.
4. Demgegenüber wäre zu klären, ob die Umsetzung des Christentums in das Verständnis gegenwärtiger Menschen nicht in erster Linie auf der Basis der Alltagssprache erfolgen sollte.
5. Bezüglich einer angemessenen theologischen Rede von Gott ist zu fragen, ob die Sprachformen von Metapher, Gleichnis und Hymnus in der Zuordnung zur Erfahrung Gottes als des Nicht-Anderen (non aluid) nicht wesentlich angemessener sind als die Begrifflichkeit traditioneller und neuer (vgl. S. 174) Metaphysik.
6. Die lange und noch nicht abgeschlossenen Phase der Berührung von Aufklärung und Christentum ist ein kostbares und aufschlußreiches Stück Dogmengeschichte. Alle Kritik und Einsicht in die Grenzen der Aufklärung sollte nicht zu einer Anti-Haltung oder zu schlichter In-Geltung-Setzung von Orthodoxie führen.
7. Philosophisch zu bewältigen bleibt vielmehr vor allem: ein Gleichgewicht zu finden zwischen der historischen Konkretion und dem Allgemeinem, zwischen den nicht-vernünftigen Anlagen des Menschen und dem Anspruch seiner Vernunft – und nicht das eine gegen das andere abzuwerten. Eine unverkürzte Anthropologie und eine halbwegs angemessene Philosophie der Geschichte sind für die Begegnung mit der Schrift vorrangig. Denn von beidem hängt auch ab, welche Antwort Theologie zu den Problemen des Verhältnisses zu Israel und zur Dimension Kirche finden kann.
8. Die mangelnde Integrierung ethischer Fragen ist ein deutliches Defizit der bisherigen Dikussion zwischen Exegese und Philosophie.